中等职业教育汽车专业技能课教材

U0868088

Qiche Baoxian yu Lipei

汽车保险与理赔

(第2版)

全国交通运输职业教育教学指导委员会
中国汽车维修行业协会 组织编写
荆叶平 编

人民交通出版社股份有限公司

北京

内 容 提 要

本书为中等职业教育汽车专业技能课教材，主要内容包括：汽车保险概述、汽车保险产品、车险投保实务、事故车辆的查勘与定损共四个单元。

本书可供中等职业专业学校汽车服务与营销专业教学使用，也可作为汽车保险业的岗位培训或自学用书，同时可供汽车4S店从事保险理赔工作的相关人员参考。

图书在版编目(CIP)数据

汽车保险与理赔/荆叶平编. —2版. —北京：人民交通出版社股份有限公司，2021.8

中等职业教育汽车专业技能课教材

ISBN 978-7-114-17458-2

Ⅰ.①汽… Ⅱ.①荆… Ⅲ.①汽车保险—理赔—中国—中等专业学校—教材 Ⅳ.①F842.634

中国版本图书馆CIP数据核字(2021)第127465号

书　　名：汽车保险与理赔(第2版)
著 作 者：荆叶平
责任编辑：戴慧莉
责任校对：孙国靖　扈　婕
责任印制：刘高彤
出版发行：人民交通出版社股份有限公司
地　　址：(100011)北京市朝阳区安定门外外馆斜街3号
网　　址：http://www.ccpcl.com.cn
销售电话：(010)59757973
总 经 销：人民交通出版社股份有限公司发行部
经　　销：各地新华书店
印　　刷：北京市密东印刷有限公司
开　　本：787×1092　1/16
印　　张：15.25
字　　数：282千
版　　次：2017年6月　第1版
2021年8月　第2版
印　　次：2024年 6月　第2版　第3次印刷　总第6次印刷
书　　号：ISBN 978-7-114-17458-2
定　　价：39.00元

编审委员会

第2版前言
Preface

本套由全国全国交通运输职业教育教学指导委员会、中国汽车维修行业协会组织编写的教材，自 2017 年 3 月出版以来，多次重印，被全国多所中等职业学校选为教学用书，受到了广大师生的好评。

为了体现职业教育理念，贴近汽车运用与维修专业实际教学目标，促进“教、学、做”更好地结合，突出对学生实践能力的培养，使之成为技能型人才，2020 年 11 月，人民交通出版社股份有限公司吸取教材使用学校的意见和建议，组织相关老师，经过认真研究和充分讨论，确定了修订方案，对本套教材进行了修订。通过教材修订，使教材在结构和内容上与教学内容更加吻合。

特别是，2020 年 9 月，中国银保监会下发《关于实施车险综合改革的指导意见》，宣布正式启动车险综合改革。在银保监会的指导下，中国保险行业协会组织行业力量对 2014 版《商业车险示范条款》进行了修订完善，在征求多方意见的基础上，形成了《中国保险行业协会机动车商业保险示范条款(2020 版)》。

《汽车保险与理赔》是本套教材中的一本，结合本次车险综合改革的内容以及近年来车险业务的变革和提升进行了修订。此次修订内容如下：

1. 增加了《中国保险行业协会机动车商业保险示范条款(2020 版)》说明；

2. 更新了交强险的责任限额与费率浮动系数；

3. 更新了主险与附加险的条款解读；

4. 增加了驾乘人员意外伤害保险条款解读；

5. 更新了车险选择的基本原则与常用险种选择时应考虑的因素；

6. 更新了现场查勘的方法与定损方式；

7. 更新了部分图片、案例以及部分思考与练习；

8. 配套的电子课件也进行了修订，并将思考与练习的参考答案添加到配套电子课件中供教师参考。

本书由上海交通职业技术学院的荆叶平编写。

限于编者水平,书中难免有不当之处,敬请广大院校师生提出意见和建议,以便再版时完善。

作　者

2021 年 4 月

第1版前言
Preface

为深入贯彻落实全国职业教育工作会议精神和《国务院关于加快发展现代职业教育的决定》，促进职业教育专业教学科学化、标准化、规范化，教育部组织制定了《中等职业学校专业教学标准（试行）》。全国交通运输职业教育教学指导委员会具体承担了汽车运用与维修（专业代码082500）、汽车车身修复（专业代码082600）、汽车美容与装潢（专业代码082700）、汽车整车与配件营销（专业代码082800）4个汽车类专业教学标准的制定工作。

根据教育部《关于中等职业教育专业技能课教材选题立项的函》（教职成司函[2012]95号）文件精神，人民交通出版社申报的上述4个汽车类专业技能课教材选题成功立项。

2014年10月，人民交通出版社联合全国交通运输职业教育教学指导委员会、中国汽车维修行业协会在北京召开了"教育部中等职业教育汽车专业技能课教材编写会"，并成立了由全国交通运输职业教育教学指导委员会领导、中国汽车维修行业协会领导、知名汽车维修专家及院校教师组成的教材编审委员会。会上，确定了4个汽车类专业34本教材的编写团队及编写大纲，正式启动了教材编写。

教材的组织编写，是以教育部组织制定的4个汽车类专业教学标准为基本依据进行的。教材从编写到成稿形成以下特色：

1."五位一体"的编审团队。从组织编写之初，就本着"高起点、高标准、高要求"的原则，成立了由国内一流的院校、一流的教师、一流的专家、一流的企业、一流的出版社组成的五位一体的编审团队。

2.精品化的内容。编审团队认真总结了中职院校的优秀教学成果，结合了企业的职业岗位需求，吸收了发达国家的先进职教理念。教材文字精练、插图丰富，尤其是实操性的内容，配了大量实景照片。

3.理实一体的编写模式。教材理论内容浅显易懂，实操内容贴合生产一线，将知识传授、技能训练融为一体，体现"做中学、学中做"的职教思想。

4. 覆盖全国的广泛适用性。本套教材充分考虑了全国各地院校的分布和实际情况，涉及的车型和设备具有代表性和普适性，能满足全国绝大多数中职院校的实际需求。

5. 完善的配套。本套教材包含“思考与练习”“技能考核标准”，并配有电子课件和微视频，以达到巩固知识、强化技能、易教易学的目的。

《汽车保险与理赔》是本套教材中的一本。与传统同类教材相比，本书具有以下特点：紧跟保险业的发展，适时采用了《保险法》(2009 版)、《最高人民法院关于审理保险纠纷案件若干问题的解释》、《保险法司法解释(二)》、2009 版机动车商业保险 A、B、C 条款、“2008 版交强险”及 2014 版《商业车险行业示范条款》的相关内容作为教学内容；实用性强，运用了大量的案例等，贴合实际，避免理论说教；互动性强，书中的“想一想”“友情小贴士”“特别提示”等便于提高学生的学习兴趣及领悟所学内容。

本书由上海交通职业技术学院的荆叶平编写。

限于编者水平，又是完全按照新的教学标准编写，书中难免有不当之处，敬请广大院校师生提出意见和建议，以便再版时完善。

编审委员会

2016 年 3 月

目录

Contents

单元一　汽车保险概述

学习目标

1. 正确理解汽车保险常用术语的含义；
2. 知道车辆风险的控制办法；
3. 分析汽车保险的四大原则。

建议课时

18课时。

一　风险与汽车保险的作用

(一)风险

1 风险的含义

风险是指在特定的情况和期间内,某种损失发生的可能性。

2 风险的特征

1)客观性

客观性是指风险是客观存在的,而不是人的主观想象。人们只能在一定的范围内改变风险存在和发生的条件,降低风险事故发生的频率(概率)和损失幅度,而不能也不可能彻底消灭全部风险。

2)偶然性

尽管对个体而言,车祸的发生、发生的时间及发生的后果都是不确定的,即具有偶然性,但对驾车人整体而言,车祸的发生又具有必然性。

3)可变性

可变性是指风险在一定条件下可以转化。风险的变化,有量的变化,也有质的变化,还有旧风险的消失到产生新风险的变化。风险变化的原因是风险因素的改变,这种改变主要来自科技的进步、经济体制与结构的转变和政治与社会结构的改变。

3 风险的构成要素

1)风险因素

风险因素是指引起或促使风险事故发生的条件和原因,是造成损失的间接或内在的原因。根据其性质,通常把风险因素分成实质风险因素、道德风险因素和心理风险因素三种。

实质风险因素也称物质风险因素,是指有形的并能直接影响事物物理功能的因素。某一标的本身所具有的足以引起或增加损失机会和损失幅度的客观原因和条件,如汽车制动系统失灵、地壳的异常变化、恶劣的气候、疾病传染、环境污染等。

道德风险因素是指与人的品德有关的无形因素,如欺诈、纵火、贪污、盗窃、偷工减料、抢道行驶和违规超车等。

心理风险因素是指与人的心理状态有关的无形因素,如酒后驾车、疲劳驾驶、依赖保险心理、外出忘记锁门、工程设计出了差错等。

2)风险事故

风险事故是指造成损失的直接或外在的原因。风险事故意味着风险已发生,它使风险的可能性转变成了现实性。

3)损失

损失是指非故意的、非计划的、非预期的经济价值减少。判断是否属于风险管理中的损失有两个要件:一是经济价值的减少必须以货币来衡量;二是非故意、非计划和非预期。损失可分为直接损失和间接损失。

风险因素、风险事故、损失之间的关系如图 1-1 所示,即风险因素可能引起风险事故,而风险事故必然导致损失的发生,三者之间是一个统一体,缺一不可。

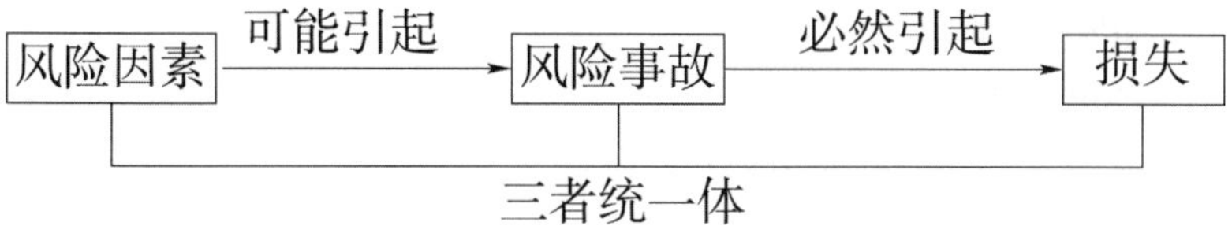

图 1-1　风险因素、风险事故、损失三者关系示意图

想一想

1. 道德风险因素与心理风险因素都与人有关，如何区分？
2. 判断是风险因素还是风险事故的关键是什么？
3. 折旧、馈赠属于损失吗？
4. 风险事故发生的频率与损失大小之间有什么关系？

4 车主面临的主要风险

(1)车上和车下人员伤亡损失。

(2)自身车辆的损失。

(3)自身车辆以外的财产损失，包括车上人员财产、第三者财产和公共财产的损失。

(二)风险处理

1 风险的代价

在社会经济活动中不可能没有风险，而风险又总是与损失相联系的，尤其是那些没有获利机会的风险，所以说，风险是有经济成本的，风险的经济成本即风险的代价。风险的代价包括风险事故的代价、风险因素的代价和处理风险的费用。

1)风险事故的代价

风险事故一旦发生，必然导致损失的形成，有时这种损失是灾难性的。例如，某一车主由于在驾驶中的疏忽，导致车毁人亡，一个好端端的家庭毁于一旦。

2)风险因素的代价

风险因素未必导致风险事故，所以，损失尚处于潜在的状态，由此形成的代价是无形的、隐蔽的，但却是实实在在的，因此，人们总要应付未来可能发生的风险事故，而这是需要代价的。例如，车主在使用车辆的过程中，除了需要支付油费、车辆修理费等正常开支外，还得留有相当数量的准备金，以防发生交通事故而导致的生活质量下降。

3)处理风险的费用

人们意识到自己会面临风险,就会采取各种措施,于是费用便产生了。

风险的存在会给人们的生产和生活产生消极影响,因此,不仅个体需要为之付出代价,社会也必须为之付出代价。人们为了尽量减小风险的代价,必然会对风险进行管理。

2 风险管理的含义

风险管理就是以最小的成本获得最大安全保障的一种管理行为。

3 风险处理的方法

风险管理主要包括风险识别、风险衡量(或风险评估)、风险处理、风险管理效果评价四个阶段。其中,风险识别是风险管理的第一步(基础),而风险处理是风险管理中最为重要的环节。

风险处理方法分为控制型和财务型两大类,而每一类中又包含了若干个具体方法,如图1-2所示。需要注意的是,各种方法之间既有区别又相互联系,所以,在运用过程中必须有机地结合起来加以灵活运用。

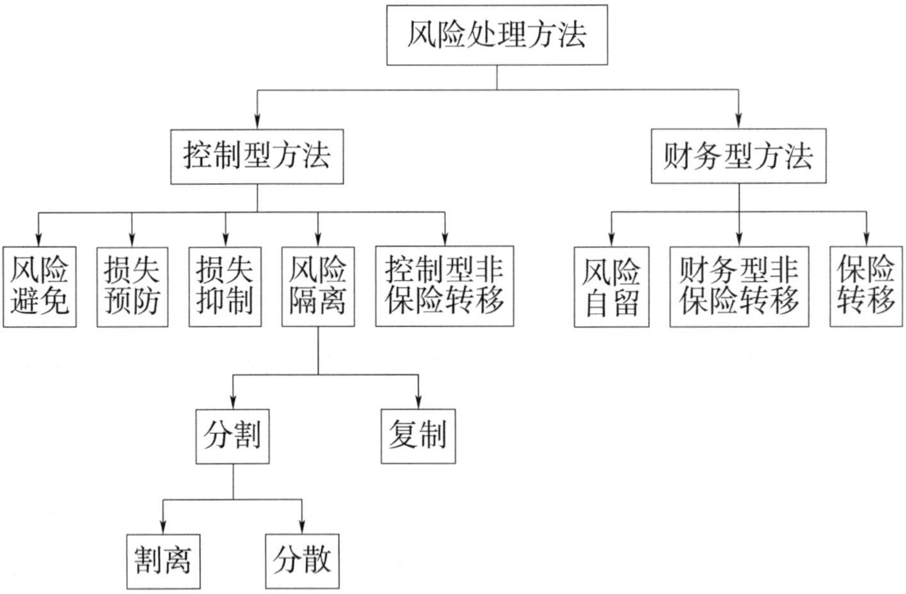

图1-2　风险处理方法关系图

1)控制型方法

(1)风险避免。风险避免是指设法回避损失发生的可能性并从根本上消除特定风险的措施。它主要用于某特定风险所致损失频率和损失幅度相当高时或处理风险的成本大于其产生的效益时两种情况。

(2)损失预防。损失预防是指在风险损失发生前为了消除或减少可能引起损失的各种因素而采取的处理风险的具体措施。通常采用物质手段和行为教育两种方法。

(3)损失抑制。损失抑制是指在损失发生时或之后为缩小损失幅度而采取的各项措施。它通常用于损失可能性较高且风险又无法避免或转嫁的情况。损失抑制尽管表面上是在事故发生时或之后采用的措施,但它包括事前措施(如安全气囊、发动机舱的防火墙)和事后措施两种。

特别提示

风险避免、损失预防和损失抑制的区别

1.风险避免不需要其他技术辅助,损失预防和损失抑制都是损失控制方法。

2.风险避免的目的是使损失发生的概率为零;损失预防的目的是减小损失发生的可能性;而损失抑制的目的是减小损失的程度。

(4)风险隔离。风险隔离包括分割和复制两种,而分割又包括割离(分离)和分散两种。

①割离是将风险单位割离成许多特殊的小单位,而不是将它们集中在都可能遭受同样损失的同一个地点,如:不把鸡蛋放在同一个篮子里。

②分散是指通过加大风险单位的数量,将特定风险在更大的样本空间里进行分散,以此来减少单位的损失,即增加同类风险的数目来降低风险,如:兼并、扩张、联营等。

③复制是指再设置一份经济单位所有的财产或设备作为储备,这些复制品只有在原资产或设备被损坏的情况下才可以被使用。

(5)控制型非保险转移即转移有风险的财产或活动,如出售、租赁、转让、转包、订合同、约定免责等。在一些场合,转移带有风险的财产或活动可能是不现实的,典型的例子是医生不能因为害怕手术失败而拒绝施行手术,此时如果签订免除责任协议就可转移风险。又如保险公司不能因为害怕高风险客户出车祸而拒绝承保,所以,在保险合同中约定免除责任,这样,保险公司并不转移有风险的活动(承保)而只是转移了部分可能的责任风险。

2)财务型方法

(1)风险自留是指通过财务手段自我承担风险损害后果的方法。它有主动自留和被动自留之分,通常用在损失的频率和幅度低,损失在短期内可以预测且最大损失不会影响到财务稳定的场合。

(2)财务型非保险转移是指经济单位将自己可能的风险损失所导致的财务负担转移给保险人以外的其他经济单位的风险控制方法,如中和、保证书、公司化等。

①中和是在处理投机风险时,将损失机会与获利机会进行平衡的一种风险处理方法。如制造商因担心原材料价格波动而在期货市场进行与现货市场反方向的套购,出口商因担心外汇汇率波动而进行的期货买卖等。

②保证书是权利人因担心义务人有不忠实的行为或不履行某种明确的义务而导致权利人的损失,要求保证人提供担保品来担保义务人对权利人的忠实和有义务的履行的一种书面合同。

③公司化是企业通过发行股票,将企业经营的风险转移给多数股东承担。

(3)保险转移是将风险损失所导致的财务负担转移给保险人的风险控制方法。人们会面临各种风险损害,一部分可以通过控制的方法消除或减小,而另一部分只能通过风险转移的办法来解决。当出现靠自身的财力也难以解决的风险损害时,只有通过保险,人们才能以确定的小额支出将自己不确定的巨额损失转嫁给保险公司;只有保险才能做到以最小的成本获得最大的安全保障。所以,保险是风险处理的传统有效措施。

(三)汽车保险的作用

1 稳定公共秩序

汽车保险能有效地为交通事故的受害者提供经济上的补偿。所以,对国家而言,汽车保险发挥了社会保障功能,维护了社会稳定。

2 保障车主的人身安全和财产安全

保险可以将用车的风险转嫁给保险公司,对车主而言,汽车保险等于为被保险的车加上了一道“护身符”,给车主加上了一条无形的安全带。

3 扩大汽车的需求

保险可以将用车的风险转嫁给保险公司,解除了车主后顾之忧,在一定程度上提高了购车欲望,扩大了汽车需求。

4 促进汽车安全

保险公司承担了用车的风险,其会投入人力和财力主动参与、配合生产商开发更安全的汽车。

二 汽车保险的基本术语

(一)保险标的与保险

❶ 保险标的

保险标的就是保险所保障的对象。

❷ 保险

保险是转嫁风险的一种手段和方法。从法律角度讲,保险是一种合同行为;从经济角度讲,保险是分摊意外事故损失的一种财务安排。

1)强制保险和商业保险

通俗地讲,必须投保否则就违法的保险就是强制保险,如车险中的交强险;可以自愿投保的保险就是商业保险,如车险中交强险以外的其他险种。

2)财产保险、人身保险和责任保险

财产保险就是以财产及其有关利益作为保险标的的保险,如车损险、全车盗抢险、车身划痕险等;人身保险就是以人的寿命和身体作为保险标的的保险,如人寿保险、健康保险、意外伤害保险;责任保险就是以被保险人的经济赔偿责任作为保险标的的保险,如商业第三者责任险、车上人员责任险等。

3)定值保险和不定值保险

定值保险就是在订立保险合同时,投保人和保险人事先确定保险标的的保险价值,并将其载明于合同中的保险合同,如人寿保险;不定值保险就是在订立保险合同时,投保人和保险人不预先确定保险标的的保险价值,仅载明保险金额作为保险事故发生后赔偿最高限额的保险合同,如财产保险、医疗保费等。

特别提示

《最高人民法院关于审理保险纠纷案件若干问题的解释》第二十六条规定

当事人根据《中华人民共和国保险法》第四十条的规定,在合同中约定了保险价值与保险金额的,保险人以约定的保险价值高于保险标的的实际价值为由不承担保险责任的,人民法院不予支持。

当事人在合同中没有约定保险价值的,保险标的的实际价值按照保险事故发生地的市场价格确定。没有市场价格的,可以依评估价格确定。

4)原保险、再保险、共同保险

原保险就是投保人与保险人之间的直接保险;再保险就是保险人将其承担的保险业务,以分保形式部分转移给其他保险人的保险;共同保险就是由几个保险人同时承保一笔业务的保险。

5)机动车辆保险

机动车辆保险就是以机动车本身及其相关利益作为保险标的的不定值保险。

值得注意的是,汽车保险正式名称为机动车辆保险。

(二)保险合同中的四种人

1 投保人

投保人是指与保险人订立保险合同,并按照合同约定负有支付保险费义务的人。

特别提示

《最高人民法院关于适用〈中华人民共和国保险法〉若干问题的解释(二)》(以下简称《保险法司法解释(二)》)第一条规定:财产保险中,不同投保人就同一保险标的分别投保,保险事故发生后,被保险人在其保险利益范围内依据保险合同主张保险赔偿的,人民法院应予支持。

2 保险人

保险人是指与投保人订立保险合同,并按照合同约定承担赔偿或者给付保险金责任的保险公司。

注意:因为保险合同是由投保人和保险人直接订立的,所以,投保人和保险人又称合同的当事人。

友情小贴士

保险公司有哪几种形式?

1. 财产保险公司,主要经营业务:财产损失险+责任保险+信用保险。
2. 人寿保险公司,主要经营业务:人寿保险+健康保险+意外伤害保险。
3. 再保险公司,主要经营业务:分出保险+分入保险。

特别提示

保单载明的保险人和印章显示的保险人不一致问题

1. 在保险合同中，保险合同的当事人是保险公司，保险公司才是合同的一方，而保险公司分支机构是保险服务的具体承担者。合同当事人并不一定亲自与对方当事人进行合同洽商事宜，可以授权委托自己的分支机构及员工与对方订立合同。合同当事人也可以委托授权他人替其履行合同项所含的义务。

2. 一般情况下，保险公司分支机构的具体职能有：对营销员开展培训及日常管理；收取营销员代收的保险费、投保单等单证；分发保险公司签发的保险单、保险收据等相关单证；接受客户的咨询和投诉；经保险公司核保，营销服务部可以打印保单；经保险公司授权，营销服务部可以从事部分险种的查勘理赔。

保险公司销售保险，实际是在销售服务。从保险合同订立到出险后保险理赔的全过程中，保险服务项目繁多、内容具体，这些服务多数由保险公司分支机构来承担。在保单上如果盖上的是保险公司营销服务部的印章，是告知对方当事人此合同项下的保险服务主要由该分支机构提供。保单上加盖分支机构的印章，一是清楚显示该分支机构自身法律地位以及其与总公司或省级分公司之间的隶属关系；二是向对方当事人传递准确的具体保险服务承担者的信息。

3. 保单上加盖的印章是代表保险公司已同意承保的一种证明行为。既然只是起证明作用，那么，当保险公司分支机构在授权范围内代表保险公司接受了投保人的投保要求、做出同意承保的意思表示，并且依托授权出单后，在该保单上加盖分支机构的印章并无不妥。当然，如果再加盖上具备相应履约能力的省级分公司或上级总公司的印章则更妥当。

4. 由于保险公司分支机构是由保险公司申请设立且单独领有营业执照，如果发生保险争议，对被保险人而言，既可将保险公司作为被告也可将保险公司分支机构作为被告，权利由原告方决定。

《最高人民法院关于审理保险纠纷案件若干问题的解释》第五十八条规定："保险纠纷由被告住所地人民法院管辖，当事人另有约定的除外。保险公司依法成立的各级分支机构享有独立的诉讼主体资格。人民法院在审理保险纠纷案件时不将签订保险合同的分支机构的上级公司或者总公司列为共同被告。"

③ 被保险人

被保险人是指其财产或者人身受保险合同保障,享有保险金请求权的人。投保人可以是被保险人。

特别提示

1. 被保险人享有的保险金请求权是基于保险合同约定,在保险事故发生前,该请求权只是一种期待权。只有在保险事故发生后,该请求权才成为一项现实存在的合同债权。

2. 保险金是否作遗产处理,人身保险与财产保险的规定是不同的。根据最高人民法院《关于保险金能否作为被保险人遗产的批复》(以下简称《批复》)规定:"人身保险金能否列入被保险人的遗产,取决于被保险人是否指定了受益人。指定受益人的,被保险人死亡后,其人身保险金应付给受益人;未指定受益人的,被保险人死亡后,其人身保险金应作为遗产处理,可以用来清偿债务或者赔偿"。同时,该《批复》还规定:"财产保险与人身保险不同,财产保险不存在指定受益人的问题。因而,财产保险金属于被保险人的遗产"。

3. 保险金是否属于夫妻的共同财产,则要看在保险理赔之前夫妻身份关系是否还续存。

4. 交强险中的被保险人是一个特例,只有在交通事故发生时才能确定。投保人在车上时就是被保险人,而在车下时应视为第三者。

【案例 1-1】

李某作为投保人,就其所有的一辆自卸汽车向保险公司投保了机动车商业保险,其中车损险的保险金额为 68 万元。在保险期限内的某日,刘某驾驶该车由西安往石泉行驶,在陕西省安康市宁陕县西沟隧道道口下坡时,因车辆制动不符合安全技术标准且超限速行驶,车辆不慎撞在公路西警示牌及护坡上,刘某、李某二人受伤,李某送医院后抢救无效死亡,车辆及车上货物严重受损。公安交警部门认定,刘某负事故全部责任。

事故发生后,保险公司对于车辆损失核定后,确定赔偿金额为 24485 元。李某有配偶、一个儿子、一个女儿,还有父母,对于保险公司确定的赔偿金,依法如何分配呢?

法理分析：

1. 财产保险赔偿金的性质属于什么？

《中华人民共和国保险法》第十二条第五款规定："被保险人是指其财产或者人身受保险合同保障，享有保险金请求权的人。投保人可以为被保险人。"即被保险人是基于保险合同约定而享有保险金请求权的，在保险事故发生前，该请求权只是一种期待权，而在保险事故发生后，该请求权就成了一项现实存在的合同债权。

所以，该保险赔偿金的性质属于合同债权。

2. 财产保险的赔偿金是否属于被保险人的遗产？

自然人的民事权利能力始于出生，终于死亡。被保险人对保险金的请求权关键在于保险合同是如何约定的，而车辆损失赔款的请求权只要被保险车辆因自然灾害或意外事故造成了车辆的损失即可获得。

所以，理论上讲，如果车辆受损时被保险人仍然活着，则该项赔款就属于被保险人生前所获合法财产范围，应作为被保险人的遗产处理；而如果车辆受损时被保险人已经死亡，则该项赔款就属于被保险人死亡后的财产，不应作为被保险人的遗产处理，除非法律另有规定。而由于最高人民法院已在《关于保险金能否作为被保险人遗产的批复》中做了规定："财产保险金属于被保险人的遗产"，因此，该项赔款无论车辆受损时被保险人是否还活着，均应作为李某的遗产处理。

3. 财产保险的赔偿金是否属于被保险人的夫妻共同财产？

财产共有的法律关系是建立在某种共同关系基础上的，如夫妻关系、合伙人关系、继承人不分份额地共同继承遗产等。一旦基础关系消失，财产共有的法律关系也会因之发生改变。而作为夫妻共同财产的基础关系是夫妻关系。

所以，如果车辆受损时被保险人仍然活着，则说明被保险人与其妻子之间的婚姻关系在存续期间，该项赔款应作为被保险人夫妻共同财产处理；而如果车辆受损时被保险人已经死亡，则说明被保险人与其妻子之间的婚姻关系自然终结，该赔款自然不应作为被保险人夫妻共同财产处理。

4. 该合同债权如何分割？

在本案中，由于李某是在交通事故发生后抢救无效才死亡的，换言之，他是在已实际取得对保险人的保险金请求权之后才死亡，该合同债权既是李某生前取得的合法财产，也是他在婚姻关系存续期间取得的合法财产；而且，该项保险金请求权是基于车辆损失保险合同，不是基于李某的人身保险合同以及人身伤害或死亡等保险事故而产生。

因此，该合同债权既属于被保险人的遗产，同时也属于夫妻共同财产，也即该合同债权一半属于李某的遗产由其法定继承人均等分配，另一半合同债权属于李某夫妻的共同财产。

所以，李某死亡后在分割其财产时，应先将该合同债权中的一半划归其妻，另一半合同债权作为李某的遗产之一在法定继承人之间进行均等分配。也就是说，在五个第一顺序法定继承人之间作为遗产进行分配的不是一半车辆损失保险赔款，而是一半保险金请求权。对于一半保险金请求权，五个第一顺序继承人均等分配。

4 受益人

受益人是指人身保险合同中由被保险人或者投保人指定的享有保险金请求权的人。投保人、被保险人可以为受益人。受益人是人身保险合同中特有的，财产保险中没有受益人。

注意：因为被保险人与受益人没有直接参与订立保险合同，所以也称合同的关系人。

《中华人民共和国保险法》第三十九条规定："人身保险的受益人由被保险人或者投保人指定。投保人指定受益人时须经被保险人同意。投保人为与其有劳动关系的劳动者投保人身保险，不得指定被保险人及其近亲属以外的人为受益人。被保险人为无民事行为能力人或者限制民事行为能力人的，可以由其监护人指定受益人。"

《中华人民共和国保险法》第四十二条规定："被保险人死亡后，有下列情形之一的，保险金作为被保险人的遗产，由保险人依照《中华人民共和国继承法》的规定履行给付保险金的义务：(一)没有指定受益人，或者受益人指定不明无法确定的；(二)受益人先于被保险人死亡，没有其他受益人的；(三)受益人依法丧失受益权或者放弃受益权，没有其他受益人的。受益人与被保险人在同一事件中死亡，且不能确定死亡先后顺序的，推定受益人死亡在先。"

《中华人民共和国保险法》第四十三条第二款规定："受益人故意造成被保险人死亡、伤残、疾病的，或者故意杀害被保险人未遂的，该受益人丧失受益权。"

友情小贴士

保险金与遗产在偿债方面的区别

遗产必须用于偿债，而保险金并无这样的规定。

特别提示

受益人的指定方式

1.现行的《中华人民共和国保险法》中并没有对指定受益人的方式做出具体的规定，它可以是具体指定也可以为关系指定，但不得填写“法定”字样。

2.用关系指定受益人的方式时(如“妻子”)，可以让具体的受益人在保险事故发生时才得以真正确定，虽然这种指定方式更加灵活而且实用，但容易产生法律纠纷。

3.《最高人民法院关于审理保险纠纷案件若干问题的解释》第四十八条规定：人身保险合同的受益人栏中只填写法定字样，视为未指定受益人。法人或者其他组织为其职工订立的人身保险合同中未指定受益人的，推定职工为受益人。

4.《最高人民法院关于审理保险纠纷案件若干问题的解释》第五十二条规定：保险合同指定多个受益人的，其中一个受益人先于被保险人死亡，被保险人或者投保人未重新指定受益人的，对该受益人应得份额由其他受益人按照约定份额比例享有。

(三)保险合同的主要形式

1 投保单

投保单就是投保人要求投保的书面要约，是保险合同的重要组成部分，也是保险公司进行核保及核定给付、赔付的重要原始资料。

注意：投保单只是投保人申请投保的一种书面凭证，在保险公司正式签发保单后会自动失效。

特别提示

未经投保人授权而在保险合同中代签名问题

《保险法司法解释(二)》第三条规定：投保人或者投保人的代理人订立保险合同时没有亲自签字或者盖章，而由保险人或者保险人的代理人代为签字或者盖章的，对投保人不生效。但投保人已经交纳保险费的，视为其对代签字或者盖章行为的追认。保险人或者保险人的代理人代为填写保险单证后经投保人签字或者盖章确认的，代为填写的内容视为投保人的真实意思表示。但有证据证明保险人或者保险人的代理人存在保险法第一百一十六条、第一百三十一条相关规定情形的除外。

值得注意的是,《保险法司法解释(二)》第三条只是解决了代签字或盖章行为所引起的保险合同效力争议问题,但在实践中往往会影响投保人的如实告之义务和保险人的明确说明义务。(见最大诚信原则内容部分)

2 保险单

保险单就是保险公司根据投保人填写的投保单内容,经审查后同意投保而出具的一种保险合同,也称保单。

注意:保险单是保险合同的正式书面凭证,也是索赔的凭证。目前,汽车保险的保单有交强险保单和商业险保单两种,如图1-3和图1-4所示。

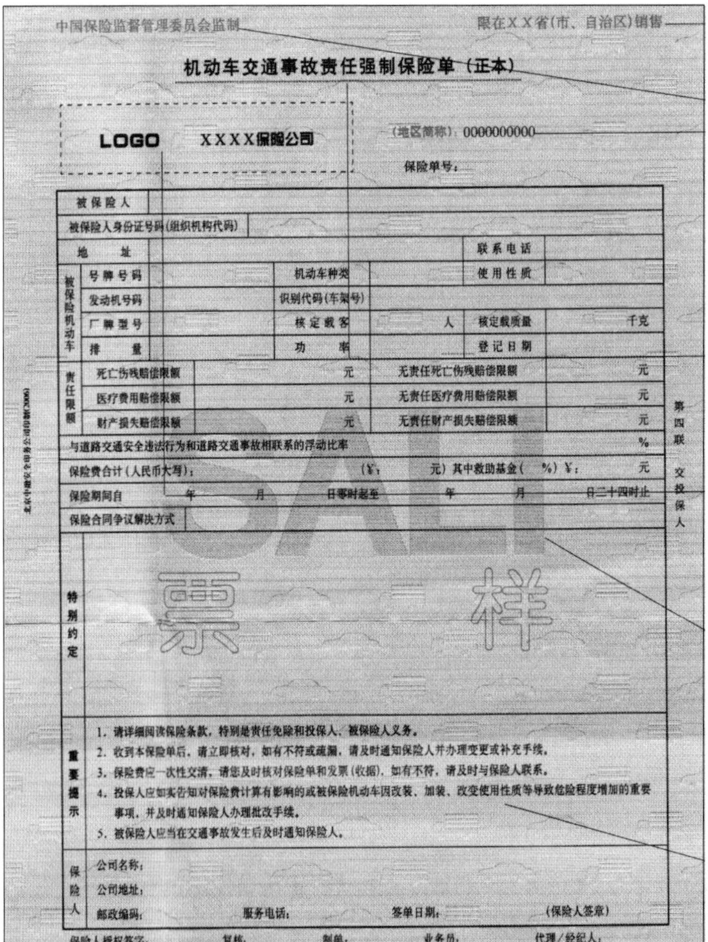

中国保险监督管理委员会监制　　限在XX省(市、自治区)销售

机动车交通事故责任强制保险单(正本)

LOGO　XXXX保险公司　　(地区简称):0000000000

保险单号:

被保险人					
被保险人身份证号码(组织机构代码)					
地址				联系电话	
被保险机动车 号牌号码		机动车种类		使用性质	
发动机号码		识别代码(车架号)			
厂牌型号		核定载客	人	核定载质量	千克
排量		功率		登记日期	
责任限额 死亡伤残赔偿限额	元	无责任死亡伤残赔偿限额	元		
医疗费用赔偿限额	元	无责任医疗费用赔偿限额	元		
财产损失赔偿限额	元	无责任财产损失赔偿限额	元		
与道路交通安全违法行为和道路交通事故相联系的浮动比率	%				
保险费合计(人民币大写):	(¥: 元) 其中救助基金(%) ¥: 元				
保险期间自 年 月 日零时起至 年 月 日二十四时止					
保险合同争议解决方式					
特别约定					
重要提示	1. 请详细阅读保险条款,特别是责任免除和投保人、被保险人义务。 2. 收到本保险单后,请立即核对,如有不符或疏漏,请及时通知保险人并办理变更或补充手续。 3. 保险费应一次性交清,请您及时核对保险单和发票(收据),如有不符,请及时与保险人联系。 4. 投保人应如实告知对保险费计算有影响的或被保险机动车因改装、加装、改变使用性质等导致危险程度增加的重要事项,并及时通知保险人办理批改手续。 5. 被保险人应当在交通事故发生后及时通知保险人。				
保险人	公司名称: 公司地址: 邮政编码:　服务电话:　签单日期:　(保险人签章)				

保险人授权签字:　复核:　制单:　业务员:　代理/经纪人:

第四联　交投保人

票样

图1-3　某保险公司交强险保单

<table>
<tr><td colspan="7">中国银行保险监督管理委员会监制　　　　　　　　仅限×××省销售
（公司名称）机动车商业保险保险单
公司名称及图标　　　　　　　　　　　　　　　流水号：
保险单号：
鉴于投保人已向保险人提出投保申请，并同意按约定支付保险费，保险人依照承保险种及其对应条款和特别约定承担赔偿责任。</td></tr>
<tr><td>被保险人</td><td colspan="6"></td></tr>
<tr><td>车主</td><td colspan="6"></td></tr>
<tr><td rowspan="3">保险车辆情况</td><td>号牌号码</td><td></td><td>厂牌型号</td><td colspan="3"></td></tr>
<tr><td>发动机号</td><td></td><td>初次登记日期</td><td></td><td>VIN码/车架号</td><td></td></tr>
<tr><td>机动车种类</td><td colspan="2"></td><td>使用性质</td><td>核定载质量　千克</td><td>核定载客　人</td></tr>
<tr><td colspan="3">承保险种</td><td>费率浮动（+/-）</td><td>保险金额/责任限额</td><td>绝对免赔率</td><td>保险费（元）</td></tr>
<tr><td colspan="3"></td><td></td><td></td><td></td><td></td></tr>
<tr><td colspan="3"></td><td></td><td></td><td></td><td></td></tr>
<tr><td colspan="3"></td><td></td><td></td><td></td><td></td></tr>
<tr><td colspan="3"></td><td></td><td></td><td></td><td></td></tr>
<tr><td colspan="3"></td><td></td><td></td><td>/</td><td></td></tr>
<tr><td colspan="3"></td><td></td><td></td><td>/</td><td></td></tr>
<tr><td colspan="3"></td><td></td><td></td><td>/</td><td></td></tr>
<tr><td colspan="3"></td><td></td><td></td><td>/</td><td></td></tr>
<tr><td colspan="7">特别提示：除法律法规另有约定外，投保人拥有保险合同解除权，涉及（减）退保保费的，退还给投保人。</td></tr>
<tr><td colspan="7">本保单投保人为：</td></tr>
</table>

图　1-4

<table>
<tr><td colspan="2">保险费合计(人民币大写):　　　　　　　　　　(￥:　　　　　元)</td></tr>
<tr><td colspan="2">保险期间　　年　　月　　日　　时起至　　年　　月　　日　　时止</td></tr>
<tr><td>特别约定</td><td>1. 尊敬的客户,为维护您的合法权益,现将您本次购买车辆保险的渠道相关信息告知如下:
销售渠道:□保险公司门店直销□电话销售□互联网销售□个人代理□车辆经销商代理□保险中介机构代理□其他渠道名称及联系电话:
2. 理赔服务承诺:</td></tr>
<tr><td colspan="2">保险合同争议解决方式</td></tr>
<tr><td>重要提示</td><td>1. 本保险合同由保险条款、投保单、保险单、批单和特别约定组成。
2. 收到本保险单、承保险种对应的保险条款后,请立即核对,如有不符或疏漏,请及时通知保险人并办理变更或补充手续。
3. 请详细阅读承保险种对应的保险条款,特别是责任免除、投保人被保险人义务、赔偿处理和通用条款等。
4. 被保险机动车被转让、改装、加装或改变使用性质等,导致被保险机动车危险程度显著增加,应及时通知保险人。
5. 被保险人应当在保险事故发生后及时通知保险人。
6. 被保险人可通过保险人网站自主查询承保理赔信息。</td></tr>
<tr><td>保险人</td><td>公司名称:　　　　　　邮政编码:
公司地址:　　　　　　联系电话:
网　　址:　　　　　　　　　签单日期:　　　(保险人签章)</td></tr>
<tr><td colspan="2">核保:　　　　　　　　制单:　　　　　　　　经办:</td></tr>
</table>

图 1-4　2020 版机动车商业保险保险单

3 保险凭证

保险凭证就是保险公司提供给车主随身携带或张贴的一种简化保单,也称小保单,如保险卡、交强险标志。保险卡如图 1-5 所示,交强险标志如图 1-6 所示。

4 暂保单

暂保单是保险公司在签发正式保单之前向投保人提供的临时保险凭证,如新车上牌前使用的提车暂保单。

XX 财产保险股份有限公司机动车保险卡

（正面）	（反面）
XX 财产保险股份有限公司 **机动车辆保险证** 随身携带　就地报案 机构遍布全国　随时提供服务 NO.	保险单号______ 被保险人______ 号牌号码______厂牌型号______ 发动机号______使用性质______ 车架号______人/千克______ 承保险种______ 保险期限自___年___月___日时起　保险公司 至___年___月___日___时止　盖　章 报案服务电话：______

图 1-5　某财产保险公司机动车辆保险卡

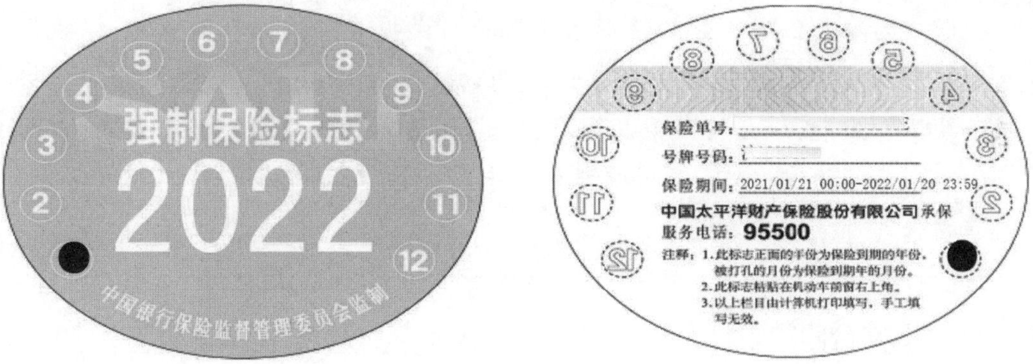

图 1-6　交强险标志

注意：暂保单的法律效果与正式保单相同，但内容相对简单且保险公司只按暂保单上的要约承担责任。

❺ 批单

正式保单不能随意改动。保险公司对已签订的保险合同进行修改、补充或增减内容的一种批注就是批单，也称背书。

注意：批单一般附贴在原保单或保险凭证上，但法律效力优于原保单中的同类款目。批单如图 1-7 所示。

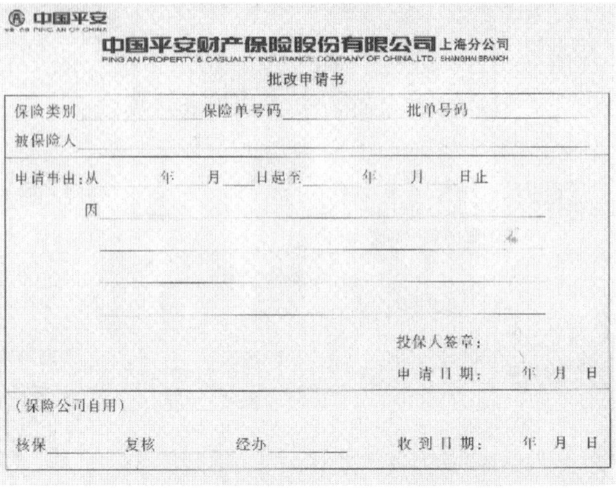
中国平安 PING AN OF CHINA

中国平安财产保险股份有限公司 上海分公司

PING AN PROPERTY & CASUALTY INSURANCE COMPANY OF CHINA, LTD. SHANGHAI BRANCH

批改申请书

保险类别____ 保险单号码____ 批单号码____

被保险人____

申请事由：从____年____月____日起至____年____月____日止

因____

投保人签章：

申请日期： 年 月 日

（保险公司自用）

核保____复核____经办____ 收到日期： 年 月 日

图 1-7　平安财险的批单

特别提示

《保险法司法解释(二)》第十四条规定：保险合同中记载的内容不一致的，按照下列规则认定：(一)投保单与保险单或者其他保险凭证不一致的，以投保单为准。但不一致的情形系经保险人说明并经投保人同意的，以投保人签收的保险单或者其他保险凭证载明的内容为准；(二)非格式条款与格式条款不一致的，以非格式条款为准；(三)保险凭证记载的时间不同的，以形成时间在后的为准；(四)保险凭证存在手写和打印两种方式的，以双方签字、盖章的手写部分的内容为准。

(四)保险合同的中介人

保险中介人是指活动于保险人和投保人之间，通过保险服务，把保险人联系起来并建立保险合同关系的人，包括保险代理人、保险经纪人和保险公估人。

1 保险代理人

保险代理人是根据保险人的委托，向保险人收取佣金，并在保险人授权的范围内代为办理保险业务的机构或者个人。保险代理机构包括专门从事保险代理业务的保险专业代理机构和兼营保险代理业务的保险兼业代理机构。

注意：个人代理人也称保险营销员，而在专业代理人或兼业代理人中推销保单的员工称保险代理业务人员。

《中华人民共和国保险法》第一百二十七条规定：保险代理人根据保险人

的授权代为办理保险业务的行为,由保险人承担责任。保险代理人没有代理权、超越代理权或者代理权终止后以保险人名义订立合同,使投保人有理由相信其有代理权的,该代理行为有效。保险人可以依法追究越权的保险代理人的责任。

特别提示

《最高人民法院关于审理保险纠纷案件若干问题的解释》第五十七条规定:保险法第一百二十七条第二款中"投保人有理由相信其有代理权"的情形包括:(一)行为人持有保险公司工作证、空白保险合同、盖有保险公司印鉴的收据等;(二)行为人原为保险公司代理人并与投保人签订保险合同的,后行为人丧失代理权而保险人未及时通知投保人,行为人又以保险公司代理人身份与投保人进行了续期保险费收取等业务活动的;(三)保险公司的委托授权文件对代理人的授权不明的;(四)其他使相对人有理由相信行为人有代理权的情况。但上述证件、文件系伪造、变造的除外。

2 保险经纪人

保险经纪人是基于投保人的利益,为投保人与保险人订立保险合同提供中介服务,并依法收取佣金的机构。

《中华人民共和国保险法》第一百二十八条规定:保险经纪人因过错给投保人、被保险人造成损失的,依法承担赔偿责任。

3 保险公估人

保险公估人就是站在第三者的立场上,接受保险公司或投保人的委托,在订立保险合同时,对保险标的进行价值评估和风险评估,而在出险后,对损失的原因、程度进行查勘、鉴定、估损及理算的单位。需要注意的是:

(1)虽然公估报告的权威性较高,但它只能作为诉讼的凭据,并无法律效力(强制力)。

(2)如果保险人对保险公估人的公估报告不满意,保险人可以不予以接受;如果被保险人对保险公估人的公估报告不满意,被保险人可以与保险人继续协商或通过法律程序解决。

(3)在我国,保险公估机构的组织形式可以是合伙企业、有限责任公司或股份有限公司。

(五)机动车辆保险的主险与附加险

机动车辆保险分强制险和商业险两大类,其中,商业保险的险种又可分为主险(也称基本险)和附加险。

1 主险

主险就是可以单独投保的险种,如车损险、商业第三者责任险等。

2 附加险

附加险就是不可以单独投保,只有先购买主险后才能投保的险种,如玻璃单独破碎险、自燃损失险、车身划痕险、不计免赔特约险等。

(六)机动车辆的价值及车损险的投保方式

1 机动车辆的三种价值

1)保险价值

保险价值是订立保险合同时,作为确定保险金额基础的保险标的的价值。

保险价值即是指保险标的在某一特定时期的实际价值,是确定保险金额和确定损失赔偿的计算基础。在财产保险合同中,保险价值一般按出险时保险标的的实际价值确定(不定值保险中)。

2)保险金额(也称保额)

保险金额是指保险人承担赔偿或者给付保险金责任的最高限额,也是计算保费的依据。

3)实际价值

实际价值是指保险标的实际值多少钱。车辆的实际价值是指同类型车辆市场新车购置价减去该车已使用期限折旧金额后的价格。

《中华人民共和国保险法》第五十五条规定:投保人和保险人约定保险标的的保险价值并在合同中载明的,保险标的发生损失时,以约定的保险价值为赔偿计算标准。投保人和保险人未约定保险标的的保险价值的,保险标的发生损失时,以保险事故发生时保险标的的实际价值为赔偿计算标准。保险金额不得超过保险价值。超过保险价值的,超过部分无效,保险人应当退还相应的保险费。保险金额低于保险价值的,除合同另有约定外,保险人按照保险金额与保险价值的比例承担赔偿保险金的责任。

2 车损险的投保方式

1)投保方式

(1)足额投保。足额投保是指保险金额等于保险价值的投保。

(2)不足额投保。不足额投保是指保险金额低于保险价值的投保。

(3)超额投保。超额投保是指保险金额高于保险价值的投保。

2)赔付特点

(1)足额投保的赔付特点。当标的全部损失时按实际价值补偿;而当标的部分损失时则按实际损失补偿。

注:因为实际赔偿时需扣除免赔额,所以用补偿两字(而不是赔偿)。

(2)不足额投保的赔付特点。当标的全部损失时,按保险金额补偿,而当标的部分损失时,按比例责任方式补偿,也即:补偿金额 = 保险金额/保险价值 × 损失额。

(3)超额投保的赔付特点。无论标的是全部损失还是部分损失,超额部分无效,均以实际损失补偿。

(七)投保与承保、保险索赔与保险理赔

1 投保

投保就是投保人向保险公司购买保险的行为和过程。

2 承保

当投保人提出投保请求时,经审核其投保内容后,同意接受其投保申请,并负责按照有关保险条款承担保险责任的过程。

3 保险索赔

保险索赔就是发生保险事故后,被保险人就自己的事故损失向保险公司提出索赔请求的行为和过程。

4 保险理赔

当标的发生保险事故时,因权利人提出索赔申请,保险人依据保险合同的约定及相关法律法规,审核、认定保险责任并给付赔偿金的行为。

(八)免赔额与免赔率

为了提高投保方的防损责任心及免除小额赔款以提高保险公司的工作效率。在汽车保险中规定绝对免赔额和绝对免赔率。

1 绝对免赔额

绝对免赔额就是在保单中约定一个数额,保险标的的每次损失必须超过这个数额时,保险人才负责赔偿其超过部分,而这个数额以下的损失由被保险人自行承担,如车损险中有 300 元、500 元、1000 元、2000 元供投保人选择。

❷ 绝对免赔率

绝对免赔率就是保险公司不予赔偿的损失部分与全部损失的百分比,也即由被保险人自己承担的损失百分比。

友情小贴士

什么叫相对免赔额?

相对免赔额是指保险双方约定一个数额,保险标的的每次损失只要达到这个数额,保险人不作任何扣除而全部予以赔偿;如果损失没有达到这个数额则保险人不予赔偿。

(九)保险费和保险费率

❶ 保险费(保费)

保险费指投保人或被保险人根据保险合同的规定,为取得因约定事故发生所造成的经济损失补偿(或给付)权利而缴付给保险人的费用。

需要注意的是,由于保费的计算较为严格和复杂,因此,不像其他商品那样可以由买卖双方就价格进行协商,而是由保险公司单方面决定的。投保人接受才可以订立合同,投保人如果不接受则不订立合同。

❷ 保险费率(费率)

保险费率是指保险人向被保险人收取的每单位保险金额的保险费,是计算保费的依据,通常用百分率或千分率来表示。其公式为:保险费率 = 保险费/保险金额。

我国的车险费率在2002年前是由监管部门统一制定的。直到2003年实行车险产品管理制度的变革,才由各保险公司自主制定费率。再到2006年实行行业条款至今,交强险费率始终全国统一,而商业车险的费率又经历了三次变化,即2006版、2007版和2009版。

自从2011年将“高保低赔”“无责不赔”等作为社会关心的热点问题以来,商业车险的费率改革呼声越来越高。为此,2015年2月3日,保监会对外发布了《关于深化商业车险条款费率管理制度改革的意见》,并配套出台并实施了2014版《示范条款》。本次条款费率的改革方向和思路非常明确,即:将选择权交给消费者,将定价权交给保险公司,建立市场化的条款费率形成机制。在费率方面,行业测算的商业车险纯风险保费表将作为财产保险公司科学厘定车险费率的参考,由财产保险公司根据自身实际情况科学测算基准附加保费,合理确定自主费率调整系数及其调整标准。以后逐步扩大保险公司的费率拟定自主权,最终形成高度市场化的费率形成机制。

在此次商业车险费率改革中,“车型定价”是其中的一个重要内容。要解决“高保低赔”等问题的关键是必须从“保额定价”逐步过渡到“车型定价”。2014 年 10 月 29 日,中国保险行业协会正式向财产保险行业发布了车型标准数据库,成为中国保险业首个汽车车型标准数据库。该车型数据库已覆盖 1895 个汽车厂商的 1915 个品牌和 16 万款车型信息。同时,建立了车型费率分级方案和车险纯保费表。

为了配合 2020 年 9 月 19 日实施的中国银保监会《关于实施车险综合改革的指导意见》(以下简称《指导意见》),与此配套了《中国银保监会关于调整交强险责任限额和费率浮动系数的公告》与《中国保险行业协会机动车商业保险示范条款(2020 版)》(以下简称 2020 版《示范条款》。

(十)保险事故和保险责任

1 保险事故

保险事故是指保险合同约定的保险责任范围内的事故。

2 保险责任

保险责任就是保险公司承担赔付保险金责任的项目。

(十一)交通事故和单方肇事事故

1 交通事故

交通事故是指车辆在道路上因过错或者意外造成的人身伤亡或财产损失的事件。

2 单方肇事事故

单方肇事事故是指不涉及与第三者有关的损害赔偿的事故,但不包括自然灾害引起的事故。

三　汽车保险的四大原则

保险利益原则解读

(一)保险利益原则

1 保险利益、保险利益原则的概念

保险利益是指投保人或者被保险人对保险标的具有的法律上承认的利益。

保险利益原则是指在签订保险合同时或履行保险合同过程中，投保人或者被保险人对保险标的必须具有保险利益的规定。

❷ 保险利益的时效

1）旧保险法对保险利益时效的规定

投保人对保险标的应当具有保险利益。投保人对保险标的不具有保险利益的，保险合同无效。因此，旧法要求投保人从保险合同订立到保险事故发生的全过程必须具有保险利益。只是在实际操作中对人身保险利益的时效只强调在订立合同时投保人必须具有保险利益。旧法只要求投保人对保险标的具有保险利益（被保险人×××）。

【案例1-2】

王先生在2020年购房时因资金不足，于是用自己的一辆广本雅阁作为抵押物向银行贷款15万，贷款期为4年。

试问：1. 银行在进行抵押贷款时，能否对抵押品进行投保？

法理分析：

因为，财产的抵押权人对抵押财产具有保险利益，所以，银行可从对雅阁轿车进行投保。

试问：2. 若银行在第二年就收回了15万元贷款，但两年半后轿车受损，银行能否向保险公司索赔？

法理分析：

因为当债务人清偿债务后，银行对轿车的权益消失，保险利益也随之消失，所以，银行得不到赔偿。

2）《中华人民共和国保险法》对保险利益时效的规定

《中华人民共和国保险法》第十二条第一、二款规定：人身保险的投保人在保险合同订立时，对被保险人应当具有保险利益。财产保险的被保险人在保险事故发生时，对保险标的应当具有保险利益。

《中华人民共和国保险法》第三十一条规定：订立合同时，投保人对被保险人不具有保险利益的，合同无效。《中华人民共和国保险法》第四十八条规定：保险事故发生时，被保险人对保险标的不具有保险利益的，不得向保险人请求赔偿保险金。

即人身保险的投保人在保险合同订立时，对被保险人应当具有保险利益。订立合同时，投保人对被保险人不具有保险利益的，合同无效。

财产保险的被保险人在保险事故发生时，对保险标的应当具有保险利益。

保险事故发生时,被保险人对保险标的不具有保险利益的,不得向保险人请求赔偿保险金。

特别提示

《最高人民法院关于审理保险纠纷案件若干问题的解释》第二条规定:财产保险合同订立时被保险人对保险标的具有保险利益但保险事故发生时不具有保险利益的,保险人不承担保险责任;财产保险合同订立时被保险人对保险标的不具有保险利益但发生保险事故时具有保险利益的,保险人应当依法承担保险责任。

人身保险合同订立时投保人对保险标的不具有保险利益的,保险合同无效;人身保险合同订立时投保人对保险标的具有保险利益但是保险事故发生时不具有保险利益的,不因此影响保险合同的效力。

3 保险标的转让中的保险利益

《中华人民共和国保险法》第四十九条规定:保险标的转让的,保险标的的受让人承继被保险人的权利和义务。因保险标的转让导致危险程度显著增加的,保险人自收到前款规定的通知之日起三十日内,可以按照合同约定增加保险费或者解除合同。保险人解除合同的,应当将已收取的保险费,按照合同约定扣除自保险责任开始之日起至合同解除之日止应收的部分后,退还投保人。保险标的转让的,被保险人或者受让人应当及时通知保险人,但货物运输保险合同和另有约定的合同除外。被保险人、受让人未履行通知义务的,因转让导致保险标的危险程度显著增加而发生的保险事故,保险人不承担赔偿保险金的责任。

特别提示

1.《最高人民法院关于审理保险纠纷案件若干问题的解释》第二十四条规定:保险法第四十九条中"转让"是指保险标的的所有权的转移。但是被保险人转让保险标的而未实际交付的,保险合同继续有效。

2.《关于审理道路交通事故损害赔偿案件适用法律若干问题的解释》第四条规定:被多次转让但未办理转移登记的机动车发生交通事故造成损害,属于该机动车一方责任,当事人请求由最后一次转让并交付的受让人承担赔偿责任的,人民法院应予支持。

第六条又规定:拼装车、已达到报废标准的机动车或者依法禁止行驶的其他机动车被多次转让,并发生交通事故造成损害,当事人请求由所有的转让人和受让人承担连带责任的,人民法院应予支持。

【案例1-3】

车辆转让但未过户,是否有权索赔。

陈某就其所有的轿车向保险公司投保了机动车辆保险,被保险人为张某。2020年9月28日,张某将该车转让给李某,双方签订买卖合同但未办理车辆过户登记手续。同年11月23日,李某驾驶该轿车撞到路边桥墩造成车辆受损。之后,李某向保险公司索赔。因为车辆未过户,保险公司内部对于该起事故是否赔偿产生分歧。一种意见认为应当赔偿。理由是虽然车辆未过户,但张某和李某已经签订买卖合同且车辆已经交付李某,车辆已经由李某控制。根据《中华人民共和国保险法》第四十九条第一款规定:"保险标的转让的,保险标的的受让人承继被保险人的权利和义务。"李某有权承继被保险人张某的权利向保险公司索赔。另一种意见认为:保险法第四十九条所称的"转让",对于车辆来说,是指办理完毕车辆过户登记手续。本案双方虽然签订了买卖合同,但并未办理转移登记,所以本案不适用保险法第四十九条,李某无权向保险公司索赔。

法理分析:

1.《中华人民共和国保险法》第四十九条"转让"是指以转移标的物所有权为目的的债权行为

物权反映的是人对物排他的绝对支配权利,是人与物之间一种静态的法律关系;而债权反映的是人与人之间基于物的流转而产生的涉及财产利益的动态法律关系。笔者认为,此处的"转让"应理解为"以转移标的物所有权为目的"的债权行为,是指债权合同当事人之间动态的财产流转关系。这种动态关系的主要外在表现如下:

(1)合同关系的成立并生效;

(2)实际履约行为(即"交付")的存在,具体到保险合同关系,应重点考察"对标的物的占有状态"是否已发生改变,因为这涉及保险标的物所面临的危险程度是否增加的问题。由于所有权本身与其具体的占有、使用、收益和处分的权能可以相分离,即使财产所有权不变,相关财产的占有人也可能发生变化。所以，影响被保险标的物所面临危险程度的关键性、决定性因素，不是相关财产所有权的归属，而是对相关财产占有之事实状态的具体情形是否发生了变化。

此外，根据文义解释原则，如果该条第一款中的“转让”要表达或强调的是“财产所有权归属的变化”这一层意思，那么，应当表述为：“保险标的的物权发生变更的……”

2. 车辆转让以交付为标志

《中华人民共和国物权法》第二十三条规定：“动产物权的设立和转让，自交付时发生效力，但法律另有规定的除外”；第二十四条规定：“船舶、航空器和机动车等物权的设立、变更、转让和消灭，未经登记，不得对抗善意第三人。”

根据上述规定，动产所有权的移转，除法律另有规定或当事人另有约定外，以交付为标志。机动车辆虽有登记管理制度，但仍属于动产范畴，除非当事人另有约定（比如所有权保留），否则，一经交付即产生转移所有权的法律效果。而登记行为只是产生对抗效力。经过登记的转让可以对抗善意的第三人，而未经登记的转让不产生对抗善意第三人的效力。

《最高人民法院关于审理道路交通事故损害赔偿案件适用法律若干问题的解释》第四条规定：“被多次转让但未办理转移登记的机动车发生交通事故造成损害，属于该机动车一方责任，当事人请求由最后一次转让并交付的受让人承担赔偿责任的，人民法院应予支持。”从该条规定看，“最后一次转让并交付的受让人”对转让标的物享有实际管领和控制的权利，便应依法承担相应法律义务。该条司法解释规定，也表明车辆转让虽未办理转移登记，但一经交付即产生转移所有权的法律效果。

3. 李某有权向保险公司索赔

本案中，张某和李某签订买卖合同，李某支付了转让费用给张某，车辆已经交付李某，表明张某和李某之间有“以转移车辆所有权为目的”的债权行为。车辆交付后，所有权已经转移给李某。李某有权继承被保险人张某的权利向保险公司索赔。

特别提示

1. 过户未批改前，原保险合同对受让人已经生效，不存在保险真空期。

2. 因标的转让需增加保费或解除合同的，保险人必须在收到转让通知之日的30天内做出，否则视为弃权。

3. 过户未批改的拒赔须满足转让导致保险标的危险程度显著增加。

(二)最大诚信原则

最大诚信原则解读

任何一项民事活动,各方当事人都应遵循诚信原则,诚信原则是世界各国立法对民事、商事活动的基本要求。保险经营活动中信息的不对称,要求当事人具有"最大诚信"。

最大诚信原则的内容包括:告知、保证、弃权和禁止反言。其中,告知对合同双方均有约束,保证只约束投保人或被保险人,而弃权和禁止反言约束的是保险人。

1 告知

投保人有如实告知义务,它包括合同订立时、标的的危险程度显著增加时、标的转让时、重复保险时和事故发生时的告知义务。保险人有说明义务。

1)投保时的告知义务

(1)投保人有如实告知义务。在保险合同订立时,投保人应将那些足以影响保险人决定是否承保和确定费率的重要事实如实告知保险人。如在财产保险中,应将保险标的的价值、品质和风险状况等如实告知保险人。但我国采用的是"询问回答告知"方式。《中华人民共和国保险法》第十六条第一款规定:"订立保险合同,保险人就保险标的或者被保险人的有关情况提出询问的,投保人应当如实告知。"当然,询问的方式包括口头形式与书面形式。

友情小贴士

投保人应告知的内容

1.《保险法司法解释(二)》第五条规定:保险合同订立时,投保人明知的与保险标的或者被保险人有关的情况,属于保险法第十六条第一款规定的投保人"应当如实告知"的内容。

2.《保险法司法解释(二)》第六条规定:投保人的告知义务限于保险人询问的范围和内容。当事人对询问范围及内容有争议的,保险人负举证责任。保险人以投保人违反了对投保单询问表中所列概括性条款的如实告知义务为由请求解除合同的,人民法院不予支持。但该概括性条款有具体内容的除外。

3.《最高人民法院关于审理保险纠纷案件若干问题的解释》第九条规定:保险法第十六条规定的投保人"如实告知义务"仅限于保险人"提出询问"的投保人知道或者应当知道的事项。保险人设计的投保单和风险询问表,视为保险人"提出询问"的书面形式。告知义务的履行限于保险合同成立前。保险合同成立后,投保人、被保险人履行告知义务的,保险人没有异议的,保险人不得因此解除合同。

特别提示

投保人未履行告知义务的后果

1.如果投保人故意或重大过失未履行如实告知并且足以影响保险人决定是否同意承保或者提高保险费率的,保险人有权解除合同。但《保险法司法解释(二)》第七条又规定:保险人在保险合同成立后知道或者应当知道投保人未履行如实告知义务,仍然收取保险费,又依照保险法第十六条第二款(上述条款)的规定主张解除合同的,人民法院不予支持。

2.如果投保人故意未履行如实告知义务,对于合同解除前发生的保险事故,不承担赔偿或者给付保险金的责任,并不退还保险费;如果投保人因重大过失未履行如实告知义务并且对保险事故的发生有严重影响的,保险人对于合同解除前发生的保险事故,不承担赔偿或者给付保险金的责任,但应当退还保险费。但《保险法司法解释(二)》第八条又规定:保险人未行使合同解除权,直接以存在保险法第十六条第四款、第五款(上述条款)规定的情形为由拒绝赔偿的,人民法院不予支持。但当事人就拒绝赔偿事宜及保险合同存续另行达成一致的情况除外。

《最高人民法院关于审理保险纠纷案件若干问题的解释》第十条规定:保险法第十六条第五款(上述条款)规定的"严重影响",是指未告知的事项为发生保险事故主要的、决定性的原因。如果保险事故的发生并非投保人未告知的重大事项引起,可以认定该未告知的事项对保险事故的发生没有"严重影响",保险人不得以投保人未告知为由解除保险合同或者不承担保险责任。

3.如果保险人在合同订立时已经知道投保人未如实告知情况的,保险人不得解除合同;发生保险事故的,保险人应当承担赔偿或者给付保险金的责任。

4.但保险公司的合同解除权,自保险人知道有解除事由之日起,超过三十日不行使而消灭。自合同成立之日起超过二年的,保险人不得解除合同。

在保险实务中,应特别注意以下三种情况。

①保险代理人在投保单上的“代签名”行为是一种违规销售行为,可能影响投保人的如实告知义务。

②保险经纪人不得阻碍投保人履行如实告知义务或者诱导其不履行如实告知义务。《中华人民共和国保险法》第一百三十一条:“保险代理人、保险经纪人及其从业人员在办理保险业务活动中不得有下列行为:(三)阻碍投保人履行本法规定的如实告知义务,或者诱导其不履行本法规定的如实告知义务。”

《保险经纪机构管理规定》第九十五条:“保险经纪机构、保险经纪分支机构及其业务人员在开展经纪业务过程中,不得有下列欺骗保险公司、投保人、被保险人或者受益人的行为:(三)阻碍投保人履行如实告知义务或者诱导其不履行如实告知义务。”

③保险经纪人不能代替投保人履行如实告知义务。保险经纪人不是如实告知义务的履行主体。从《中华人民共和国保险法》第十六条的规定看,“如实告知”义务的履行主体是投保人,保险经纪人不是履行主体。保险经纪人虽为投保人的代表,但并不是投保人的所有义务都可以代为履行。如保险公司为调查标的风险状况所做的风险调查表,应当由投保人填写并加盖印章,不能由保险经纪人代为填写内容并加盖保险经纪公司印章。

对于保险标的的风险状况,较之于经纪人,投保人更为掌握。在履行如实告知义务时,由投保人直接向保险人告知有关事项,较之于投保人告知保险经纪人,再由保险经纪人转达给保险人,更为直接、全面、清晰,保险人能更好地进行风险状况分析并做出判断。

上述两点理由,可以解释为何《中华人民共和国保险法》第一百三十一条和《保险经纪机构管理规定》第九十五条中,在涉及投保人履行如实告知义务时,使用的是保险经纪人不得有“阻碍投保人履行”或者“诱导其不履行如实告知义务”的措辞。

(2)保险人有明确说明义务,即不仅要列明在合同中,而且要对主要条款、责任免除等做出提示解释。订立保险合同时如果保险人提供的是格式条款的,保险人向投保人提供的投保单应当附格式条款;保险人应当在投保单、保险单或其他保险凭证上做出足以引起投保人注意的提示;保险人应当向投保人说明合同的内容,对免责条款内容要求以书面或口头形式向投保人作明确说明,未做提示或者明确说明的,该条款不产生效力。

《最高人民法院关于审理保险纠纷案件若干问题的解释》第十一条规定:保

险法第十七条(上述条款)中的“明确说明”是指,保险人在与投保人签订保险合同时,对于保险合同中所约定的有关保险人责任免除条款,应当在保险单上或者其他保险凭证上对有关免责条款做出能够足以引起投保人注意的提示,并且应当对有关免责条款的内容以书面或口头形式向投保人做出解释。保险人对是否履行了明确说明义务承担举证责任。保险合同中免责条款本身,不能证明保险人履行了说明义务。保险公司的分支机构与投保人订立保险合同时,不因其他分支机构已与该投保人订立有同类保险合同而可以不履行保险法第十八条规定的“明确说明”义务。

《最高人民法院关于审理保险纠纷案件若干问题的解释》第十三条规定：保险合同中约定有关保证条款的,保险人应当参照保险法第十七条的规定在订立合同时向投保人或者被保险人明确说明,未明确说明的,该条款不产生效力。

特别提示

1.《保险法司法解释(二)》第九条规定:保险人提供的格式合同文本中的责任免除条款、免赔额、免赔率、比例赔付或者给付等免除或者减轻保险人责任的条款,可以认定为保险法第十七条第二款规定的“免除保险人责任的条款”。保险人因投保人、被保险人违反法定或者约定义务,享有解除合同权利的条款,不属于保险法第十七条第二款规定的“免除保险人责任的条款”。

2.《保险法司法解释(二)》第十条规定:保险人将法律、行政法规中的禁止性规定情形作为保险合同免责条款的免责事由,保险人对该条款做出提示后,投保人、被保险人或者受益人以保险人未履行明确说明义务为由主张该条款不生效的,人民法院不予支持。

3.《保险法司法解释(二)》第十一条规定:保险合同订立时,保险人在投保单或者保险单等其他保险凭证上,对保险合同中免除保险人责任的条款,以足以引起投保人注意的文字、字体、符号或者其他明显标志做出提示的,人民法院应当认定其履行了保险法第十七条第二款规定的提示义务(注:《中华人民共和国保险法》只明确了保险人的提示义务,而《保险法司法解释二》则进一步明确了保险人提示的形式,即保险人可以用文字、字体、符号或者其他明显标志做出提示)。保险人对保险合同中有关免除保险人责任条款的概念、内容及其法律后果以书面或者口头形式向投保人做出常人能够理解的解释说明的,人民法院应当认定保险人履行了保险法第十七条第二款规定的明确说明义务(注:《中华人民共和国保险法》只明确了保险人的提示和说明义务,而《保险法司法解释(二)》则进一步明确了保险人说明义务的具体含义及标准,即要做出解释说明且解释要做到常人能够理解,而不仅仅做到投保人能理解)。

4.《最高人民法院关于审理保险纠纷案件若干问题的解释》第八条规定:保险人根据保险法第十七条第一款的规定,向投保人说明保险合同条款内容时,应当以普通人能够理解的程度为限,但是可以根据投保人的投保经验作不同程度的解释。

想一想

如果仅有"投保人声明栏"中投保人的签名/盖章,保险公司是否已尽到了《保险法司法解释二》中规定的明确说明义务?

《保险法司法解释(二)》第十三条规定:"投保人对保险人履行了符合本解释第十一条第二款要求的明确说明义务在相关文书上签字、盖章或者以其他形式予以确认的,应当认定保险人履行了该项义务。但另有证据证明保险人未履行明确说明义务的除外。"因此,为了避免保险人以后的艰难举证,仅有"投保人声明栏"中投保人的签名/盖章是远远不够的,因为"投保人声明栏"中只有"保险人已将保险条款向本人做了明确说明"的字样,而并没有关于如何做了明确说明的内容,为此,保险公司最好制作一份"保险人免责条款说明"并一设两份,预留投保人签字的栏目并递交投保人签字后,保险人保留一份并附在保险合同中,以此作为保险公司已履行了明确说明义务的书面凭证。

在保险实务中,应特别注意电子保单中保险人的说明义务。随着信息技术的发展,网络销售逐渐成为一种重要的保险业务拓展形式和营销手段,电子保单应运而生。电子保单是借助电子签名软件和企业数字证书,以电子文书形式替代传统纸质保单,实现保险产品线上交易的现代化保险契约。目前,在车险业务中主要是采用将投保、缴费、核保和出单等全流程均在网上自助实现的一种网上业务。在网上业务中,当投保人进行网上投保操作时,网页会显示包含保险条款、免责说明等内容的投保须知,投保人必须点击"已阅读"后,才能进入核保、缴费和保单生效等环节。在实际操作中,绝大多数保险公司在网上履行说明义务时多将保险条款和免责说明以“链接”的形式展现给投保人,如果投保人没有点击“链接”阅读具体内容,系统也允许直接点击“已阅读”进入后续操作。此举是否可以认定保险人履行了说明义务呢？未必。首先,链接阅读的方式使投保人并不必然经过保险条款和免责条款的阅读环节,无法引起投保人的充分重视;其次,保险条款的罗列并不能等同于条款的明确说明,保险人除提示投保人阅读外,还应主动就免责条款等具体内容做出进一步的解释;最后,“投保人声明”同样属于保险合同的格式内容,势必使投保人处于劣势地位,故不宜作为保险人已履行说明义务的证据。因此,现阶段大多数保险公司在开展电子保单业务时履行说明义务旳方式并非十分合理,在机制设计方面有待改进。所以,保险公司应优化条款说明方式,强制投保人阅读保险条款与免责条款,将以往选择性阅读的“链接”方式变为投保流程中的必经环节,并在阅读页面设置强制停留一段合理的时间后才允许点击继续。

2013 年 6 月 8 日起施行的《保险法司法解释(二)》第十二条规定:“通过网络、电话等方式订立的保险合同,保险人以网页、音频、视频等形式对免除保险人责任条款予以提示和明确说明的,人民法院可以认定其履行了提示和明确说明义务。”

2)合同成立后的告知义务

由于在保险实务中一般采用的是狭义的告知,所以,在保险合同成立后的告知一般被称为通知。投保方在下列四种情况下有通知义务。

(1)标的的危险程度显著增加时应及时通知保险人。《中华人民共和国保险法》第五十二条规定:在合同有效期内,保险标的的危险程度显著增加的,被保险人应当按照合同约定及时通知保险人,保险人可以按照合同约定增加保险费或者解除合同。保险人解除合同的,应当将已收取的保险费,按照合同约定扣除自保险责任开始之日起至合同解除之日止应收的部分后,退还投保人。

被保险人未履行前款规定的通知义务的,因保险标的的危险程度显著增加而发生的保险事故,保险人不承担赔偿保险金的责任。

《最高人民法院关于审理保险纠纷案件若干问题的解释》第二十五条规定:在合同有效期内,保险标的危险程度显著增加,被保险人未通知保险人的,保险人对与保险标的危险程度显著增加无关的因素而发生的保险事故应承担保险责任,保险人不得依据保险法第五十二条的规定以被保险人未履行“通知”义务为由拒绝承担保险责任。

【案例 1-4】

标的危险程度显著增加未尽通知义务遭拒赔。

余某为其所有的一辆丰田轿车向人保财险绍兴市分公司投保了交强险、车损险、商业三者险及不计免赔险。在保险期限内,发生了由顾某驾驶的被保险车辆在慈溪某地与一骑两轮摩托车的熊某相撞的道路交通事故。后经交警认定,顾某负本次事故的主要责任。双方因赔偿问题的不一致而诉至慈溪市人民法院。

经一审法院审理,最终判决:由人保财险绍兴市分公司在交强险责任限额内赔付熊某12万元,顾某赔付38.55万元,余某支付了车辆维修费6.33万元。余某与熊某在向人保财险绍兴市分公司索赔车辆修理费和商业三者险赔款遭拒后,遂向上虞市人民法院提起上诉,要求保险公司在商业车损险内赔偿车辆修理费6.33万元,商业三者险内赔付38.55万元,合计44.88万元。

人保财险绍兴市分公司在接到诉讼案件后,立即收集有关证据材料,并聘请了律师出庭应诉。保险公司辩称:

(1)在一审法院审理案卷中,有余某提供的将车租赁给杜某使用的合同,属于以家庭自用车从事租赁业务,改变了车辆的使用性质而未通知保险公司,后杜某借车给顾某使用时出险,因危险程度显著增加而发生的保险事故,属于保险法和保险合同规定的免责理由,保险公司不承担赔偿责任;

(2)人保财险绍兴市分公司出具的保险单重要提示栏中,对投保人在保险期内因保险车辆危险程度显著增加应书面通知保险人的义务,已经以书面形式进行提示,履行了免责条款的告知义务,因此不必承担该车的修理费和商业三者险赔款。

二审法院认可了人保财险绍兴市分公司的答辩理由,认为余某的车辆使用性质变更导致了危险程度显著增加,而未通知保险公司,保险公司的拒赔理由成立,不必承担赔偿余某车辆的修理费和商业三者险赔款共计44.88万元。

(2)标的转让时被保险人或受让人应及时通知保险人。

(3)事故发生后应当及时通知保险人。《中华人民共和国保险法》第二十一条规定:投保人、被保险人或者受益人知道保险事故发生后,应当及时通知保险人。故意或者因重大过失未及时通知,致使保险事故的性质、原因、损失程度等难以确定的,保险人对无法确定的部分,不承担赔偿或者给付保险金的责任,但保险人通过其他途径已经及时知道或者应当及时知道保险事故发生的除外。

《最高人民法院关于审理保险纠纷案件若干问题的解释》第十五条规定:投保人、被保险人或者受益人知道保险事故发生后,在合理的时间内通知保险人,即履行了保险法第二十一条第一款规定的“及时通知”义务。未及时通知的,不影响保险人的保险责任，但保险合同另有约定的除外。保险人以未及时为由不承担责任的主张，人民法院不予支持。

【案例 1-5】

协商处理轻微交通事故也应及时通知保险公司。

刘某就其所有的小轿车向甲地平安保险公司投保了车损险等，后因工作需要去乙地工作 2 个月，刘某将该车辆也带到乙地使用。在保险期限内的 2020 年 5 月 4 日，刘某驾车和对面张某驾驶的长途货运车辆相撞，两车受损，刘某车辆损失明显比张某车辆损失严重。双方对于事故的成因无异议，在撤离现场后，双方协商处理赔偿事宜，同意双方负事故同等责任，各自维修自己的车辆。

刘某于 2020 年 6 月 3 日回到甲地后向 A 保险公司提出要求赔偿修理费 4000 元。保险公司认为，刘某通过协商处理事故，没有及时通知保险人，而张某已经无法联系到，本次事故的真实性证据欠缺，因此刘某承担同等责任是否恰当无法客观认定，故不同意赔偿。而刘某认为，根据有关法律规定，自己有权和张某协商处理交通事故，自己车辆损失是客观存在的，所以保险公司应当赔偿。后经沟通协商，保险公司在车损险项下赔偿刘某 1000 元。

法理分析：

1. 协商处理交通事故损害赔偿的法律依据

《中华人民共和国道路交通法》第七十条第二款规定："在道路上发生交通事故，未造成人身伤亡，当事人对事实及成因无争议的，可以即行撤离现场，恢复交通，自行协商处理损害赔偿事宜；不即行撤离现场的，应当迅速报告执勤的交通警察或者公安机关交通管理部门。在道路上发生交通事故，仅造成轻微财产损失，并且基本事实清楚的，当事人应当先撤离现场再进行协商处理。"

《中华人民共和国道路交通安全法实施条例》第八十六条第二款规定："机动车与机动车、机动车与非机动车在道路上发生未造成人身伤亡的交通事故，当事人对事实及成因无争议的，在记录交通事故的时间、地点、对方当事人的姓名和联系方式、机动车牌号、驾驶证号、保险凭证号、碰撞部位、并共同签名后，撤离现场，自行协商损害赔偿事宜。"

本案中，刘某驾车和对面张某驾车相撞发生交通事故，仅车辆损失而无人身伤亡，刘某、张某同意对于事故负同等责任则表明双方对于事故成因无争议。所以，刘某和张某可以自行协商损害赔偿事宜。

2. 相关义务人通知保险公司既是法定义务又是合同义务

(1) 履行保险事故发生时的通知义务，是保险法的要求。《中华人民共和国保险法》第二十一条规定:“投保人、被保险人或者受益人知道保险事故发生后,应当及时通知保险人。故意或者因重大过失未及时通知,致使保险事故的性质、原因、损失程度等难以确定的,保险人对无法确定的部分,不承担赔偿或者给付保险金的责任,但保险人通过其他途径已经及时知道或者应当及时知道保险事故发生的除外。”

(2)及时通知保险人自行协商处理事故,是保险合同的约定义务。保险条款作为保险合同的组成部分,对于当事人选择自行协商方式处理事故的,明确被保险人应及时通知保险人。2020 版《示范条款》第四十条第一款规定:“发生保险事故时,被保险人或驾驶人应当及时采取合理的、必要的施救和保护措施,防止或减少损失,并在保险事故发生后 48 小时内通知保险人。”根据这条,当事人选择以自行协商方式处理保险事故,被保险人负有及时通知保险人的义务。

(3)通知保险公司的必要性。

①利于保险公司确认事故真实性。《中华人民共和国保险法》第二十一条给投保人、被保险人或者受益人设定了保险事故发生的通知义务多,投保人、被保险人或者受益人履行通知义务可以使得保险人迅速调查事实真相,确认事故真实性、确认各方损失,为保险理赔做准备。

②有利于防止保险欺诈。当前,机动车辆保险理赔中的欺诈情况比比皆是。例如,制造虚假交通事故骗取保险金,事故发生后隐瞒无证驾车或酒后驾车等情况,由他人顶替违法驾驶员等。打击保险欺诈行为,在相关义务人履行保险事故发生通知义务的基础上,保险人通过调查获取第一手资料,显然是最为基础性的工作。

③避免保险公司客户自行承诺或支付不应由其承担的费用,最终损害保险公司利益。交通事故发生后,一方当事人的强势或威胁,另一方因为要赶时间或者为息事宁人等原因,均可能使得事故责任划分的结果与客观事实不符合,双方自行协商的赔偿处理结果也可能不符合客观事实。这样一来,责任承担方无论是出于本意或者非本意,如果一旦自行承诺或者支付了不应由其承担的金额,则自己的承保公司就很可能需要在保险项下多承担赔偿责任。

本案中,刘某和张某协商处理损害赔偿事宜前,未及时通知保险公司,给保险公司进行事故真实性调查和损失认定造成障碍,就这一点刘某违反了合同约定。对于此类可以通过协商处理的交通事故,保险人应更加重视通过调查确认事故相关信息,避免因为客户自行协商而给保险人或自身利益造成损害。

(4)重复保险时应将有关情况通知保险人。《中华人民共和国保险法》第五十六条第一款规定:“重复保险的投保人应当将重复保险的有关情况通知各保险人。”

保险人在下列三种情况下有告知义务。

①对于不属于保险责任的,保险人在拒赔时应当在做出核定之日的3天内向被保险人或受益人发出拒赔通知书,并说明拒赔理由。

《中华人民共和国保险法》第二十四条规定:“保险人依照本法第二十三条的规定做出核定后,对不属于保险责任的,应当自做出核定之日起三日内向被保险人或者受益人发出拒绝赔偿或者拒绝给付保险金通知书,并说明理由。”

②要求被保险人补充的索赔材料必须及时一次性明确告知。

《中华人民共和国保险法》第二十二条第二款规定:“保险人按照合同的约定,认为有关的证明和资料不完整的,应当及时一次性通知投保人、被保险人或者受益人补充提供。”

③保险公司解除合同时应当书面通知对方。

《最高人民法院关于审理保险纠纷案件若干问题的解释》第七条规定:保险合同成立后,当事人一方依据保险法和本解释主张解除合同的,应当书面通知对方,保险合同自通知书送达对方时解除。协议解除的,保险合同自达成解除合同的协议时解除。合同另有约定的,依约定。

2 保证

保证是指保险人要求投保人或被保险人对某一事项的作为或不作为或对某种事态的存在或不存在作出许诺。保证是保险人签发保险单或承担保险义务,要求投保人或被保险人必须履行某种义务的条件,其目的在于控制风险,确保保险标的及周围环境处于良好的状态中。保证的内容属于保险合同的重要条款之一。

根据保证存在的形式可分为明示保证和默示保证两种,在大多数保险中均采用明示保证方式,即以文字或书面的形式直接在合同中载明。而默示保证在海上保险中运用比较多。如海上保险的默示保证有三项:船舶的适航保证、不得绕航保证和航行合法保证。

在保险活动中,由于保证的事项均属于重要事实,因而被保险人一旦违反保证的事项,保险合同即告失效,或保险人拒绝赔偿损失或给付保险金,而且,除人寿保险外,保险人一般不退还保险费。

《最高人民法院关于审理保险纠纷案件若干问题的解释》第十二条规定:保

险合同的当事人可以根据保险法第五条(注:保险活动当事人行使权利、履行义务应当遵循诚实信用原则)和第二十条第一款(注:投保人和保险人可以协商变更合同内容)的规定,在保险合同中约定,被保险人违反保险合同中的保证条款时,保险人可以自被保险人违反保证条款之时解除保险合同,也可以要求修改承保条件,增加保险费,或者免除保险责任或者减轻保险责任。保险合同中投保人、被保险人以书面承诺为一定行为或不行为或者保持某种状况的内容视为保险合同中的保证条款。被保险人为无民事行为能力人和限制民事行为能力人的,不受该保险合同中保证条款约束。但是,被保险人的监护人有过错的,应当免除或者减轻保险人的责任。

3 弃权与禁止反言

1)弃权

弃权是指保险人放弃法律或合同中规定可以主张的某种权利(通常是合同解除权与抗辩权)。构成弃权的要件是:保险人有弃权的意思表示、保险人必须知道有权利存在。

2)禁止反言

禁止反言是指保险人已放弃某种权利,日后不得再向被保险人主张这种权利。

【案例1-6】

进口车以国产车收保费的责任。

某建筑公司在盐城市郊区某保险代办处为其所有的进口奔驰轿车投保机动车辆保险。承保时,保险代理人误将该车以国产车计收保费,少收保费482元。合同生效后,保险公司发现这一情况,立即通知投保人补缴保费,但被拒绝。无奈之下,保险公司单方面向投保人出具了保险批单,批注:"如果出险,我司按比例赔偿。"合同有效期内,该车出险,投保人向保险公司申请全额赔偿。

试问:1.投保人是否履行了如实告知义务?

法理分析:

投保人是以奔驰轿车为标的进行投保的,而少收保费是由于保险代理人误将奔驰车当成了国产车,所以,投保人已履行了如实告知义务,其责任在于代理人而非投保人。

保险代理人明知是奔驰车却不以进口车收费,而是以国产车收取保费。其行为在法律上属于最大诚信原则中的弃权。

保险人单方出具批单的反悔行为在法律上属于违反最大诚信原则中的禁止反言。

试问:2.保险公司应该以全额还是按比例形式赔偿?

法理分析:

保险公司应全额赔偿。因为该合同自始至终具有法律效力;该代理属于表见代理,其代理人的行为应由保险人承担责任;保险人单方出具保险批单的反悔行为属于违反最大诚信原则中的禁止反言,没有法律效力,不影响合同的履行;保险费率是保险代理人在业务操作中所必须准确掌握的,保险代理人具有准确适用费率的义务。

所以,法律上,保险人少收保费的损失应由负有过错的保险代理人承担,不能因投保人少交保费而按比例赔偿。否则,有违于民事法律中的过错责任原则,使责任主体与损失承担主体错位。

损失补偿原则解读

(三)损失补偿原则及派生原则

损失补偿原则既是保险的四大基本原则之一,又是财产保险特有的原则。

损失补偿原则的派生原则有代位追偿原则和重复保险的损失分推原则。

1 损失补偿原则概述

1)何为损失补偿原则

保险合同生效后,当保险标的发生保险责任范围内的损失时,通过保险赔偿,使被保险人恢复到受灾前的经济原状,但不能因损失而获得额外收益。

保险补偿就是在保险金额范围内,对被保险人因保险事故所遭受损失的全部赔偿。所以,补偿应以被保险人的实际损失及有关费用为限,即以被保险人恢复到受损失前的经济状态为限。

2)损失补偿的项目

(1)保险标的实际损失。保险标的实际损失是指保险标的在受损前的实际价值。

(2)施救费用、诉讼费用等。它不仅包括对保险车辆本身进行抢救和保护所发生的费用,还包括向第三者进行追偿所发生的协商与诉讼费用。

施救费用应是直接的、必要的,并符合国家有关政策规定的。具体应遵循以下几点原则。

①保险车辆在发生火灾时,被保险人或其允许的合格驾驶员使用他人非专业消防单位的消防设备,施救保险车辆所消耗的合理费用及设备损失应当赔偿。

②保险车辆出险后,失去正常的行驶能力,被保险人雇用吊车及其他车辆进行抢救的费用,以及将出险车辆拖运到修理厂的运输费用,保险人应当按当地物

价部门核准的收费标准予以负责。

③在抢救过程中,因抢救而损坏他人的财产,如果应由被保险人赔偿的,可予以赔偿。但在抢救时,抢救人员个人物品的丢失不予赔偿。

④抢救车辆在拖运受损保险车辆途中发生意外事故造成保险车辆的损失扩大部分和费用支出增加部分,如果该抢救车辆是被保险人自己或他人义务派来抢救的,应予赔偿;如果该抢救车辆是受雇的,则不予赔偿。

⑤保险车辆出险后,被保险人或其允许的驾驶人或其代表奔赴肇事现场处理所支出的费用,不予负责。

⑥保险人只对保险车辆的施救费用负责。例如:受损保险车辆与其所装货物同时被施救,应按保险车辆与货物的实际价值进行比例分摊赔偿。

⑦保险车辆为进口车或特种车,发生保险事故后,当地确实不能修理,经保险人同意后去外地修理的移送费,可予适当负责,但护送保险车辆者的工资和差旅费,不予负责。

⑧施救费用与修理费用应分别理算。一般来说,施救前,如果施救、保护费用与修理费用相加,估计已达到或超过保险金额时,则可推定全损予以赔偿。

⑨保险车辆发生保险事故后,对其停车费、保管费、扣车费及各种罚款,保险人不予负责。

3)赔偿的责任限额(损失补偿原则的限制条件)

(1)以实际损失为限。例如:一辆旧车的实际价值为15万元,但新车购置价为20万元,保险金额也为20万元,则车辆全损时只能赔偿15万元。

(2)以保险金额为限。例如:上例中若保险金额为12万元,则车辆在全损时尽管实际损失为15万元,但只赔偿12万元。

(3)以保险利益为限。例如:王某以实际价值为20万元的汽车作为抵押物向银行贷款15万元,而银行又将该车以新车购置价25万元的价格向保险公司投保,那么汽车出险全损时,保险公司只赔15万元,因为银行对汽车的保险利益只有15万元。

2 代位追偿原则

1)代位求偿权(权利代位)

保险代位求偿权是保险人在保险事故发生后,向被保险人支付赔偿后而取得的一项权利。其意义在于防止被保险人获得双重赔偿,弥补保险人损失及追究第三者的应负责任等。近年来,随着保险业的发展,保险代位求偿权的行使日益普遍,而与此相关的争议也随之增加。

(1)行使代位求偿权的前提条件。

①损害事故发生的原因及受损的标的,都属于保险责任范围。只有保险责任范围内的事故造成的保险标的的损失,保险人才负责赔偿,否则,受害人只能向有关责任方索赔或自己承担损失,与保险人无关,也不存在保险人代位追偿问题。

②被保险人对第三者依法享有赔偿请求权。保险事故的发生是由于第三者的过错造成的,至于第三者在保险事故中的过错程度,可以是由第三者负全部责任,也可以是由第三者负部分责任。例如:在道路交通事故中,第三者负事故的全责、主责、同责或次责均可。

③被保险人未放弃向第三者的求偿权。

④保险人已履行了赔偿义务。

(2)被保险人对第三者的赔偿请求权的范围。

①第三者对被保险人的侵权行为。因第三者的侵权行为导致保险标的遭受损失的,依法应承担损害赔偿责任。例如:因第三者的违章行驶造成交通事故,致使被保险车辆遭受损失的,则第三者应依法承担侵权的民事损害赔偿责任;因产品质量不合格,造成保险标的的损失,则产品的制造商、销售商应对被保险人承担侵权的民事损害赔偿责任。

②被保险人与第三者的合同行为。因第三者不履行合同规定的义务,造成保险标的的损失,根据合同的约定,第三者应对保险标的的损失承担民事损害赔偿责任。例如:保管合同中因保管人未尽到保管义务致使保管物毁损的;在货物运输保险中,由于承运人的野蛮装卸,造成运输货物的损毁,根据运输合同的规定,承运人应对被保险人承担损害赔偿责任。

③第三者不当得利行为。因第三者不当得利行为,造成保险标的的损失,依法应承担损害赔偿责任。例如:第三者盗窃行为,非法占有保险标的,造成被保险人的损失,根据法律,如果案件破获,应当向第三者即窃贼进行追偿。

④其他依据法律规定,第三者应承担的赔偿责任。例如:共同海损的受益人对共同海损负有分摊损失的责任。

(3)保险人取得权益的方式。权益取得的方式一般有两种,一是法定方式,即权益的取得无须经过任何人的确认;二是约定方式,即权益的取得必须经过当事人的磋商、确认。

《中华人民共和国保险法》第六十条第一款规定:“因第三者对保险标的的损害而造成保险事故的,保险人自向被保险人赔偿保险金之日起,在赔偿金额范围内代位行使被保险人对第三者请求赔偿的权利。”由此可知,保险人代位求偿权的取得是采用法定方式,即保险人自向被保险人赔偿保险金之日起就已经取得了代位求偿权而无须经过被保险人的确认。

但在保险实务中,保险人支付保险赔款后,通常要求被保险人出具“权益转让书”。从法律规定上看,“权益转让书”并非权益转移的要件,所以,被保险人是否出具“权益转让书”并不影响保险人取得代位求偿权。

虽然,保险人支付保险赔款后即依法取得了代位求偿权,但是,“权益转让书”有如下几个优点:

①能起到确认保险赔款的时间和赔款金额,从而可以确认保险人取得代位求偿权的时间和向第三者追偿所能获得的最高赔偿额;

②防止被保险人放弃对第三者的请求赔偿权。

由于代位求偿权是被保险人转移其债权的结果,因此,被保险人与第三者之间债权关系如何,对保险人能否顺利履行和实现其代位求偿权是至关重要的。若被保险人放弃了对第三者的请求赔偿权,则应承担相应的法律责任。《中华人民共和国保险法》第六十一条第一款、第二款规定:“保险事故发生后,保险人未赔偿保险金之前,被保险人放弃对第三者请求赔偿的权利的,保险人不承担赔偿保险金的责任。保险人向被保险人赔偿保险金后,被保险人未经保险人同意放弃对第三者请求赔偿的权利的,该行为无效。”

【案例1-7】

保险公司向城管部门代位求偿。

2019年4月8日21时50分许,石某驾驶小型普通客车在宁波市某城市道路上行驶时,撞上了行车道上的石块发生事故,造成车损3万余元,保险公司根据石某的申请,对损失进行了理赔。后保险公司以城管部门没有及时发现并清除散落在路面上的石块导致事故的发生为由起诉至法院,要求城管部门赔偿其已支付的保险赔偿金。城管部门称,根据《中华人民共和国公路法》的规定,公路的养护管理、保持畅通系公路交通主管部门的职责,而非城管部门的法定职责,即便是城管的职责,城管也不可能做到随时清除路上散落物,特别是在夜间。事发路段夜间有路灯照明,石某作为机动车驾驶人负有认真观察路面的义务,此次事故是其疏忽大意造成的。

法院经审理后认为,事发路段属城市道路,不属于《中华人民共和国公路法》调整的路种。经查证,某城管部门确系事发路段的养护管理人,但其未提供证据证明其全面履行了为通行车辆提供安全、正常行驶路况的法定义务,致使石某驾驶的车辆在道路上发生交通事故，应承担相应的赔偿责任。考虑到石某驾驶机动车辆未注意观察路面，以致轧到路面石块造成车辆损坏，其过错行为是造成车辆损坏的直接原因等情况，并结合事故发生时间及道路管理人预防控制损害的成本等因素，酌情认定该城管部门应对石某的损失承担20%的赔偿责任。保险公司向石某履行赔偿义务后，依法有权在其保险理赔金额范围内向责任方代位求偿。据此，法院判决该城管部门支付损失理赔款的20%，即6000余元。

法理分析：

我国侵权责任法对道路、桥梁、隧道等人工建造的构筑物因维护管理缺陷致人损害赔偿责任作了规定，最高人民法院《关于审理道路交通事故损害赔偿案件适用法律若干问题的解释》第九条第一款对道路管理维护缺陷导致交通事故的主体责任做了进一步明确规定，即“因道路管理维护缺陷导致机动车发生交通事故造成损害，当事人请求道路管理者承担相应赔偿责任的，人民法院应予支持，但道路管理者能够证明已按照法律、法规、规章、国家标准、行业标准或者地方标准尽到安全防护、警示等管理维护义务的除外。”可以说，处理本案争议的法律依据非常具体明确，据此确定事发路段的管理者到底是谁，即是解决本案争议的关键。

而要确定事发路段的管理者，首先要正确区分城市道路与公路这两种不同的道路。《城市道路管理条例》第二条规定，城市道路是指城市供车辆、行人通行的，具备一定技术条件的道路、桥梁及其附属设施。原《公路管理条例》（现已废止，由《公路安全保护条例》替代）第三十六条规定，公路是指经公路主管部门验收认定的城间、城乡间、乡间能行驶汽车的公共道路（该规定虽已废止，但仍不失为对公路的较为准确的定义）。可见，城市道路与公路同属公共道路，但是有区别，城市道路并不属于公路的一部分，《中华人民共和国道路交通安全法》第一百十九在解释道路的含义时亦将城市道路与公路并列称谓。城市道路与公路的管理者亦不一样，根据《中华人民共和国公路法》和《公路安全保护条例》的规定，公路由公路管理段、公路经营企业等单位负责养护管理；根据《城市道路管理条例》的规定，城市道路则是由市政工程行政主管部门负责养护管理，在县市区多是由城管部门具体负责。本案事发路段金峨路属于城区范围内，理应由城管部门负责养护管理。某城管部门在其网上公布的2019年度工作总结中称“去年又新增金峨路等道路及附属设施纳入养护管理范围，养护设施量逐年扩大”，这足可证明事发路段确属某城管部门的管理范围。因此，法院确定某城管部门作为本案的责任承担主体是正确无误的。

(4)代位求偿的对象。保险代位求偿的对象为对保险事故的发生和保险标的的损失负有民事赔偿责任的第三者,它可以是法人,也可以是自然人。

(5)保险人在代位追偿中的权益范围。根据《中华人民共和国保险法》第六十条第一款的规定,保险人在代位追偿中的权益范围仅限于赔偿金额范围内。由于第三者对被保险人的损害赔偿责任属于民事损害赔偿责任,其赔偿额应依法裁定;而保险人对被保险人的赔偿责任属于保险合同责任,所以,两者的金额不一定相等。

当第三者承担的民事损害赔偿责任的金额大于保险人支付的保险赔偿金额时,若保险人先于第三者赔付,则应注意以下几种情况:

①被保险人有权就未取得的赔偿部分对第三者请求赔偿。《中华人民共和国保险法》第六十条第三款的规定:"保险人依照本条第一款规定行使代位请求赔偿的权利,不影响被保险人就未取得赔偿的部分向第三者请求赔偿的权利。"

②保险人应将代位追偿所得大于其向被保险人的赔偿金额部分归还被保险人。当第三者承担的民事损害赔偿责任的金额小于保险人支付的保险赔偿金额时,则应注意以下几种情况。

a. 若第三者先于保险人赔付,则保险人赔偿保险金时,应扣减被保险人从第三者处已取得的赔偿金额。也即若被保险人已从第三者处取得损害赔偿但赔偿不足时,保险人可以在保额限度内予以补足。

《中华人民共和国保险法》第六十条第二款的规定:"前款规定的保险事故发生后,被保险人已经从第三者取得损害赔偿的,保险人赔偿保险金时,可以相应扣减被保险人从第三者已取得的赔偿金额。"

《保险法司法解释(二)》第十九条第二款规定:"财产保险事故发生后,被保险人就其所受损失从第三者取得赔偿后的不足部分提起诉讼,请求保险人赔偿的,人民法院应予依法受理。"

b. 若保险人先于第三者赔付,则保险人可以代位追偿第三者应承担的民事损害赔偿责任部分。

【案例1-8】

车损事故中第三人赔偿不足,被保险人有权向保险人主张权利。

2019年10月19日,刘某驾驶牌号为鲁D9×××号重型半挂牵引车/鲁D×××号重型半挂车,沿京福高速由南向北行驶,因操作不当,车辆剐蹭同方向赵某驾驶的苏H3×××号轿车的尾部,造成车辆损坏,经公安机关认定,刘某负此次事故全部责任。鲁D9×××号重型半挂牵引车/鲁D×××号重型半挂车登记所有人为山东省滕州市某汽车运输公司，车辆在某保险公司滕州支公司投保了交强险。2020 年 1 月，赵某以交通事故责任纠纷为由将滕州市某汽车运输公司、某保险公司滕州支公司诉至事故发生地人民法院，该法院于 2020 年 3 月 23 日判决：原告赵某因此次事故产生的车辆损失 128756 元，由被告某保险公司滕州支公司在交强险限额内赔偿 4000 元，滕州市某汽车运输公司赔偿 124756 元。后赵某向法院申请执行，某保险公司滕州支公司履行赔偿义务 4000 元，滕州市某汽车运输公司赔偿 124756 元的义务未履行。2012 年 5 月，赵某为苏 H3 × × × 号轿车在某保险公司淮安支公司投保了机动车保险，其中机动车损失险保险金额为 182700 元，事故发生在保险责任期间内。

原告赵某诉称：苏 H3 × × × 号轿车于 2019 年 5 月 23 日在被告保险公司处投保了第三者责任险、机动车损失保险等险种，保险期间为 2019 年 5 月 23 日至 2020 年 5 月 22 日止。2019 年 10 月 19 日，投保车辆被刘某驾车追尾，原告将肇事车辆车主及车辆投保保险公司诉至法院，经法院判决认定车辆损失为 128756 元，判决生效后，仅获得赔偿 4000 元，余款原告未能获得赔偿。后原告要求保险公司理赔遭拒，遂诉至法院要求判决保险公司赔偿其车辆损失 124756 元。

被告保险公司辩称：原、被告之间具有保险合同关系是事实，原告已经依据侵权法律关系向第三人主张赔偿，并且已经判决滕州市某汽车运输有限公司为赔偿义务人，原告现又依据保险合同关系向保险公司主张权力系重复诉讼，原告已经无权再起诉被告。

法院经审理认为，被保险人对保险人的赔偿请求权和对第三人的赔偿请求权发生重合时，被保险人既可以请求第三人赔偿，也可以请求保险人赔偿，还可以在第三人赔偿不足时，请求保险人予以赔偿。本案中，原告向第三人主张赔偿，并获得法院生效判决，但第三人并未实际履行，原告未实际获得赔偿，故其要求被告赔偿保险金应予支持。被告在向原告赔偿保险金之后，其依法获得保险代位求偿权。综上，判决被告保险公司赔偿原告赵某车辆损失 124756 元。

法理分析：

本案涉及的法律问题是：车损事故发生后，投保人已经依据侵权关系向法院起诉第三人（侵权人）主张权利，但并未获得实际赔偿，投保人能否再依据保险合同关系向保险公司主张权利。

车损事故发生后，在第三人(侵权人)原因造成被保险人车辆损失的情况下，发生保险合同关系与侵权关系的竞合。对于车辆所有人来讲，其既可以依据侵权关系要求第三人(侵权人)承担侵权赔偿责任，也可以依据保险合同关系要求保险公司承担保险责任。车辆所有人依据侵权关系向第三人(侵权人)主张权利后,在第三人(侵权人)赔偿不足时,仍有权请求保险公司予以赔偿。对此《最高人民法院关于适用〈中华人民共和国保险法〉若干问题的解释(二)》第十九条第二款明确规定:财产保险事故发生后,被保险人就其所受损失从第三者取得赔偿后的不足部分提起诉讼,请求保险人赔偿的,人民法院应予依法受理。

本案中,原告赵某向第三人主张赔偿,并获得法院生效判决,第三人应向原告履行赔偿义务,但原告仅获得4000元赔偿,余款124756元未实际获得赔偿,故其要求被告保险公司赔偿车辆损失124756元应予支持。

当然,本案中保险公司并非终局的赔偿义务人,《中华人民共和国保险法》第六十条规定了保险代位求偿权制度,具体是指财产保险中保险人赔偿被保险人的损失后,可以在已付保险金金额范围内要求第三人直接向其履行赔偿义务,而被保险人不得再要求第三人向其履行已付保险金金额范围内的赔偿义务。本案中,保险公司向赵某履行支付保险金义务后,其获得对侵权人滕州市某汽车运输有限公司的保险代位求偿权。

(6)被保险人在请求赔偿时的权利选择。被保险在请求赔偿时有两种选择,或者请求第三人承担赔偿责任,或者请求保险人承担赔偿责任,即不分先后次序。

《保险法司法解释(二)》第十九条第一款规定:"保险事故发生后,被保险人或者受益人起诉保险人,保险人以被保险人或者受益人未要求第三者承担责任为由抗辩不承担保险责任的,人民法院不予支持。"

若保险人要求第三者先于保险人予以赔付的,则必须事先与被保险人约定。但即使事先约定了由第三者先于赔付的,也不影响被保险仍然选择由保险人先予赔付。

《最高人民法院关于审理保险纠纷案件若干问题的解释》第二十九条第一款规定:"因第三者对保险标的的损害而造成保险事故的,保险人可以按照约定要求被保险人对第三者先向法院提起诉讼。但是保险人不得以被保险人未起诉为由拒绝承担保险责任。被保险人不起诉影响追偿权的行使,依照《中华人民共和国保险法》第六十一条第三款(注:被保险人故意或者因重大过失致使保险人不能行使代位请求赔偿的权利的,保险人可以扣减或者要求返还相应的保险金)处理。"

(7)代位追偿权的行使。

①保险人可以采用诉讼方式向第三者追偿。《保险法司法解释(二)》第十六

条规定："保险人应以自己的名义行使保险代位求偿权。根据保险法第六十条第一款的规定,保险人代位求偿权的诉讼时效期间应自其取得代位求偿权之日起算。"

《最高人民法院关于审理保险纠纷案件若干问题的解释》第二十八条规定："保险人向第三者行使代位权的诉讼时效期间与被保险人向第三者行使赔偿请求权的诉讼期间相同。"

《最高人民法院关于审理保险纠纷案件若干问题的解释》第二十七条规定："保险人因行使代位权向人民法院提起诉讼的,保险人为原告,第三者为被告,被保险人可以作为第三人参加。被保险人取得的保险赔偿不能弥补第三者造成的全部损失的,被保险人可以向第三者请求赔偿;保险人同时起诉的,作为共同原告。根据《中华人民共和国保险法》第六十条第三款的规定,被保险人的损失优先赔偿。"

②被保险人有协助保险人向第三者追偿的法定义务,否则可能承担相应的法律责任。《中华人民共和国保险法》第六十三条规定:保险人向第三者行使代位请求赔偿的权利时,被保险人应当向保险人提供必要的文件和所知道的有关情况。

《中华人民共和国保险法》第六十一条第三款规定:被保险人故意或者因重大过失致使保险人不能行使代位请求赔偿的权利的,保险人可以扣减或者要求返还相应的保险金。

(8)保险人行使代位求偿权的限制。

①保险人不得向被保险人的家庭成员或其组成人员行使代位追偿权(除非是这些成员故意造成的)。

《中华人民共和国保险法》第六十二条规定:除被保险人的家庭成员或者其组成人员故意造成本法第六十条第一款规定的保险事故外,保险人不得对被保险人的家庭成员或者其组成人员行使代位请求赔偿的权利。

《最高人民法院关于审理保险纠纷案件若干问题的解释》第三十条规定："人民法院在审理案件中,对于被保险人是自然人的,应当依据《中华人民共和国保险法》六十二条的规定,认定家庭成员包括被保险人的近亲属和与其共同生活的其他亲属。没有亲属关系但在同一家庭长期共同生活的人视为《中华人民共和国保险法》第六十二条规定的家庭成员。"

②在理赔程序中发生的公估费、鉴定费、检验费等费用属于保险人开展业务的正常支出,不得向第三者追偿,更不能由被保险人承担。

因为公估费、鉴定费、检验费等费用不属于保险人向被保险人支付的保险赔偿范围,也不属于第三者所造成的保险标的损失范围;况且,如果被保险人直接向第三者索赔时,双方可能协商赔偿金额而无须经过公估、检验等。因此,对于第三者来说,该费用并非必然支出的费用;即使确实需要进行检验等程序,还可以通过筛选机构、协商价格等方式自行决定具体费用。因此,该费用不属于保险代位求偿权的范围,不应由第三者承担,保险人也无权向第三者追偿。

《中华人民共和国保险法》第六十四条规定:“保险人、被保险人为查明和确定保险事故的性质、原因和保险标的的损失程度所支付的必要的、合理的费用,由保险人承担。”

③保险赔偿金的利息,不得向第三者追偿,除非第三者无正当理由故意拖延赔付时,保险人才可以向第三者追偿:超过合理支付期限后所产生的利息。

保险人向被保险人支付赔偿金后,开始行使向第三者的代位求偿权,但由于第三者往往对损害赔偿及保险人的权利存在诸多异议,所以,保险人一般都需要通过诉讼甚至强制执行的途径才能取得保险代位求偿权。在此期间保险金必然会产生相应的利息。

由于保险人行使代位求偿权的范围仅限于所支付的保险赔偿金,且第三者在保险人向其提出追偿请求前,并不知道其应向保险人履行赔偿义务,因此,并不属于迟延给付的行为。所以,从保险人支付保险赔偿金之日起至实际取得代位求偿权期间所产生的利息,应由保险公司自己承担,要求第三者承担该利息显失公平。只有第三者在没有正当理由拒绝支付时,自第三者应支付赔款之日起后所产生的利息,才由第三者承担,以避免恶意拖欠等情况发生。

【案例 1-9】

2019 年 10 月 20 日,王某向某保险公司投保了机动车辆保险附加盗抢险等险种,投保期限为 2019 年 10 月 21 日起至 2020 年 10 月 20 日止,保险金额为 10 万元。王某除平时用车外,均将车停放在自家小区院内,并于 2019 年 10 月 22 日与小区某物业公司签订了《车位使用合同》,期限为 2 年。合同中约定,物业公司负责提供车辆停放车位,并负有维护停放车辆安全的义务。2019 年 12 月 30 日,王某的车辆在自家小区内被盗,王某随即向物业公司、公安机关以及保险公司报案。公安机关经立案侦查发现,因车辆丢失当天,设在王某停车位上方的该小区监控摄像设备存在故障,未有当天的监控录像记录,经数月查找,公安机关一直未能找到丢失的车辆。2020 年 4 月 20 日,保险公司先行赔偿了王某车辆损失10 万元,王某向保险公司出具了权益转让书,将保险车辆的追偿权转让给了保险公司,保险公司遂向法院提起了诉讼,以物业公司未尽到安全管理责任为由,要求物业公司向保险公司赔偿车辆损失10万元。那么,本案中,保险公司是否有代位求偿权呢?

法理分析:

《中华人民共和国保险法》第六十条第一款规定:“因第三者对保险标的的损害而造成保险事故的,保险人自向被保险人赔偿保险金之日起,在赔偿金额范围内代位行使被保险人对第三者请求赔偿的权利。”根据该款的规定,可分析出保险人行使代位求偿权的构成要件及行使代位求偿权的限制。

1.保险代位求偿权的构成要件

(1)保险事故的发生是由于第三者的过错所致,即二者存在直接因果关系。

实践中,保险事故的发生可能是出于意外、被保险人自身原因或者第三者的原因,只有是因第三者的行为造成保险事故发生时,被保险人才可能因同一损害事实享有两项赔偿请求权:一是向第三者请求赔偿的权利;一是向保险公司请求赔偿保险金的权利,否则就不具有成立保险代位求偿权的可能。

(2)第三者的过错行为给被保险人造成了损害。

第三者的过错行为必须是给被保险人造成了损失,即要有损害后果的发生。如果没有损害后果的发生,被保险人没有任何损失,保险人就无须负任何赔偿责任,也就不存在保险代位求偿权的问题。

(3)被保险人对第三者依法享有赔偿请求权。

被保险人的代位求偿权行使的先决条件就是被保险人对第三者造成保险事故发生导致的损害享有赔偿请求权,否则,保险人的代位求偿权自然无法成立。

实践中,被保险人对第三者的赔偿请求权的来源既可包括第三者的侵权行为,也可以包括被保险人与第三者的合同行为,如保管合同中保管人未尽到保管义务致使保管物毁损或运输合同中运输人的违约行为致使货物损毁等情况。

(4)保险人已向被保险人赔偿保险金。

保险代位求偿权的主体是保险人,而保险人之所以能够取得代位求偿权,其对价则是保险人已向被保险人赔偿了保险金。如果允许保险人在未支付对价(向被保险人赔偿保险金)就取得代位求偿权,将可能出现保险人从中受益而损害被保险人利益的情况,从而有悖于设立保险人代位求偿权的初衷。当然,保险人在具体支付保险赔偿金时,根据《中华人民共和国保险法》第六十条第二款的规定:“被保险人已经从第三者取得损害赔偿的,保险人赔偿保险金时,可以相应扣减被保险人从第三者已取得的赔偿金额。”根据财产保险的损失补偿原则,保险人仅对被保险人因保险事故发生所受实际损失中未获第三者赔偿部分的损失承担赔付责任。

2. 保险人行使代位求偿权的限制

保险代位求偿权实质上是债权让与制度在保险法律关系中的运用，即保险事故发生后，被保险人对第三者享有损害赔偿请求权的，该请求权在保险人履行赔偿保险金义务后，依法应当转移于保险人。保险代位求偿权遵循财产保险中的“损失补偿原则”，其仅适用于财产保险。

保险代位求偿权除应遵循上述原则外还应遵循“禁止不当得利原则”，即被保险人不能借此获得双重利益（详见《中华人民共和国保险法》第六十条第二款的规定），保险人也不能借此获得额外的利益，从而损害被保险人的利益。因此，《中华人民共和国保险法》第六十条第一款的规定：“因第三者对保险标的的损害而造成保险事故的，保险人自向被保险人赔偿保险金之日起，在赔偿金额范围内代位行使被保险人对第三者请求赔偿的权利。”即保险人仅能“在赔偿范围内”行使代位求偿权。

根据上述规定，在实践中，因保险代位求偿权的范围与被保险人对第三者的赔偿请求权的范围并非完全一致，会出现以下三种情况：

（1）当保险人支付的赔偿金额与第三者应向被保险人赔偿的金额相等时，保险人能取得对第三者的全部代位求偿权；

（2）当保险人支付的赔偿金额低于第三者应向被保险人赔偿的金额时，保险人仅能取得与其实际赔偿金额相等的代位求偿权，超过部分仍归被保险人所有；

（3）当保险人支付的赔偿金额高于第三者应向被保险人赔偿的金额时，保险人代位求偿权仅能以第三者应向被保险人赔偿的金额为限。

本案中，王某与物业公司签订了《车位使用合同》，合同中约定，物业公司负责提供车辆停放车位，并负有维护停放车辆安全的义务。王某的车辆在自家小区内被盗，且在王某停放车辆的停车位上方的监控摄像设备当天存在故障，而物业公司却未尽到及时修缮的义务和合同中约定的维护停放车辆安全的义务，其对车辆被盗存在过错，理应承担对王某的损害赔偿责任。因保险公司已向王某赔偿了车辆损失10万元，王某向保险公司出具了权益转让书，自然取得了向物业公司行使代位求偿的权利。物业公司理应在保险赔偿金额范围内向保险公司履行赔偿义务。

2）物上代位权（物上代位）

物上代位权是指保险人全额赔偿后，若保额等于保险价值的，受损的标的全归保险人;若保额低于保险价值的,受损的标的按保额与保险价值的比例归保险人。

《中华人民共和国保险法》第五十九条规定:保险事故发生后,保险人已支付了全部保险金额,并且保险金额等于保险价值的,受损保险标的的全部权利归于保险人;保险金额低于保险价值的,保险人按照保险金额与保险价值的比例取得受损保险标的的部分权利。

物上代位权的注意事项如下:

(1)上述第一种情形,保险人取得受损标的的所有权;第二种情形,保险人与投保人对受损标的形成共有关系。

(2)保险标的实际上不可能全部损失,必定存在残值,之所以采用全额赔付是因为保险人采用了推定全损。

(3)实际操作中,考虑到保险人处理残值不便,一般采用在赔款中扣除残值部分。

3 重复保险的损失分摊原则

《中华人民共和国保险法》第五十六条第四款规定:“重复保险是指投保人对同一保险标的、同一保险利益、同一保险事故分别与两个以上保险人订立保险合同,且保险金额总和超过保险价值的保险。”

1)分摊条件

构成重复保险且保险金额的总和已超过保险标的实际价值。

想一想

1. 重复保险要求数个保险合同的生效时间全部重叠吗?
2. 损失应由第三方负责赔偿,而无法找到第三方时的免赔率为多少?

2)分摊方法

(1)比例责任分摊。比例责任分摊是指各保险公司按保额进行比例分摊。

$$\text{某保险公司应分摊损失额}=\frac{\text{某保险公司的保险金额}}{\text{所有保险公司的保险金额之和}}\times\text{损失总额}$$

注:除合同另有约定外,均采用该方式。

(2)限额责任分摊。限额责任分摊是指假定在没有重复保险的情况下,由保险公司单独应承担的最高赔偿限额进行比例分摊。

$$\text{某保险公司应承担的赔付额}=\frac{\text{该保险公司的赔偿限额}}{\text{所有保险公司赔偿限额总和}}\times\text{损失总额}$$

注:只有在合同中约定时才能采用。

(3)顺序责任分摊。顺序责任分摊是指按合同生效的先后顺序进行赔付。

注:由于这种分摊方式不符合公平原则,所以目前已不采用。

近因原则解读

(四)近因原则

1 含义

近因是指造成保险标的损失的最直接、最有效、起决定性作用的原因,而不能理解为时间上、空间上最接近的原因。损失应是近因的必然的和自然的结果和延伸。

在保险中,近因原则是通过判明风险事故与保险标的损失之间的因果关系,以确定保险责任的一项基本原则。其基本含义是:在风险与保险标的损失之间的关系中,如果近因属于被保风险,保险人要承担保险责任;如果近因属于除外风险或未保风险,则保险人不负担赔偿责任。

《最高人民法院关于审理保险纠纷案件若干问题的解释》第十九条规定:“人民法院对保险人提出的其赔偿责任限于以承保风险为近因造成的损失的主张应当支持。近因是指造成承保损失起决定性、有效性的原因。”

2 近因的判断

1)单一原因造成的损失

当损失是由单一原因造成时,则该原因即为损失的近因。若近因属于保险责任,则保险人承担赔偿;反之,则不承担赔偿。

2)多种原因同时并列发生造成的损失

当损失是由于多种原因同时发生(时间上无先后时)而造成时,对损失起决定性作用的原因为近因。但近因可能不止一个,至于是否承担保险责任,又分以下两种情况。

(1)若这些近因都属于保险责任,则保险人承担赔偿;反之,则不承担赔偿。

(2)若这些近因中既有保险责任又有除外责任,则要对损失进行分解:若损失结果可以分清(即可分清哪些损失是由于保险责任的近因造成,哪些损失是由于除外责任的近因造成),保险人只赔偿保险责任的近因所造成的损失;若损失结果无法分清,保险人一般不予赔偿。

【案例 1-10】

投保人张三向某财产保险公司投保了一份火灾险,但他没有投保盗窃险。一日,由于打雷引发了火灾,有的财产被抢救出来放在露天后又被盗走,那么保险公司该赔吗?

法理分析：

本案中，由于财产损失分两部分，所以应区别对待。在厂库中被烧毁的财产其近因是打雷，由于打雷属于火灾险的保险责任，所以保险公司应予以赔偿；堆放在露天的财产，虽然其诱因是火灾，但其损失不是火灾的必然结果，因为即使堆放在露天，如果加强监管，也不会被盗走，所以，近因应该是被盗。由于张三没有投保盗窃险，所以，保险公司不应赔偿。由于本案中的财产损失的近因有两个：打雷和被盗，且打雷是保险责任而被盗属于除外责任，但损失结果无法分清，所以保险公司可以拒赔。

3）多种原因连续发生造成的损失

若造成损失的各原因之间有因果关系时，则近因是最初原因，即前因；若造成损失的各原因之间没有因果关系时，则近因是因果链条被中断时的最后原因。若近因属于保险责任，则保险人承担赔偿；反之，则不承担赔偿。

特别提示

由于我国采用的是传统因果关系理论而不是比例因果关系理论，所以即使在这“因果链条”中存在后因，但若后因仅仅是增加了损失程度或扩大了损失范围，只要后因是前因的必然结果，则近因中不包含后因。

4）间断发生的多项原因造成的损失

在连续发生的原因中，有一项新的独立的原因介入，并且成为导致损失的最直接、最有效的原因时，则该独立的新原因即为近因。若近因属于保险责任，则保险人承担赔偿；反之，则不承担赔偿。

【案例1-11】

王某投保了人身意外伤害险，某日因一次车祸导致严重的脑震荡而诱发癫狂与抑郁交替症。在治疗过程中，医生叮嘱在服用药物巴斯德林时切忌进食干酪，但是王某却未遵医嘱，在服该药时又进食了干酪，终因中风而死亡，据查中风确系巴斯德林与干酪所致。那么保险公司该赔吗？

法理分析：

本案中，引起王某死亡的因果关系链条为：车祸→脑震荡→诱发癫狂与抑郁交替症→服用药物巴斯德林→因进食干酪→中风→死亡。

由于进食干酪而打断了车祸与死亡之间的因果关系，所以，导致王某死亡的近因是食用干酪。而食用干酪不属于因意外导致的人身伤害，因此，保险公司不承担赔偿。

单元小结

(1)风险是指在特定的情况和期间内某种损失发生的可能性。风险由风险因素、风险事故和损失三部分组成。风险因素可能引起风险事故,而风险事故必然导致损失的发生,三者之间是一个统一体,缺一不可。

(2)风险处理方法分为控制型和财务型两大类。控制型方法包括:风险避免、风险预防、风险抑制、风险隔离、控制型非保险转移;财务型方法包括:风险自留、财务型非保险转移和保险转移。而保险是风险处理的传统有效措施。

(3)保险按实施的方式分类,可分为强制保险和商业保险两类;按保险标的分类,可分为财产保险、人身保险、责任保险和信用保险;按承保方式分类,可分为原保险、再保险和共同保险。

(4)保险合同中包括:投保人、被保险人、受益人和保险人。其中,投保人和保险人称为合同的当事人;而被保险人和受益人又称为合同的关系人。只有人身保险中才有受益人。

(5)在机动车辆保险中,保险合同主要包括:投保单、保险单、保险凭证、暂保单和批单五种形式。

(6)保险中介人又称保险辅助人,包括保险代理人、保险经纪人和保险公估人。其中,保险代理人是基于保险人的利益的,又可分为专业代理人、兼业代理人和个人代理人三种,保险代理人的行为视为保险人的行为;保险经纪人是基于投保人的利益的,而保险公估人是站在第三者的立场上的,公估报告只能作为诉讼的凭据,并无法律效力。

(7)机动车辆保险中会出现三种价格,包括保险价值、保险金额和实际价值三种,而投保方式有足额投保、不足额投保和超额投保三种形式。

(8)机动车辆保险有四大原则,即保险利益原则、最大诚信原则、近因原则和损失补偿原则。而损失补偿原则是财产保险特有的原则,代位追偿原则和重复保险的损失分摊原则则为损失补偿原则的派生原则。

(9)保险利益是指投保人或者被保险人对保险标的具有的法律上承认的利益。保险利益必须是合法的、经济上的、确定的和具有利害关系的利益。在财产保险中,要求被保险人在保险事故发生时对保险标的具有保险利益;而在人身保险中,要求投保人在保险合同订立时对被保险人具有保险利益。保险标的转让的，保险标的的受让人承继被保险人的权利和义务。

(10)由于在保险经营活动中存在信息的不对称，要求保险双方当事人都应遵循最大诚信原则。最大诚信原则的内容包括：告知、保证、弃权和禁止反言四项。其中，告知对合同双方均有约束，保证只约束投保人或被保险人，而弃权和禁止反言约束的是保险人。

(11)在财产保险中，为了防止被保险人因保险事故而额外得益，法律规定，保险合同生效后，当保险标的发生保险责任范围内的损失时，通过保险赔偿，使被保险人恢复到受灾前的经济原状，但不能因损失而获得额外收益。赔偿的限制条件有三个，即以实际损失为限、以保险金额为限和以保险利益为限。

(12)造成保险标的损失的最直接、最有效、起决定性作用的原因为近因，如果近因属于被保风险，保险人要承担保险责任；如果近因属于除外风险或未保风险，则保险人不负担赔偿责任。如何判断保险事故发生的近因，在实务中往往要借助因果链条关系图。

思考与练习

(一)填空题

1. 风险是指在特定的客观情况下，在特定的期间内，某种损失发生的________。风险是由________、________和________三者构成的统一体。

2. 保险合同的当事人是________与________；而关系人是指________和________。财产保险合同中没有________人。

3. 保险中介包括________、________和________。其中________是基于投保人的利益，为投保人与保险人订立保险合同提供中介服务，并依法收取佣金的单位。

4. 在财产保险合同中，确定保险金额的基础是________，在投保时，若________的投保称为足额投保。

5. 人身保险的投保人在________时应对被保险人具有保险利益，财产保险的被保险人在________时应对保险标的具有保险利益。

6. 最大诚信原则的基本内容包括________、________、________与________。

(二)判断题

1. 不管是财产保险还是人身保险，只要被保险人已死亡，其保险赔偿金一定作遗产处理。（　　）

2. 机动车辆保险属于定值保险。 ( )

3. 在财产保险合同中,若保险金额低于保险价值的,除合同另有约定外,保险人按照保险金额与保险价值的比例承担赔偿责任。 ( )

4. 除人身保险业务外,保险公司应当将其承保的每笔业务的20%按有关规定办理再保险。 ( )

5. 保险代理人超越代理权限的但属于表见代理时,其法律后果由保险人承担。 ( )

6. 保险公估人出具的公估报告具有法律效力。 ( )

7. 保险标的转让的,因保险标的的受让人承继了被保险人的权利和义务。所以,即使不办理保险过户,发生保险事故时保险人均需承担赔责任。 ( )

8. 只有被保险人出具了《权益转让书》后,保险人才能取得代位求偿权。

( )

(三)简答题

1. 在目前的保险环境下,旧车应该按车辆的实际价值投保还是按新车购置价投保?请说明理由。

2. 按最大诚信原则要求,在签保险合同时,投保人和保险人各应尽到什么义务?

3. 在保险合同生效后,被保险人应尽到什么通知义务?

单元二　汽车保险产品

学习目标

1. 知道汽车保险产品的发展历史；
2. 能够叙述汽车保险的常用险种；
3. 会分析汽车常用险种的赔付并会计算保费。

建议课时

18 课时。

一　汽车保险产品概述

（一）我国汽车保险产品发展史

1 交强险实施前

（1）1949 年 10 月 20 日，中国人民保险公司（简称“人保”）在北京成立，1950 年，人保开办了汽车保险，但于 1955 年又停办了汽车保险业务。

（2）20 世纪 70 年代中期，为满足各驻华使馆外国人的汽车保险需要，人保又恢复了汽车保险业务。

（3）1980 年，人保恢复汽车保险业务。

（4）1983 年 11 月，我国将汽车保险更名为“机动车辆保险”，使其具有更广泛的适应性。

(5)1985 年,我国首次制定了《机动车辆保险条款 》。

(6)1999 年,汽车保险已成为财产保险的第一大险种(占财产险的 58.8%)。

(7)2000 年 2 月 4 日,保监会颁布了全国性的《机动车辆保险条款》,并于同年 7 月 1 日开始实施。

(8)2003 年 1 月 1 日起,车险条款及费率由全国统一改为保险公司自主实施,实行差异化管理。

(9)为了规范市场行为,促进汽车保险行业的有序竞争和良性发展,2006 年 7 月 1 日,将第三者责任险又分成交强险和商业第三者责任险,同时,将车损险和商业第三者责任险再次实行统一,并分为 A、B、C 三款供保险公司任选其一(天平汽车保险公司除外),即 2006 版条款。

2 交强险实施后

(1)保险行业协会又对 2006 版条款进行修整、补充和完善,并于 2007 年 4 月 1 日,实施了新版 A、B、C 条款 ,即 2007 版条款。它涵盖 8 个险种:车损险 、商业第三者责任险、车上人员责任险 、全车盗抢险 、不计免赔特约险、玻璃单独破碎险 、车身划痕险和可选免赔额特约险 。

(2)2007 年 7 月 1 日,实施《交强险费率浮动暂行办法》。

(3)2007 年 7 月 1 日起,实行车船税代缴制度。

(4)2008 年 2 月 1 日,对交强险责任限额进行了调整。将交强险的责任限额由 6 万元提升至 12.2 万元,将原来的商业第三者责任险承担的部分保险责任转由交强险承担,同时下调了费率,即实行新版交强险。同时,商业第三者责任险的费率也进一步降低,配合新版交强险同步上市销售。

(5)2009 年 2 月 1 日,交强险财产损失实施“互碰自赔”。

(6)2009 年 10 月 1 日,实施新版保险法和《交强险承保实务规程(2009 版)》《交强险理赔实务规程(2009 版)》。为适应新版保险法,2009 年 10 月 1 日起,A、B、C、D 条款均做了修改,即 2009 版条款。

(7)2010 年 3 月 1 日起,全国逐步实行酒后驾驶违法行为与交强险费率联系浮动制度。其中,饮酒后驾驶违法行为一次上浮的交强险费率控制在 10% ~ 15% 之间,醉酒后驾驶违法行为一次上浮的交强险费率控制在 20% ~ 30% 之间,累计上浮的费率不得超过 60% 。

(8)由于 2011 年社会公众对车险条款存在两个质疑:一是“高保低赔”;二是“无责不赔”,于时,在媒体上展开了大讨论。尽管从法理和保险学原理上讲均没问题,但保险行业对公众宣导不足从而导致公众的误解。2011 年 10 月,中国保监会将《关于加强机动车辆商业保险条款费率管理的通知》(以下简称《通知》)的初稿公布在网站上,接受来自专家、媒体、社会公众等各方面的意见和建议,并据此对《通知》进行了修订。2012 年 3 月 8 日,中国保监会将《关于加强机动车辆商业保险条款费率管理的通知》(保监令〔2012〕16 号文)正式颁布实施。

(9)2012 年 3 月 14 日,中国保险行业协会发布了《机动车辆商业保险示范条款》。由协会组织行业专业力量,依据相关法律、行政法规和保监会《关于加强机动车辆商业保险条款费率管理的通知》的要求,在广泛征求、充分沟通、反复论证的基础上,经过 6 次修订,历时近一年拟订而成。但由于种种原因,《机动车辆商业保险示范条款》始终没能正式实施。

(10)2015 年 2 月 3 日,保监会正式发布了《关于深化商业车险条款费率管理制度改革的意见》(以下简称《意见》)。该《意见》立足于我国现阶段商业车险条款费率管理的实际,吸收 2010 年以来商业车险改革试点的经验,提出了以下三方面政策措施:首先,建立以行业示范条款为主、公司创新型条款为辅的条款管理制度;其次,建立市场化的费率形成机制;再次,加强和改善商业车险条款费率监管。

该《意见》出台次日,即 2015 年 2 月 4 日,作为商业车险条款费率改革的配套措施,中国保险行业协会正式发布《2014 版商业车险行业示范条款(征求意见稿)》及配套单证,并从即日起向社会公开征求意见,意见征求截止日期为 2015 年 3 月 5 日。此次发布的示范条款包括机动车、特种车、摩托和拖拉机综合商业保险以及单程提车保险共四个。

(11)为贯彻以人民为中心的发展思想和高质量发展要求,深化金融供给侧结构性改革,更好维护消费者权益,实现车险高质量发展,中国银保监会印发了《关于实施车险综合改革的指导意见》(以下简称《指导意见》),该《指导意见》于 2020 年 9 月 19 日起开始施行。与此配套的《中国银保监会关于调整交强险责任限额和费率浮动系数的公告》与《中国保险行业协会机动车商业保险示范条款(2020 版)》(以下简称 2020 版《示范条款》)也于 2020 年 9 月 19 日起开始正式实施。

(二)2020 版《示范条款》说明

1 《示范条款》的修订背景

机动车辆保险是与人民群众利益关系密切的险种,长期以来是财险领域第一大业务,社会关注度高。2019 年我国车险承保机动车达 2.6 亿辆,保费收入 8189 亿元,占财险保费的 63%。我国车险经过多年的改革发展,取得了积极成效,但一些长期存在的深层次矛盾和问题仍然没有得到根本解决,高定价、高手续费、经营粗放、竞争失序、数据失真等问题比较突出,人民日益增长的车险保障需要与车险供给之间的矛盾依然存在。为了解决好车险领域的复杂问题,实现车险高质量发展,更好地维护消费者权益,银保监会在广泛征求各方意见的基础上,出台了《指导意见》。

2 2020 版《示范条款》的五大特点

除了交强险的责任限额和费率浮动系数发生变动之外,商业车险的《示范条款》也呈现显著变化,预计改革实施后,短期内对于消费者可以做到“三个基本”,即“价格基本上只降不升,保障基本上只增不减,服务基本上只优不差”,让消费者真真切切感受到以下改革红利。

(1)商车险保险责任更加全面。新的机动车示范产品的车损险主险保险责任增加了机动车全车盗抢、地震及其次生灾害、玻璃单独破碎、自燃、发动机涉水等保险责任,删除了事故责任免赔率、无法找到第三方免赔率等免赔约定,删除了实践中容易引发理赔争议的免责条款,为消费者提供更加全面完善的车险保障服务。

(2)商车险产品更为丰富。增加了驾乘人员意外险产品,包括代送检、道路救援、代驾服务、安全检测等内容的车险增值服务特约条款,为消费者提供更加规范和丰富的车险产品及服务。

(3)商车险价格更加科学合理。保险业根据市场实际风险情况,重新测算了商车险行业纯风险保费,同时,商车险产品设定附加费用率的上限由 35% 下调为 25%,预期赔付率由 65% 提高到 75%,车险产品费率与风险水平更加匹配。

(4)车险产品市场化水平更高。逐步放开自主定价系数浮动范围,第一步将自主定价系数范围确定为(0.65 ~ 1.35),第二步适时完全放开自主定价系数的范围。

(5)无赔款优待系数进一步优化。改革实施后,商车险无赔款优待系数将考虑赔付记录的范围由前 1 年扩大到前 3 年,对于偶然赔付消费者的费率上调幅度将降低。

二 交强险主要条款解读

交强险解读

(一)交强险概述

《机动车交通事故责任强制保险条例》(以下简称《交强险实施条例》)是一

部行政法规，于2006年3月21日由中华人民共和国国务院令第462号首次公布。从2006年公布起，已先后进行了2次修改。根据2012年3月30日《国务院关于修改〈机动车交通事故责任强制保险条例〉的决定》进行了第1次修订，简称2012版《交强险实施条例》；根据2012年12月17日《国务院关于修改〈机动车交通事故责任强制保险条例〉的决定》又进行了第2次修订，简称2013版《交强险实施条例》。

1 何为交强险

交强险是指由保险公司对被保险机动车发生道路交通事故造成本车人员、被保险人以外的受害人的人身伤亡、财产损失，在责任限额内予以赔偿的强制性责任保险。

注意：

(1)交强险虽然在名称中取消了“第三者”，但实质上是一种以第三者为保障对象的强制性责任保险。

2013版《交强险实施条例》第四条第二款规定：“对未参加机动车交通事故责任强制保险的机动车，机动车管理部门不得予以登记，机动车安全技术检验机构不得予以检验。”

2013版《交强险实施条例》第三十九条规定：“机动车所有人、管理人未按照规定投保机动车交通事故责任强制保险的，由公安机关交通管理部门扣留机动车，通知机动车所有人、管理人依照规定投保，处依照规定投保最低责任限额应缴纳的保险费的2倍罚款。机动车所有人、管理人依照规定补办机动车交通事故责任强制保险的，应当及时退还机动车。”

《关于审理道路交通事故损害赔偿案件适用法律若干问题的解释》第十九条规定：“未依法投保交强险的机动车发生交通事故造成损害，当事人请求投保义务人在交强险责任限额范围内予以赔偿的，人民法院应予支持。未依法投保交强险的机动车发生交通事故造成损害，当事人请求投保义务人在交强险责任限额范围内予以赔偿的，人民法院应予支持。”

【案例2-1】

不上交强险，事故责任小赔款却不少。

2007年4月，四川省某村民尤某从他人处购得一辆轻型货车从事货物运输。持有B2驾驶证的尤某为车辆投保了保险并顺利经营了三年有余。2010年6月，尤某的轻型货车交强险到期而没及时续保。

同年9月12日12时40分，当尤某驾车行驶至一弯道处时与迎面快速驶来的一辆两轮摩托车发生相撞事故,导致摩托车驾驶员当场身亡。事故发生后,交警火速赶赴现场,经询问周围群众和家属得知,摩托车驾驶员陈某既无驾证又无保险。现场勘查完毕后尤某被传至交警大队接受询问,不幸的是在尤某接受询问期间他15岁的儿子在县城附近的乐水湖落水身亡。尽管如此,尤某还是在事发的次日支付了陈某丧葬费1万元。

经公安局物证鉴定所进行鉴定后,交警于2010年10月18日出具了道路交通事故认定书。基本事实是:死者驾驶摩托车与尤某驾驶的货车在会车时因操作不当将摩托车撞翻,死者倒地后其头部与货车左前轮螺栓发生剐蹭造成其最终死亡,认定死者承担本次事故的主要责任而尤某承担次要责任。

死者陈某的父亲经多方咨询得知,尽管自己的儿子负主要责任,但仍然可以请求赔偿,于是他委托律师向法院提起民事诉讼。诉称,我们夫妇年迈痛失爱子,一家人遭受重大变故,精神处在十分痛苦之中。而尤某因驾驶有不当行为且事故负有一定的责任,应当赔偿受害人的损失有:死亡赔偿金89240元、丧葬费11595.5元、办理丧葬事宜的误工费、交通费5000元、精神抚慰金3万元。

在法庭上,原告认为,由于尤某没购买交强险,造成原告本应得到的赔偿款未能取得,被告存在过错,应当承担民事责任。因此,尤某应在其交强险限额范围内承担赔偿责任,不足部分再按道路交通事故责任比例分担。被告尤某辩称:事故是死者陈某自己驾车不当导致,责任已经明确怎么还要我来赔偿。事发后自己在接受警方询问之时孩子又不幸掉入湖泊中,延误了自己对溺水儿子的施救,导致儿子身亡,我家也同样处在万分悲痛之中,我又找谁来赔偿?原告和我的损失是均等的。虽然我的车没购买交强险,但我有合格的驾驶证,驾驶车辆上道路行驶属于正当行为。死者陈某的摩托车不仅没有购买保险而且无证驾驶。所以,陈某的死亡后果只能由其本人承担,即使需要赔偿,也只能按照事故责任大小来划分各自承担的份额。请求法庭驳回原告的请求。

2011年6月7日,法院经审理后认为,没有投保交强险属于违反法律强制性规定,具有过错行为,损害了受害人应得到的利益,应当承担民事责任。事故中两轮摩托车虽没有投保交强险且陈某无证驾驶属于违法行为,但他没有造成其他主体的损害,它对本案的赔偿无影响。而尤某的货车也没有投保交强险具有过错行为,且实际损害了原告的应得利益。因此,尤某应在交强险死亡赔偿限额11万元范围内先行承担赔偿责任,超出11万的部分按照事故责任分摊。法院确定本次事故责任比例为:主要责任为80%;次要责任为20%。原告的赔偿金额核定为:死亡赔偿金89240元、丧葬费11595.5元、精神抚慰金2万元,共计120835.5

元。该款中扣除被告先行赔付的限额责任 11 万元，余额 10835.5 元，被告承担比例为 20% 即 2167.1 元，被告尤某共计应赔偿死者 112167.1 元，扣除先期已支付的 1 万元还应当赔偿原告 102167.1 元。

一审判决后，尤某不服提起上诉。尤某认为双方都没有投保交强险不受保险法规的调整，一审法院错误将保险公司承担的责任判决给了被告来承担，请求二审法院予以更正，改判被告无责任。二审法院终审认为，投保交强险是机动车所有人或管理人的法定义务。上诉人不履行义务损害了受害人的利益依法应当承担过错责任，故上诉人的上诉理由不能成立。遂终审判决：驳回上诉，维持原判。

法理分析：

在侵权损害赔偿案件中，本来当以责任大小来承担相应责任，罚当其责。但在道路交通事故损害赔偿中，我国法律有着特别的规定，即《中华人民共和国道路交通安全法》第七十六条：机动车发生交通事故造成人身伤亡、财产损失的，由保险公司在机动车第三者责任强制保险责任限额范围内予以赔偿；不足的部分，按照下列规定承担赔偿责任：

机动车之间发生交通事故的，由有过错的一方承担赔偿责任；双方都有过错的，按照各自过错的比例分担责任。《机动车交通事故责任强制保险条例》第二条：在中华人民共和国境内道路上行驶的机动车的所有人或者管理人，应当依照《中华人民共和国道路交通安全法》的规定投保机动车交通事故责任强制保险；第二十一条：被保险机动车发生道路交通事故造成本车人员、被保险人以外的受害人人身伤亡、财产损失的，由保险公司依法在机动车交通事故责任强制保险责任限额范围内予以赔偿。

从这些规定可以看出，国家设立第三者责任强制保险制度在于维护交通事故中第三者的权益，分散和减轻被保险人的赔偿责任。对弥补受害人的损失，使其得到快捷、公正赔偿起到了重要作用。此种保险，它不以被保险人的过错责任大小、有无责任而承担赔偿，只要发生了对第三者人身、财产损害，保险公司都应在限额范围内先行赔付，不足部分才能按照责任比例分担。投保交强险是国家法律强制性规定，不投保交强险就是一种违法行为，当然就存在过错，当事人因过错造成他人损失的，过错方应当承担民事责任。

本案中，如果尤某投保了交强险，那么他所投保的保险公司就会在交强险限额内先行赔付，剩下的则按责任比例分担。由于他没有投保交强险导致了原告不能从保险公司处获得先行赔偿款，这个损失当然就只能由过错方来承担。

(2)在责任限额内的损失,交强险先行赔付,超过限额部分再由商三险或相关人员赔付。

《关于审理道路交通事故损害赔偿案件适用法律若干问题的解释》第十六条第一款规定:"同时投保机动车第三者责任强制保险(以下简称'交强险')和第三者责任商业保险(以下简称'商业三者险')的机动车发生交通事故造成损害,当事人同时起诉侵权人和保险公司的,人民法院应当按照下列规则确定赔偿责任:(一)先由承保交强险的保险公司在责任限额范围内予以赔偿;(二)不足部分,由承保商业三者险的保险公司根据保险合同予以赔偿;(三)仍有不足的,依照道路交通安全法和侵权责任法的相关规定由侵权人予以赔偿。"

想一想

受害人是否可以选择同时起诉承保交强险的保险公司和承保商三险的保险公司以及侵权人三方?

(3)交强险的被保险人,是指投保人及其允许的合法驾驶人。

《关于审理道路交通事故损害赔偿案件适用法律若干问题的解释》第十七条规定:投保人允许的驾驶人驾驶机动车致使投保人遭受损害,当事人请求承保交强险的保险公司在责任限额范围内予以赔偿的,人民法院应予支持,但投保人为本车上人员的除外。

特别提示

1. 在包括交强险在内的所有车险中,驾驶人如同被保险人。

2. 投保人与被保险人是有本质区别的,但交强险中的被保险人是一个特例,只有在交通事故发生时才能确定。投保人在车上时就是被保险人,而在车下时应视为第三者。

2 交强险与商业第三者责任险的主要区别

(1)设立的目的不同。设立交强险的目的是为了有效、快捷地填补受害人的损害,保护的是受害人,而设立商业第三者责任险的目的是为了分散被保险人事故风险,保护的是被保险人。

（2）保险的性质不同。交强险属于社会保险性质，执行“不盈利不亏损”的原则和强制投保。而商业第三者责任险属于商业保险性质，以盈利为目的和采用自愿投保。

（3）赔偿原则不同。交强险赔偿采用无过错责任原则，被保险人或受害人均可请求赔付并实行先行赔付。而商业第三者责任险的赔偿采用过错责任原则，只有被保险人可请求赔付并实行后行赔付。

（4）保障范围不同。交强险赔偿范围大，除了《机动车交通事故责任强制保险条例》规定的个别事项外，交强险的赔偿范围几乎涵盖了所有道路交通责任风险。而商业第三者责任险赔偿范围小，有详细的除外责任条款。

（5）赔偿限额不同。交强险赔偿限额低仅为 20 万元且投保人不得选择，而商业第三者责任险有 10、15、20、30、50、100、150、200、300、500、600、800、1000 万十三个档次可供投保人自由选择。

3 赔偿限额

交强险的赔偿限额见表 2-1。

2020 版交强险赔偿限额（单位：万元）　　表 2-1

赔偿限额	死亡伤残	医疗费用	财产损失
有责任的限额	18	1.8	0.2
无责任的限额	1.8	0.18	0.01

其中，死亡伤残赔偿项目有：丧葬费、死亡补偿费、受害人亲属办理丧葬事宜支出的交通费、残疾赔偿金、残疾辅助器具费、护理费、康复费、交通费、被扶养人生活费、住宿费、误工费、被保险人依照法院判决或者调承担的精神损害抚慰金。

医疗费用赔偿项目有：受害者医药费、诊疗费、住院费、住院伙食补助费、必要的合理的后续治疗费、整容费、营养费。

（二）保险责任与责任免除

1 保险责任

1）交强险的保障对象

（1）“第三者”的人身伤亡或财产损失。

（2）代国家收取车船税。

上海市车船税的征税标准见表 2-2。

2019 版上海市车船税税额表　　表 2-2

税目		计税单位	每年税额	备注
乘用车〔按发动机汽缸容量(排气量)分档〕	1.0L(含)以下	每辆	60 元	核定载客人数 9 人(含)以下
	1.0L 以上至 1.6L(含)	每辆	300 元	
	1.6L 以上至 2.0L(含)	每辆	350 元	
	2.0L 以上至 2.5L(含)	每辆	660 元	
	2.5L 以上至 3.0L(含)	每辆	1200 元	
	3.0L 以上至 4.0L(含)	每辆	2400 元	
	4.0L 以上	每辆	3600 元	
商用车	中型客车	每辆	480 元	核定载客人数 9 人以上 20 人以下
	大型客车		480 元	核定载客人数 20 人(含)以上,包括电车
	货车	整备质量每吨	16 元	包括半挂牵引车、三轮汽车和低速载货汽车等
挂车	—	整备质量每吨	8 元	—

续上表

税目		计税单位	每年税额	备注
其他车辆	专用作业车	整备质量每吨	16 元	不包括拖拉机
	轮式专用机械车	整备质量每吨	36 元	
摩托车	两轮、三轮摩托车	每辆	36 元	—
	轻便摩托车	每辆	36 元	—

想一想

哪些车辆可以免征或减半征收车船税?

2)交强险赔偿承认的"第三者"

交强险赔偿承认的"第三者"指车下的第三者或车下的投保人。

特别提示

1. 除保险人和被保险人以外的所有人,都称为广义的第三者。

2. 实际驾驶人因为视为被保险人,所以,不管其在车上还是车下,均不存在第三者角色的转换。

3. 投保人存在第三者角色的转换。发生保险事故时,如果投保人在车上时应视为被保险人;如果投保人在车下时应视为第三者。

想一想

1. 被保险人或实际驾驶人的家庭成员在车下时,是否属于交强险承认的第三者?

2. 在上、下车途中遭受损害的第三者是否属于交强险承认的第三者?

【案例 2-2】

2019 年 1 月 1 日 10 时 9 分，魏某驾驶小客车沿宿迁市青海湖西路由西向东行驶至与黄海路交叉路口处，与沿黄海路由南向北行驶的徐某驾驶的小客车相撞，致娄某当场死亡、两车受损。本事故经宿迁市交警支队事故处理大队做出交通事故认定，魏某与徐某分别承担事故同等责任，娄某无责任。事故发生时，娄某乘坐在魏某驾驶的小客车最后一排最右侧。徐某驾驶的客车撞到魏某驾驶的小客车右后尾部后，致魏某驾驶的小客车向右侧翻，娄某当场死亡。

经查，魏某驾驶的小客车在宿迁大地财险公司投保了交强险，而徐某驾驶的客车未购买交强险。因协商不成，受害人娄某的家属将两车肇事司机诉至宿迁市宿城区人民法院，同时以娄某系在车外伤亡为由将保险公司一并诉至法院，请求各被告共同赔偿各项损失合计 955836 元。

保险公司辩称，娄某系魏某驾驶小客车的车上人员，不属于交强险赔偿范围，保险公司不应承担赔偿责任。

一审法院认为：两车相撞时，娄某所坐位置为直接撞击点，魏某没有证据证明事故发生时娄某被甩出车外脱离车体而死亡，娄某死亡时系魏某驾驶的小客车的车上人员，故保险公司不应承担交强险范围内的赔偿责任。

魏某不服，上诉至宿迁市中级人民法院，称一审判决认定事实错误，娄某死亡时的位置是在面包车下面，其头部与面包车有较大面积的挤压，面包车内没有任何血迹，一审判决在无充分证据证明的情况下认定娄某在面包车内死亡与事实不符。交强险赔付对象必须是本车人员、被保险人以外的第三人，而“第三人”和“车上人员”在特定失控条件下可以转换，应当以受害人受到伤害时，而不应以危险发生时，界定其是“第三人”还是“车上人员”。保险公司与投保人对“第三人”和“车上人员”界定发生争议时，应做出有利于投保人的解释，否则，有违交强险的立法目的。本案中，娄某死亡的位置在车外，应当认定其是属于交强险赔付对象的第三人。

二审法院认为：即使该份鉴定证明娄某在交通事故发生时被甩出车外死亡，娄某仍应属于车上人员险的赔偿对象，保险公司对娄某在本次交通事故中死亡不应在交强险限额内来承担赔偿责任。交强险的赔偿对象排除了本车驾驶人及车上其他人员，赔偿对象的界定应以交通事故发生时受害人是“车上人员”还是“第三人”，且两车发生相撞导致被保险机动车侧翻以及本车人员死亡属于一次交通事故，而不是本车人员被甩出车外后，又发生第二次交通事故导致本车人员死亡，因此，应当认定在发生本次交通事故时，本车人员不管是否被甩出车外，均属于被保险机动至的“车上人员”。《交强险实施条例》仅规定被保险机动车发生道路交通事故造成本车人员、被保险人以外的受害人人身伤亡、财产损失的,由保险公司依法在交强险限额内予以赔偿,并未规定交通事故发生时“车上人员”可以转换为“第三人”,由保险公司在交强险限额内承担赔偿责任。综上所述,发生交通事故时,娄某是魏某驾驶的面包车车上人员,魏某要求其投保的保险公司在交强险限额内承担赔偿责任无事实和法律依据,本院不予支持。一审判决认定事实清楚,适用法律正确,应予维持。

2019 年 9 月 26 日,宿迁市中级人民法院做出民事判决:驳回上诉,维持一审判决。

法理分析:

1. 交强险的赔付对象

关于“交强险第三人的范围”问题,最高人民法院《最高人民法院关于审理道路交通事故损害赔偿案件适用法律若干问题的解释》第十七条规定:“投保人允许的驾驶人驾驶机动车致使投保人遭受损害,当事人请求承保交强险的保险公司在责任限额范围内予以赔偿的,人民法院应予支持,但投保人为本车上人员的除外。”《交强险实施条例》第三条、第二十一条以及第四十二条对交强险“第三者”的概念做了界定,即交强险受害人是指本车人员、被保险人以外的受害人。

1)被保险人

根据侵权法基本原理,“任何危险作业的直接操作者不能构成此类侵权案件的受害人。当他们因此而受到损害时,应基于其他理由(如劳动安全)请求赔偿。”机动车驾驶人因本人的行为,造成自己损害,他不可能成为其本人利益的侵权人,并对其自己的损害要求交强险的赔偿。因此,被保险人作为驾驶人时,不能纳入第三人的范围,驾驶人可以通过购买意外伤害险来承保自己遭受的风险。

2)作为乘客的受害人

第三人的范围并不是法律上需要解释的概念,而是完全依据一国的价值理念、政策制度等有所区别。我国现行法律将“本车人员”排除在“交强险”赔偿范围外,也是基于我国现阶段经济社会发展状况所做的综合考虑,目前还不能突破。但是,由于被保险人包括了投保人及其允许的合法驾驶人,而实际驾驶人只能是一人,就当然存在投保人不是实际驾驶人受到损害的情形,最高院对此情形做了解释。

2. 几种特殊情况下交强险受害人的身份转化问题解析

1)车下投保人被其允许的合格驾驶人撞死等身份转化问题

交强险中的所谓“被保险人”,是需要特定化的概念,只有在交通事故发生时才能确定。因此,投保人允许的合法驾驶人驾驶机动车造成非本车上人员的投保人损害时,被保险人为投保人允许的合法驾驶人而非投保人,投保人此时与其他人一样,处于第三人的地位,交强险应予以赔偿。

2)车上人员下车休息时,被疏忽的驾驶人撞死等身份转化问题

应当将上述人员纳入交强险的赔偿范围,理由如下:

(1)从目前的解释看,《交强险实施条例》的主要目的是保障受害人能够得到及时有效的补偿,因此,因交通事故受到损害的人员应尽量纳入“第三者”范围;

(2)从对危险的控制力看,上述人员与其他普通“第三者”对机动车危险的控制力并无实质差别,均处于弱势地位。

3)车上的驾乘人员发生交通事故时,先摔出车外,后被车碾压致死等身份转化问题

“车上人员”与“车外人员”的区别是比较固定的,因交通事故的撞击等原因导致车上人员脱离本车的,不存在“转化”为第三人的问题,上述人员仍属于“车上人员”,不应由交强险予以赔付。

4)驾驶人下车查看车辆状况时,被未熄火的车辆碾压致死等身份转化问题

这种情况,驾驶人本人就是被保险人,且对机动车有实际的控制力,同时,因行为人自己行为造成自身受损害,对其赔偿不符合我国交强险的规定,这种情况下的驾驶人不属于“第三者”。

综上,最高人民法院民一庭倾向性意见:当被保险车辆发生交通事故时,如本车人员脱离了被保险车辆,不能视其为交强险中的“第三者”,不应将其作为交强险限额赔偿范围的理赔对象。本案二审法院即采纳了该司法观点。

3)构成保险责任的四个要件

(1)属于交通事故或在《中华人民共和国道路交通安全法》承认的“道路”以外通行发生的非交通事故。

《中华人民共和国道路交通安全法》第七十六条第一款规定:“机动车发生交通事故造成人身伤亡、财产损失的,由保险公司在机动车第三者责任强制保险责任限额范围内予以赔偿。”

《中华人民共和国道路交通安全法》第七十七条规定:“车辆在道路以外通行时发生的事故,公安机关交通管理部门接到报案的,参照本法有关规定办理。”

(2)受害人属于交强险承认的“第三者”。

(3)事故造成了受害人的人身伤亡或财产损失。

(4)在交强险赔偿限额内的损失。

想一想

1.《中华人民共和国道路交通安全法》承认的“道路”包含哪些？

2. 如果车辆被出借或是租赁车，交强险赔付吗？

【案例 2-3】

非交通事故交强险不赔。

2018 年 1 月 19 日，人保财险新疆分公司承保的一家石油配送公司油罐车到修理铺补右后中桥外轮胎，原告将外轮胎卸下后，右后内轮胎突然爆炸，飞出的轮毂击中原告的头部，造成原告受伤。原告诉至人民法院，要求保险公司在交强险总限额 12.2 万元内承担 109473.11 元的赔偿责任。

2018 年 12 月 19 日，法院受理了该案，分别于 2019 年 1 月 16 日、3 月 15 日两次开庭审理此案。原告认为，车辆投保了交强险，而且事故的发生导致了第三者受伤，和车是相关的，因此要求保险公司按照交强险条款约定的保额进行赔偿。而保险公司认为，车辆在维修过程中发生意外与车辆在行驶过程中发生的意外是完全不同的两个概念，所造成的第三方损失也应当区别来看。交强险是为保证汽车在运行过程中导致第三方的损失，这个范围和凡是因为车导致第三方损失的范围是完全不同的。

在庭审过程中，保险公司提出以下答辩意见：

①根据本案中所涉及事故情况及《中华人民共和国道路交通安全法》对交通事故的定义，明确规定交通事故是指车辆在道路上因过错或意外造成的人身伤亡或财产损失的事件，而本案中的保险车辆是在修理铺修理过程中发生的事故，修理铺并非道路，所以，该事故不属于交通事故。

②根据《交强险实施条例》规定，交强险的赔偿范围是被保险车辆发生道路交通事故造成除本车人员、被保险人以外的人身伤亡或财产损失，而本案非道路交通事故，故交强险不负责赔偿。

2020 年 3 月 23 日，此案审理结束，法院做出判决，驳回原告要求保险公司在交强险范围内赔偿的诉讼请求，由被告石油配送公司承担相应的赔偿责任。

2 免除责任

(1) 受害人故意造成的交通事故的损失。

《交强险实施条例》第二十一条第二款规定：“道路交通事故的损失是由受害

人故意造成的,保险公司不予赔偿。”

(2)车辆静止时发生的交通事故的损失。

(3)受害人的各种间接损失(精神损失除外)。

《关于审理道路交通事故损害赔偿案件适用法律若干问题的解释》第十六条第二款规定:“被侵权人或者其近亲属请求承保交强险的保险公司优先赔偿精神损害的,人民法院应予支持。”

(4)因交通事故产生的仲裁费或诉讼费用及其他相关费用。

《中华人民共和国保险法》第六十六条规定:“责任保险的被保险人因给第三者造成损害的保险事故而被提起仲裁或者诉讼的,被保险人支付的仲裁或者诉讼费用以及其他必要的、合理的费用,除合同另有约定外,由保险人承担。”

3 特殊责任(针对保险公司的垫付责任)

特殊责任是指既不是完全的保险责任也不是完全的除外责任。

2013 版《交强险实施条例》第二十二条规定:“有下列情形之一的,保险公司在机动车交通事故责任强制保险责任限额范围内垫付抢救费用,并有权向致害人追偿:(一)驾驶人未取得驾驶资格或者醉酒的;(二)被保险机动车被盗抢期间肇事的;(三)被保险人故意制造道路交通事故的。有前款所列情形之一,发生道路交通事故的,造成受害人的财产损失,保险公司不承担赔偿责任。”

《关于审理道路交通事故损害赔偿案件适用法律若干问题的解释》第十八条规定:“有下列情形之一导致第三人人身损害,当事人请求保险公司在交强险责任限额范围内予以赔偿,人民法院应予支持:(一)驾驶人未取得驾驶资格或者未取得相应驾驶资格的;(二)醉酒、服用国家管制的精神药品或者麻醉药品后驾驶机动车发生交通事故的;(三)驾驶人故意制造交通事故的。保险公司在赔偿范围内向侵权人主张追偿权的,人民法院应予支持。追偿权的诉讼时效期间自保险公司实际赔偿之日起计算。”

(1)在下列三种情况下发生的交通事故,保险公司不负责赔偿财产损失,只在交强险保险责任限额内垫付人身伤亡费用但有权向致害人追偿。

①驾驶人未取得驾驶资格或者未取得相应驾驶资格的。

②醉酒、服用国家管制的精神药品或者麻醉药品驾驶的。

③被保险人或实际驾驶员故意制造道路交通事故的。

想一想

1. 酒驾与醉驾是如何划分的？

2. 酒驾发生的交通事故，交强险如何赔付？

3. 醉驾以什么罪名入刑？构成本罪是否以发生交通事故为要件？

4. 肇事逃逸交强险赔付吗？

(2)在下列情况下发生的交通事故，保险公司不负责赔偿财产损失，只在交强险保险责任限额内垫付医疗抢救费但有权向致害人追偿。

被保险机动车在被盗抢期间肇事的。

【案例 2-4】

酒驾致人死亡，保险公司在交强险范围内先赔。

2012 年 8 月 10 日 22 时 45 分许，吴某雇佣的驾驶员付某驾驶“东风”牌小型普通客车由东向西行至北京市房山区京周路房山东关路口时驶入非机动车车道，客车前部与刘某骑的自行车相撞，造成刘某死亡。经北京市房山交通支队认定，付某负事故的全部责任，刘某无事故责任。吴某在某财产保险公司投保了交强险，事发时在保险期间内。刘某的家属向北京市房山区法院起诉，要求判令保险公司在交强险范围内给付原告死亡赔偿金、丧葬费、医疗费等其他合理费用共计 117142 元，诉讼费由被告保险公司负担。

被告保险公司对发生交通事故的经过及责任认定无异议，认可事故车辆投保了交强险，且事故发生在保险期内，但认为原告起诉的主体有遗漏，原告应在起诉侵权人的同时起诉保险公司；事故车辆驾驶人系醉酒后驾车，保险公司不应赔付相应费用，保险公司只是垫付医疗费，而且垫付后保险公司还有追偿权；死亡原因鉴定费不属于医疗费，原告计算错误。

法院审理后认为，本案肇事驾驶员付某虽是醉酒驾车，但 2012 年 12 月 21 日起施行的《关于审理道路交通事故损害赔偿案件适用法律若干问题的解释》(以下简称《解释》)第十八条规定：“有下列情形之一导致第三人人身损害，当事人请求保险公司在交强险责任限额范围内予以赔偿，人民法院应予支持：(一)驾驶人未取得驾驶资格或者未取得相应驾驶资格的；(二)醉酒、服用国家管制的精神药品或者麻醉药品后驾驶机动车发生交通事故的；(三)驾驶人故意制造交通事故的。”根据该规定，保险公司应在交强险责任限额内承担相应的赔偿责任。保险公司在履行了赔偿义务后，可在相应的诉讼时效内向相关侵权人行使追偿权。

关于死亡原因的鉴定费用的负担问题,原告提交了鉴定费发票以及房山区法院已交效的(2012)房刑初字第707号刑事附带民事判决书在案佐证,被告保险公司虽然认为鉴定费不属于医疗费,但未提供相关证据予以证明,法院不予支持。

综上,法院支持了刘某家属的诉讼请求,判决保险公司赔偿原告刘某家属死亡赔偿金、丧葬费、医疗费(含鉴定费)合计117142元。案件受理费1321元由被告保险公司负担。

另外,被告付某因犯交通肇事罪被依法判决有期徒刑一年六个月,并赔偿附带民事诉讼原告刘某家属死亡赔偿金等合理经济损失人民币215750元。

(三)垫付和追偿

1 保险公司抢救费的垫付和追偿

(1)保险公司垫付条件。同时满足以下条件的,可垫付受害人的抢救费用:

①满足上述垫付抢救费情形之一的;

②接到公安机关交通管理部门要求垫付的通知书;

③受害人必须抢救,且抢救费用已经发生,抢救医院提供了抢救费用单据和明细项目;

④不属于应由道路交通事故社会救助基金垫付的抢救费用。

(2)保险公司垫付抢救费的标准。

①按照交通事故人员创伤临床诊疗指南和抢救地的国家基本医疗保险的标准,在交强险医疗费用赔偿限额或无责任医疗费用赔偿限额内垫付抢救费用。

②被抢救人数多于一人且在不同医院救治的,在医疗费用赔偿限额或无责任医疗费用赔偿限额内按人数进行均摊;也可以根据医院和交警的意见,在限额内酌情调整。

(3)保险公司垫付抢救费的垫付方式。自收到交警部门出具的书面垫付通知、伤者病历/诊断证明、抢救费用单据和明细之日起,及时向抢救受害人的医院出具《承诺垫付抢救费用担保函》,或将垫付款项划转至抢救医院在银行开立的专门账户,不进行现金垫付。

(4)保险公司不予支付抢救费用的情况。

①事故不构成保险责任,如受害人的故意行为等。

②应由道路交通事故社会救助基金垫付的抢救费用:

a. 抢救费用超过交强险医疗费用赔偿限额的；

b. 肇事机动车未参加机动车交通事故责任强制保险的；

c. 机动车肇事后逃逸的。

③非抢救费用或抢救费用不符合国务院卫生主管部门组织制定的有关临床诊疗指南和国家基本医疗保险标准的费用。

④非本次事故交强险受害人的抢救费用。

(5)保险公司垫付抢救费用的支付流程。

①接到公安机关交通管理部门抢救费用支付的书面通知后,及时核实承保、事故情况,在1个工作日之内出具《承诺支付/垫付抢救费用担保函》,交被保险人送至伤者抢救所在医院,并提供医院接受支付抢救费的划转账户的开户行及账号。

②对伤者病历/诊断证明、抢救费用单据和明细进行审核。

③满足以下条件之一,及时将款项划至救治医院指定账户:

a. 抢救费用总额达到或超过交强险医疗费用赔偿限额;

b. 抢救过程结束。

④向医院出具《交强险抢救费用支付/垫付说明书》。

注意:抢救费用不得进行现金支付。

(6)抢救费用垫付后的追偿:

对于所有垫付的案件,保险人垫付后有权向致害人追偿。追偿收入在扣减相关法律费用(诉讼费、律师费、执行费等)、追偿费用后,全额冲减垫付款。

2 道路交通事故社会救助基金的垫付与追偿

(1)救助基金的来源。

①按照机动车交通事故责任强制保险的保险费的一定比例提取的资金;

②对未按照规定投保机动车交通事故责任强制保险的机动车的所有人、管理人的罚款;

③救助基金管理机构依法向道路交通事故责任人追偿的资金;

④救助基金孳息;

⑤其他资金。

(2)救助基金垫付的项目。道路交通事故中受害人人身伤亡的丧葬费用、部分或者全部抢救费用。

(3)救助基金垫付条件。

①抢救费用超过机动车交通事故责任强制保险责任限额的;

②肇事机动车未参加机动车交通事故责任强制保险的;

③机动车肇事后逃逸的。

(4)救助基金垫付后的追偿。由救助基金先行垫付,救助基金管理机构有权向道路交通事故责任人追偿。

(四)交强险的费率

1 2008版交强险的基础费率表

2008版交强险的基础费率见表2-3。

2008版交强险的基础费率表 表2-3

车辆大类	序号	车辆明细分类	保费(元)
一、家庭自用车	1	家庭自用汽车6座以下	950
	2	家庭自用汽车6座及以上	1100
二、非营业客车	3	企业非营业汽车6座以下	1000
	4	企业非营业汽车6~10座	1130
	5	企业非营业汽车10~20座	1220
	6	企业非营业汽车20座以上	1270
	7	机关非营业汽车6座以下	950
	8	机关非营业汽车6~10座	1070
	9	机关非营业汽车10~20座	1140
	10	机关非营业汽车20座以上	1320
三、营业客车	11	营业出租租赁6座以下	1800
	12	营业出租租赁6~10座	2360
	13	营业出租租赁10~20座	2400
	14	营业出租租赁20~36座	2560
	15	营业出租租赁36座以上	3530
	16	营业城市公交6~10座	2250

续上表

车 辆 大 类	序号	车辆明细分类	保费(元)
三、营业客车	17	营业城市公交 10 ~ 20 座	2520
	18	营业城市公交 20 ~ 36 座	3020
	19	营业城市公交 36 座以上	3140
	20	营业公路客运 6 ~ 10 座	2350
	21	营业公路客运 10 ~ 20 座	2620
	22	营业公路客运 20 ~ 36 座	3420
	23	营业公路客运 36 座以上	4690
四、非营业货车	24	非营业货车 2t 以下	1200
	25	非营业货车 2 ~ 5t	1470
	26	非营业货车 5 ~ 10t	1650
	27	非营业货车 10t 以上	2220
五、营业货车	28	营业货车 2t 以下	1850
	29	营业货车 2 ~ 5t	3070
	30	营业货车 5 ~ 10t	3450
	31	营业货车 10t 以上	4480
六、特种车	32	特种车一	3710
	33	特种车二	2430
	34	特种车三	1080
	35	特种车四	3980

续上表

车辆大类	序号	车辆明细分类	保费(元)
七、摩托车	36	摩托车 50mL 及以下	80
	37	摩托车 50～250mL(含)	120
	38	摩托车 250mL 以上及侧三轮	400
八、拖拉机	39	兼用型拖拉机 14.7kW 及以下	按保监产险[2007]53 号实行地区差别费率
	40	兼用型拖拉机 14.7kW 以上	
	41	运输型拖拉机 14.7kW 及以下	
	42	运输型拖拉机 14.7kW 以上	

注:(1)座位和吨位的分类都按照“含起点不含终点”的原则来解释。

(2)特种车一:油罐车、汽罐车、液罐车;特种车二:专用净水车、特种车一以外的罐式货车,以及用于清障、清扫、清洁、起重、装卸、升降、搅拌、挖掘、推土、冷藏、保温等的各种专用机动车;特种车三:装有固定专用仪器设备从事专业工作的监测、消防、运钞、医疗、电视转播等的各种专用机动车;特种车四:集装箱拖头。

(3)挂车根据实际的使用性质并按照对应吨位货车的 30% 计算。

(4)低速载货汽车参照运输型拖拉机 14.7kW 以上的费率执行。

2 交强险的保费计算式

保费 = 基础保险费 ×(1 + 与道路交通事故相联系的比率 X)

注:X 取 ABCDE 方案其中之一的对应值。

3 全国版的交强险费率浮动标准

(1)特点:实行单挂钩制度,即费率只与道路交通事故挂钩(与道路交通安全违法行为暂不挂钩)。

(2)费率浮动表(表 2-4～表 2-8)。

交强险费率浮动表(内蒙古、海南、青海、西藏)　　　表2-4

挂　钩	浮动因素		浮动比率
与道路交通事故相联系的浮动方案A	A1	上一年度未发生有责任的交通事故	下浮30%
	A2	上二个年度未发生有责任的交通事故	下浮40%
	A3	上三个及以上年度未发生有责任的交通事故	下浮50%
	A4	上一年度发生一次有责任的但不涉及死亡的交通事故	不浮动
	A5	上一年度发生二次及二次以上有责任的交通事故	上浮10%
	A6	上一年度发生有责任的道路交通死亡事故	上浮30%

交强险费率浮动表(陕西、云南、广西)　　　表2-5

挂　钩	浮动因素		浮动比率
与道路交通事故相联系的浮动方案B	B1	上一年度未发生有责任的交通事故	下浮25%
	B2	上二个年度未发生有责任的交通事故	下浮35%
	B3	上三个及以上年度未发生有责任的交通事故	下浮45%
	B4	上一年度发生一次有责任的但不涉及死亡的交通事故	不浮动
	B5	上一年度发生二次及二次以上有责任的交通事故	上浮10%
	B6	上一年度发生有责任的道路交通死亡事故	上浮30%

交强险费率浮动表(甘肃、吉林、山西、黑龙江、新疆)　　表2-6

挂　钩	浮动因素		浮动比率
与道路交通事故相联系的浮动方案C	C1	上一年度未发生有责任的交通事故	下浮20%
	C2	上二个年度未发生有责任的交通事故	下浮30%
	C3	上三个及以上年度未发生有责任的交通事故	下浮40%
	C4	上一年度发生一次有责任的但不涉及死亡的交通事故	不浮动
	C5	上一年度发生二次及二次以上有责任的交通事故	上浮10%
	C6	上一年度发生有责任的道路交通死亡事故	上浮30%

交强险费率浮动表(北京、天津、河北、宁夏)　　表2-7

挂　钩	浮动因素		浮动比率
与道路交通事故相联系的浮动方案D	D1	上一年度未发生有责任的交通事故	下浮15%
	D2	上二个年度未发生有责任的交通事故	下浮25%
	D3	上三个及以上年度未发生有责任的交通事故	下浮35%
	D4	上一年度发生一次有责任的但不涉及死亡的交通事故	不浮动
	D5	上一年度发生二次及二次以上有责任的交通事故	上浮10%
	D6	上一年度发生有责任的道路交通死亡事故	上浮30%

交强险费率浮动表

（上海、江苏、浙江、安徽、福建、江西、山东、湖南、湖北、河南、四川、贵州、重庆、辽宁、广东、深圳、厦门、大连、青岛、宁波）　　表 2-8

挂　　钩	浮动因素		浮动比率
与道路交通事故相联系的浮动方案 E	E1	上一年度未发生有责任的交通事故	下浮 10%
	E2	上二个年度未发生有责任的交通事故	下浮 20%
	E3	上三个及以上年度未发生有责任的交通事故	下浮 30%
	E4	上一年度发生一次有责任的但不涉及死亡的交通事故	不浮动
	E5	上一年度发生二次及二次以上有责任的交通事故	上浮 10%
	E6	上一年度发生有责任的道路交通死亡事故	上浮 30%

(3)费率浮动说明:摩托车和拖拉机暂不浮动。

①同时满足多个浮动因素的,按向上浮动或向下浮动比率的高者计算。

②仅发生无责任的道路交通事故,费率仍可享受向下浮动。

③只随上年度交强险已赔付的赔案浮动,即上年度发生赔案但还没赔付的,本期费率不浮动,直到赔付后的下一年度才向上浮动。

④首次投保或车辆所有权转移办理批改的,费率不浮动。

⑤车辆在丢失期间发生道路交通事故的,追回后若提供公安机关证明的,费率不上浮。

⑥未及时续保的,浮动因素计算区间仍为上期保单出单日至本期保单出单日之间。

⑦在完成保费计算后出单前,保险公司应出具交强险费率浮动告知单,经投保人签章确认后,再出具保单、保险标志。投保人有异议的,应告知其有关道路交通事故的查询方式。

⑧已建立车险联合信息平台的地区,费率浮动告知书及保单应通过车险联合信息平台出具。

⑨在全国车险信息平台联网或交换前,跨省变更投保地时,如能提供相关证明文件的,可享受交强险费率向下浮动,不能提供的费率不浮动。

4 上海版的交强险费率浮动标准

(1)特点。实行双挂钩制度,即费率既与道路交通事故挂钩,又与道路交通安全违法行为挂钩。

(2)费率浮动说明。

①上一个年度无交通违法行为记录,续保时费率下浮10%;上两个年度无交通违法记录,续保时费率下浮20%;连续三年或三年以上无交通违法记录,续保时费率下浮40%。

②上一个年度有交通违法记录,费率按表2-9中所列标准上浮。

上海版的交强险费率浮动表 表2-9

序号	内容	费率系数
1	超速超过50%以上的	+20%/次
2	超速未达50%(含)的	+10%/次
3	违反交通信号灯指示通行的	+20%/次
4	逆向行驶的	+20%/次
5	货车载物超过核定载质量30%以上的	+10%/次
6	公路客车载客超过核定载客人数20%以上的	+10%/次
7	车辆未经定期检验合格继续使用的	+10%/次
8	驾驶时拨打或接听移动电话的	+10%/次
9	违反让行规定的	+10%/次
10	变更车道影响他人行车安全的	+10%/次
11	饮酒后驾驶机动车的、饮酒后驾驶营运机动车的	+10%/次

续上表

序号	内　　容	费率系数
12	其他交通违法10次(含)以上的(不包括上述11项违法行为和不纳入交强险费率浮动范围的交通违法行为)	+10%/次
上一年度费率调整系数累加上限为60%		

③当年初次登记的新车、当年所有权变更登记的在用车，按国家规定的基准费率投保。摩托车、拖拉机，不再进行费率浮动，按国家规定的基准费率投保。

④不纳入交强险费率浮动范围的交通违法行为见表2-10。

不纳入交强险费率浮动范围的交通违法行为　　表2-10

序号	违法行为
1	未取得驾驶证驾驶机动车的
2	把机动车交给未取得机动车驾驶证的人驾驶的
3	非法安装报警器的
4	非法安装标志灯具的
5	驾驶证丢失期间仍驾驶机动车的
6	驾驶证损毁期间仍驾驶机动车的
7	不按规定投保交强险的
8	遇前方机动车停车排队等候或者缓慢行驶时，在人行横道、网状线区域内停车等候的
9	在禁止鸣喇叭的区域或者路段鸣喇叭的
10	特种车辆违反规定使用警报器
11	特种车辆违反规定使用标志灯具的
12	上道路行驶的机动车未放置检验合格标志的

续上表

序号	违 法 行 为
13	逾期3个月未缴纳罚款的
14	连续两次逾期未缴纳罚款的
15	上道路行驶的机动车未放置保险标志的
16	未随身携带行驶证的
17	醉酒后驾驶机动车的、醉酒后驾驶营运机动车的
18	驾驶人未按规定使用安全带的
19	驾驶与驾驶证载明的准驾车型不相符合的车辆的

5 与酒后驾车挂钩的交强险费率浮动标准

公安部、中国保险监督管理委员会联合下发通知,决定自2010年3月1日起,逐步实行酒后驾驶违法行为与机动车交通事故责任强制保险费率联系浮动制度。具体浮动标准由各地结合实际确定。

通知要求各保监局和省级公安机关要在充分测算和论证的基础上,在公安部和保监会确定的交强险费率浮动幅度内,明确饮酒后驾驶、醉酒后驾驶违法行为上浮费率的标准。其中,饮酒后驾驶违法行为一次上浮的交强险费率控制在10%~15%之间,醉酒后驾驶违法行为一次上浮的交强险费率控制在20%~30%之间,累计上浮的费率不得超过60%。通知还要求各保险公司必须严格执行交强险费率方案、交强险费率浮动办法,不得擅自加收或减收交强险保费。

6 见费出单制度

(1)签订机动车交通事故责任强制保险合同时,投保人应当一次支付全部保险费;保险公司应当向投保人签发保险单、保险标志。保险单、保险标志应当注明保险单号码、车牌号码、保险期限、保险公司的名称、地址和理赔电话号码。

(2)续保出单前保险公司应当向投保人出具《交强险费率浮动告知单》,经投保人签章(个人车辆签字即可)确认后,再出具保险单、保险标志。对于首次投保交强险的车辆,保险人不需要出具《交强险费率浮动告知单》。交强险费率浮动告知单样式如下。

机动车交通事故责任强制保险费率浮动告知单

尊敬的投保人：

您的机动车投保基本信息如下：

车牌号码：　　　　　　　　　　　　　　号牌种类：

发动机号：　　　　　　　　　　　　　　识别代码(车架号)：

浮动因素计算区间：　年　　月　　日零时至年　　月　　日二十四时

根据中国保险监督管理委员会批准的机动车交通事故责任强制保险(以下简称交强险)费率,您的机动车交强险基础保险费是:人民币　　　　　元。

您的机动车从上年度投保以来至今,发生的有责任道路交通事故记录如下。

序　　号	赔付时间	是否造成受害人死亡

或者:您的机动车在上　　个年度内未发生道路交通事故。

根据中国保险监督管理委员会公布的《机动车交通事故责任强制保险费率浮动暂行办法》,与道路交通事故相联系的费率浮动比率为：　　　　　%。

交强险最终保险费 = 交强险基础保险费 × (1 + 与道路交通事故相联系的浮动比率)

本次投保的应交保险费:人民币　　　　　元(大写：　　　　　　　　　　)

以上告知,如无异议,请您签字(签章)确认。

投保人签字(盖章)：______________

日　期：______年______月______日

(五)交强险的单证和标志

交强险执行见费出单管理制度。交强险保险单必须在系统根据全额保费入账收费信息实时确认并自动生成唯一有效指令后,方可出具正式保险单、保险标志;交强险定额保险单应在收取全额保险费后方可出具保险单、保险标志。

有条件的地区和公司,可要求交强险定额保单也在系统根据全额保费入账收费信息实时确认并自动生成唯一有效指令后,方可出具正式保险单、保险标志。

1 保险单

1)识别真假交强险保单的技巧

(1)看保单的外观。

①颜色:褐色且色彩清晰;

②纸张:平滑圆润,不掉粉、不掉毛;

③保单表面:光滑整洁,涂布均匀,无折子、裂口、皱纹、着色等外观纸病;

(2)看保单的细节。

①红色荧光防伪油墨:在紫外线灯下发红光,如图2-1所示;

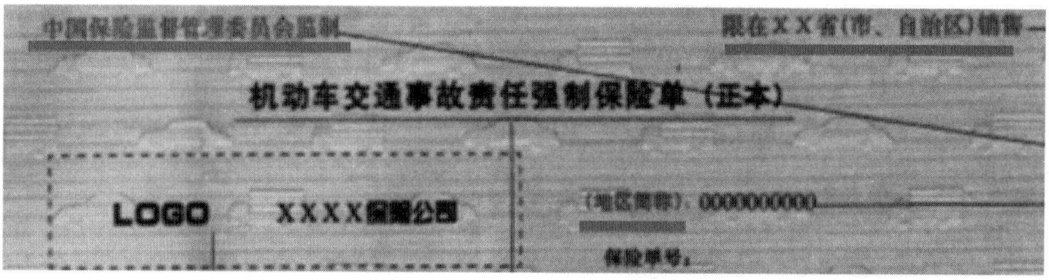

图2-1　交强险的红色荧光防伪油墨

②防伪底纹:满版由轿车和货车图案做浮雕底纹;

③光栅效果的“SALI”字样:在不同角度光照下会变色且文字隐现在底色中,如图2-2所示;

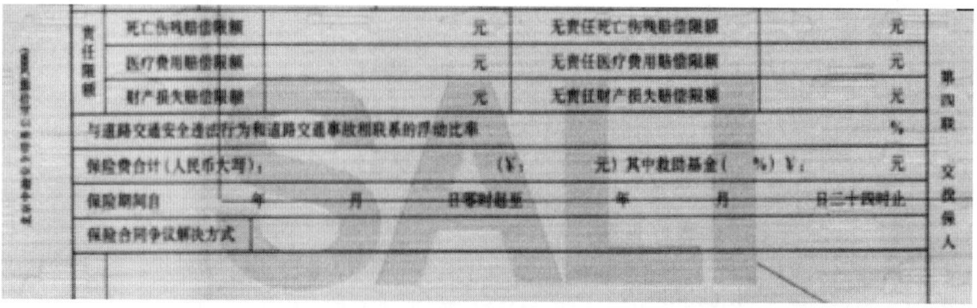

图2-2　交强险光栅效果的“SALI”字样

④微缩文字形成横线：横线与标题等长且横线为以“SALI”为字样的微缩文字。

注意：字母“SALI”在 5 ~ 10 倍的放大镜下清晰可辨，而假保单通常为一条黑色直线，如图 2-3 所示。

图 2-3　交强险微缩文字形成横线

注意：如果采用的是电子版交强险保单，则可通过识读二维码进行保单真伪识别。交强险电子保单样式如图 2-4 所示。

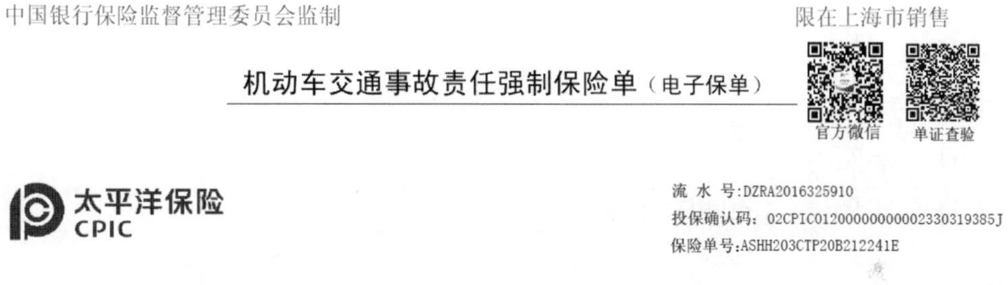
中国银行保险监督管理委员会监制　　限在上海市销售

机动车交通事故责任强制保险单（电子保单）

官方微信　单证查验

太平洋保险 CPIC

流 水 号:DZRA2016325910
投保确认码：02CPIC01200000000002330319385J
保险单号:ASHH203CTP20B212241E

图 2-4　电子保单样式

2）使用注意问题

（1）交强险保险单必须单独编制保险单号码并通过业务处理系统出具。

（2）交强险保险单和交强险定额保险单由正本和副本组成。正本由投保人或被保险人留存；业务留存联和财务留存联由保险公司留存，公安交管部门留存联由保险公司加盖印章后交投保人或被保险人，由其在注册登记或检验时交公安交管部门留存。已经建立车险信息平台并实现与公安交管部门互联的地区，可根据当地的统一要求，不使用公安交管部门留存联。已实现“见费出单”的地区或公司，可不使用财务留存联。

（3）除摩托车、拖拉机或其他经保监会同意的业务可以使用定额保险单外，其他投保车辆必须使用交强险保单。定额保险单可以手工出单并手工填写发票，但必须在出具保险单后的 7 个工作日内，准确补录到业务处理系统中。已经建立车险信息平台或其他有条件地区，可根据当地的统一要求，对摩托车或拖拉机也使用交强险保单，取消手工出单。

（4）有关内容不得涂改，涂改后的交强险单证无效。已生效的单证若损毁或遗失时,应向保险公司申请补办,保险人应在 5 个工作日内完成。补办申请样章如下。

机动车交通事故责任强制保险

单证、标志补办申请

______________(保险公司名称):

______________(申请人名称/姓名)因____________________________

____

致交强险______________车的保险单/定额保险单/批单/标志)于_______年_______月_______日(损毁/遗失),特申请补办。

机动车交强险基本信息如下:

号牌号码:______________发动机号:______________________

保险期间:_______年_______月_______日零时至_______年_______月_______日二十四时

申请人身份证号码(组织机构代码):__________________________________

申请人签章(签字):

年　　月　　日

❷ 交强险标志

(1)交强险标志分为内置型交强险标志和便携型交强险标志两种。

具有前风窗玻璃的投保车辆应签发内置型保险标志;不具有前风窗玻璃的投保车辆应签发便携型保险标,如无风窗玻璃的摩托车、拖拉机、挂车,可签发便携式保险标志。

内置型保险标志可不加盖业务章,便携式保险标志必须加盖保险公司业务专用章。

(2)未取得牌照的新车,可以用完整的车辆发动机号或车辆识别代号代替号牌号码打印在交强险保险标志上。

(3)携带与处罚。

①携带:内置型保险标志应将正面涂胶后张贴在前风窗玻璃的右上角;便携型保险标志应随身携带。

②处罚:未张贴或携带标志的将被扣车 + 罚款 20 ~ 200 元;伪造、使用伪造或他车标志将被扣车 + 罚款 200 ~ 2000 元。

(六)交强险的赔偿处理

1 赔偿原则

(1)保险人在交强险责任范围内负责赔偿被保险机动车因交通事故造成的对受害人的损害赔偿责任,赔偿金额以交强险条款规定的分项责任限额为限。

注意:在上述损害赔偿责任中,被保险人未向受害人赔偿的部分,不得向保险人提出索赔。

(2)被保险人书面请求保险人直接向第三者(受害人)赔偿保险金的,保险人应向第三者(受害人)就其应获赔偿部分直接赔偿保险金。

被保险人未书面请求保险人向第三者(受害人)赔偿保险金,且接保险人通知后,无故不履行赔偿义务超过15日的,保险人有权就第三者(受害人)应获赔偿部分直接向第三者(受害人)赔偿保险金。

(3)交强险的案件应与其他保险业务分开立案、分开记录、分开结案。

(4)道路交通事故肇事方(被保险人)、受害人等对交强险赔偿以上部分存在争议的,不影响其及时获得交强险的赔偿。道路交通事故肇事方(被保险人)、受害人等对交强险某分项责任赔偿存在争议的,不影响其及时获得交强险其他分项责任的赔偿。

2 赔偿时限

1)保险责任核定时限

对涉及财产损失的,保险公司应当自收到被保险人提供的证明和资料之日起1日内,对是否属于保险责任做出核定,并将结果通知被保险人。对涉及人身伤亡的,保险公司应当自收到被保险人提供的证明和资料之日起3日内,对是否属于保险责任做出核定,并将结果通知被保险人。

2)拒赔通知时限

对不属于保险责任的,保险公司应当自做出核定之日起3日内向被保险人或者受益人发出拒绝或拒绝给付保险金通知书,并书面说明理由。

3)赔偿保险金时限

(1)对属于保险责任在2000元以下的仅涉及财产损失赔偿案件,被保险人索赔单证齐全的,保险公司应在当日给付保险金。

(2)对属于保险责任在10000元以下的人身伤亡赔偿案件,被保险人索赔单证齐全的,保险公司应当在3日内给付保险金。

(3)对属于保险责任在50000元以下的人身伤亡赔偿案件,被保险人索赔单证齐全的,保险公司应当5日内给付保险金。

(4)对属于保险责任的交强险赔偿案件,被保险人索赔单证齐全的,保险公司应当在被保险人提出索赔申请不超过7日内给付保险金。

4)先予支付保险金承诺

保险人自收到赔偿或者给付保险金的请求和有关证明、资料之日起20日内,对其赔偿或者给付保险金的数额不能确定的,应当根据已有证明和资料可以确定的数额先予支付;保险人最终确定赔偿或者给付保险金的数额后,应当支付相应的差额。

3 挂车的赔偿

牵引车和挂车连接使用时发生交通事故的,牵引车和挂车交强险共同、平均承担赔偿责任,即受害人可获得两份交强险最高赔偿责任额。

2013版《交强险实施条例》第四十三条规定:"挂车不投保机动车交通事故责任强制保险。发生道路交通事故造成人身伤亡、财产损失的,由牵引车投保的保险公司在机动车交通事故责任强制保险责任限额范围内予以赔偿;不足的部分,由牵引车方和挂车方依照法律规定承担赔偿责任。"

《关于审理道路交通事故损害赔偿案件适用法律若干问题的解释》第二十一条第二款规定:"依法分别投保交强险的牵引车和挂车连接使用时发生交通事故造成第三人损害,当事人请求由各保险公司在各自的责任限额范围内平均赔偿的,人民法院应予支持。"

4 特殊案件处理

1)满限额提前结案处理机制

(1)适用条件。同时满足以下条件,属于交强险赔偿责任的事故:

①涉及人员伤亡,医疗费用支出已超过交强险医疗费用赔偿限额或估计死亡伤残费用明显超过交强险死亡伤残赔偿限额;

②被保险人申请并提供必要的单据。

(2)基本原则。对于涉及人员伤亡的事故,损失金额明显超过保险车辆适用的交强险医疗费用赔偿限额或死亡伤残赔偿限额的,保险公司可以根据被保险人的申请及相关证明材料,在交强险限额内先予赔偿结案,待事故处理完毕、损失金额确定后,再对剩余部分在商业险项下赔偿。相关证明材料包括:

①索赔申请书,机动车行驶证,机动车驾驶证,被保险人身份证明,领取赔款人身份证明;

②交通事故责任认定书；

③人员费用证明：医院诊断证明、医疗费报销凭证；死亡证明、被扶养人证明等。

(3)基本流程如下：

①被保险人提出索赔申请；

②被保险人提供必要单证；

③保险公司在收到索赔申请和相关单证后进行审核，对于根据现有材料能够确定赔款金额明显超过医疗费用限额或死亡伤残限额的案件，应由医疗审核人员签署意见，在5日内先予支付赔款。不再涉及交强险赔付的，对交强险进行结案处理。

2)交通事故责任未确定案件的抢救费用支付

保险公司收到受害人抢救费用支付申请时，被保险人在交通事故中是否有责任尚未明确的，在无责任医疗费用赔偿限额内支付抢救费用。

在道路交通管理部门能够确认被保险人在交通事故中负有责任后，保险公司应及时在交强险医疗费用赔偿限额内补充应垫付的抢救费用。

3)交通事故中死者为无名氏的交强险赔偿

交通事故死亡人员身份无法确认的，其交强险赔偿金由道路交通事故社会救助基金管理机构提存保管。

无法由道路交通事故社会救助基金管理机构提存的，保险公司可以对已产生的费用如医疗费、丧葬费按照交强险赔偿标准凭票据赔偿，其他项目原则上不应向无赔偿请求权的个人或机构赔偿，可以根据法律文书另行处理。

4)直接向受害人支付赔款的赔偿处理

(1)条件。

①被保险人出具书面授权书；

②人民法院签发的判决书或执行书；

③被保险人死亡、失踪、逃逸、丧失索赔能力或书面放弃索赔权利；

④被保险人拒绝向受害人履行赔偿义务；

⑤法律规定的其他情形。

(2)提供材料。受害人索赔时应当向保险人提供以下材料：

①人民法院签发的判决书或执行书，或交警部门出具的交通事故责任认定书和调解书原件；

②受害人的有效身份证明；

③受害人人身伤残程度证明以及有关损失清单和费用单据；

④其他与确认保险事故的性质、原因、损失程度等有关的证明和资料。

经被保险人书面授权的，还应提供被保险人书面授权书。

(七)《交强险财产损失"互碰自赔"处理办法》

交强险"互碰自赔"是建立在交通事故快速处理基础上的一种交强险快速理赔机制，即对于事故各方均有责任，各方车辆损失均在交强险财产损失赔偿限额以内，不涉及人员伤亡和车外财产损失的两车或多车互碰事故，由各保险公司在本方机动车交强险财产损失限额内对本车损失进行赔付。

1 实施时间

2009 年 2 月 1 日起开始实施"互碰自赔"保险理赔。

2 何为"互碰自赔"

"互碰自赔"是指当事人发生物损交通事故，经协商确定责任后，各自向自己投保的保险公司提出索赔申请，由各自保险公司直接向被保险人进行理赔，其赔款由保险公司通过内部结算中心进行相互补偿。

这种理赔机制是国际上惯用的做法，比较简化，方便投保人理赔。

3 适用条件

同时满足以下条件，适用"互碰自赔"处理机制：

(1)两车或多车互碰，各方均投保交强险；

(2)仅涉及车辆损失(包括车上财产和车上货物)、不涉及人员伤亡和车外财产损失，各方损失金额均在 2000 元以内；

(3)由交通警察认定或当事人根据出险地关于交通事故快速处理的有关规定自行协商确定双方均有责任(包括同等责任、主次责任)；

(4)当事人各方对损失确定没有争议，并同意采用"互碰自赔"方式处理。

单方肇事事故、涉及人员伤亡的事故、涉及车外财产损失的事故，以及任何一方损失金额超过交强险财产损失赔偿限额的事故，都不适用"互碰自赔"方式处理。

我国自 2009 年 2 月 1 日起开始实行财产损失"互碰自赔"保险理赔机制，但仅限于各方车损金额在交强险有责赔偿限额(2000 元)以内，而且双方必须均有责任的交通事故。在实践中，机动车互碰交通事故的 90% 以上是一方全责事故，真正适用"互碰自赔"的交通事故很少。因此，一方全责交通事故仍然是由责任方向保险公司提出索赔申请，如果责任方故意刁难、不主动向保险公司申请索赔,那么无责方的损害赔偿就会得不到落实。

4 处理原则

(1)满足“互碰自赔”条件的,由各保险公司分别对本方车辆进行查勘定损,并在交强险财产损失赔偿限额内,对本方车辆损失进行赔偿。

①事故经交警处理的,被保险人可凭交警事故责任认定书、调解书,直接到各自的保险公司索赔。

②双方根据法律法规规定自行协商处理交通事故的,经保险公司查勘现场,核对碰撞痕迹。

③出险地建有行业交通事故集中定损中心的,由各方当事人共同到就近的定损中心进行查勘、定损。

(2)原则上,任何一方车辆损失金额超过2000元的,不适用“互碰自赔”方式,按一般赔案处理,即对三者车辆损失2000元以内部分,在交强险限额内赔偿;其他损失在商业险项下按事故责任比例计算赔偿。

特殊情况下(如当地行业对损失金额限定标准有其他规定的,或事后发现损失金额超过限定标准、已无法勘验第三方损失等),可参照《机动车交强险互碰赔偿处理规则(2009版)》中,“交警调解各方机动车承担本方车辆损失”的相关规定处理,即对被保险机动车的车辆损失在本方机动车交强险赔偿限额内计算赔偿,超过限额部分在本方机动车商业车险项下按条款规定计算赔偿。

(3)各保险公司对“互碰自赔”机制下支付的赔款,不进行清算追偿。

5 处理流程

交强险“互碰自赔”流程如图2-5所示。

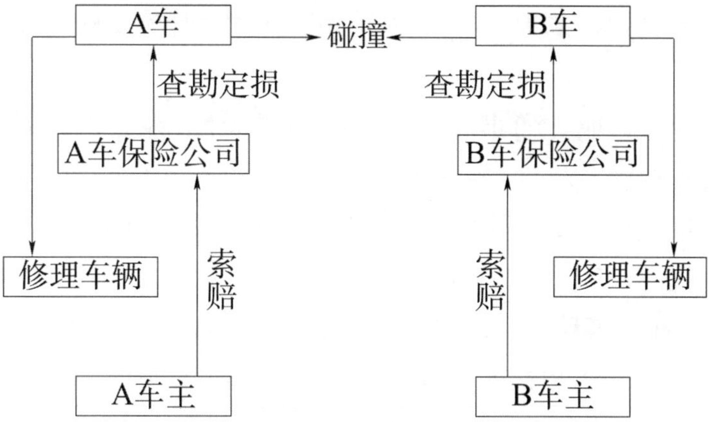

图2-5 交强险“互碰自赔”流程图

(1)接报案。出险后,各方当事人均应向各自的承保公司报案。

①接报案时应详细记录出险时间、出险地点、事故双方当事人、损失情况、责任划分等内容,并根据客户提供的事故原因、事故性质等基本信息初步判断是否满足“互碰自赔”条件。

②初步判断可能满足“互碰自赔”条件的,应主动告知客户“互碰自赔”的适用条件、处理程序和注意事项。请客户在事故现场等待或到指定地点进行查勘、定损。

③接报案时不能够确定是否满足“互碰自赔”条件的,可引导客户查勘后确定。

④提示双方当事人按照出险地有关交通事故快速处理的相关规定,通知交警处理或依据有关法律法规规定自行协商处理。

(2)查勘定损。查勘人员要注意核实事故的真实性,填写查勘记录,并拍摄事故现场照片或损失照片。查勘时初步估计满足“互碰自赔”条件的,应告知客户“互碰自赔”的适用条件、处理程序和注意事项。发现不满足“互碰自赔”条件的,应协助各方当事人通知本方保险公司参与处理。

①交警参与事故处理并出具《事故责任认定书》,或当事人依据有关法律法规规定自行协商处理交通事故的,如果各方损失明显低于2000元,满足“互碰自赔”条件,可由各事故方保险公司直接对本方保险车辆进行查勘、定损。查勘人员事后发现痕迹不符或存在疑问的,应向对方保险公司调查取证,必要时对各方车辆进行复勘。

②当事人自行协商处理交通事故时不能确定是否满足“互碰自赔”条件的,可共同到一方保险公司进行查勘估损。满足“互碰自赔”条件的,由各方保险公司分别对本方车辆进行定损。进行查勘的公司应向对方保险公司提供事故现场照片或车辆损失照片。

③出险地建有行业交通事故集中定损中心的,由各方当事人共同到就近的定损中心进行查勘、定损。由各方保险公司分别对本方车辆进行查勘、定损。

④对于当事人自行协商处理,但未及时报案,也未经保险公司同意撤离事故现场的交通事故,应勘验双方车辆,核实事故情况。

(3)赔偿处理。满足“互碰自赔”条件的,事故各方分别凭交警《事故责任认定书》或《机动车交通事故快速处理协议书》等单证,直接到本方保险公司进行索赔。承保公司在交强险财产损失限额内赔偿本方车辆损失。索赔材料如下:

①索赔申请书;

②责任认定书、调解书或自行协商处理协议书；

③查勘记录、事故照片、损失情况确认书(定损单)；

④车辆修理费发票；

⑤驾驶证和行驶证(复印件或照片)。

三 2020版商业险《示范条款》解读

2020版商业险《示范条款》将机动车辆保险条款分成机动车单程提车保险示范条款、机动车商业保险示范条款、特种车商业保险示范条款和摩托车、拖拉机商业保险示范条款和驾乘人员意外伤害保险示范条款5种。本教材只对机动车商业保险示范条款进行解读。

(一)主险条款解读

主险包括机动车损失保险、机动车第三者责任保险和机动车车上人员责任保险共3个独立的险种，投保人可以选择投保全部险种，也可以选择投保其中部分险种。

1 机动车损失保险(简称车损险)

1)保险责任

保险期间内，被保险人或被保险机动车驾驶人(以下简称“驾驶人”)在使用被保险机动车过程中，因自然灾害、意外事故造成被保险机动车直接损失，且不属于免除保险人责任的范围，保险人依照本保险合同的约定负责赔偿。

保险期间内，被保险机动车被盗窃、抢劫、抢夺，经出险地县级以上公安刑侦部门立案证明，满60天未查明下落的全车损失，以及因被盗窃、抢劫、抢夺受到损坏造成的直接损失，且不属于免除保险人责任的范围，保险人依照本保险合同的约定负责赔偿。

发生保险事故时，被保险人或驾驶人为防止或者减少被保险机动车的损失所支付的必要的、合理的施救费用，由保险人承担；施救费用数额在被保险机动车损失赔偿金额以外另行计算，最高不超过保险金额。

车损险赔偿必须满足的条件如下：

(1)驾驶人：被保险人或被保险机动车驾驶员；

(2)车辆：使用过程中；

(3)车损原因：因自然灾害或意外事故或全车被盗抢造成；

(4)赔偿项目：车辆本身直接损失+合理的施救费。

注:施救费用数额在被保险机动车损失赔偿金额以外另行计算,最高不超过保险金额的数额。

想一想

交通事故是车损险赔偿的必要条件吗?

特别提示

2020版车损险保险责任的特点

1. 首次以"自然灾害、意外事故"一切险的方式承保车损险。
2. 由以往立明式保险责任变成概括式保险责任。
3. 驾驶人由"其允许的驾驶人"变成"被保险机动车驾驶人"。
4. 将全车盗抢纳入车损险的保险责任,从而取消了全车盗抢险。

【案例2-5】

天降水泥板砸坏宝马车,违规停车部分赔偿。

被保险人李某为自己的车牌号为M×××的宝马轿车于2019年在太保北京分公司投保了车损险等保险。2020年1月17日(在保险期间内),李某将该宝马轿车停放在北京市××大厦楼下,当日17时10分许,发现汽车被高空坠落的物品(经查,为被告北京市××大厦外墙立面中一块长150厘米、宽50厘米的水泥板)砸坏,致使该宝马车的行李舱及后风窗玻璃等多处受损。李某基于机动车保险合同依程序向原告太保北京分公司提出索赔,原告已经向李某赔付保险金额共计88543元,并获得相应的代位求偿权。原告认为:被告作为××大厦的所有人,对大厦承担着维护、管理义务,被告疏于管理及修缮致使水泥板坠落,是造成此次事故的直接原因,被告应对此次事故承担全部赔偿责任。故向北京市东城法院提起诉讼,要求被告北京市××大厦承担李某机动车损害的损失88543元。

被告认可原告所述事故经过基本属实,但辩称,事故发生地隆福寺街为步行街,禁止车辆进入,大厦下面禁止停放车辆。涉案车辆驶入和停放均属违法行为,此事件责任在于车主李某,全部损失由其自行承担。事故发生后,被告已经告知李某,因其违反规定擅自停车,故车辆损失应由其自行承担,李某当时也表示认可,故不同意原告的诉讼请求。本案在审理过程中,经法院主持调解,双方当事人自愿达成协议,由被告北京市××大厦给付原告太保财险北京分公司

70834.5 元。

【案例 2-6】

挂车碰撞牵引车，车损险是否该赔。

2019 年 2 月 14 日 4 时 50 分，张某驾驶某运输公司所有的苏 H0×××牵引车/苏 HG×××普通半挂车，沿苏 S336 线由西向东行驶至章集镇小穆庄西，因雪天路滑发生交通事故，挂车由于惯性撞击牵引车致牵引车受损。经沭阳县交警大队认定，张某驾驶机动车行驶中观察不慎，对该事故负全部责任。

2018 年 7 月 21 日，运输公司为该半挂牵引车及挂车向某财险公司淮安中心支公司投保了车损险，事故发生在保险期内。经鉴定评估牵引车损失为 14660 元，于是运输公司向保险公司索赔，要求保险公司支付保险赔偿金 14660 元。而保险公司认为，牵引车与挂车应为"一体"，挂车并非外界物体，根据双方签订的车损险条款中关于"碰撞"的定义，该牵引车损失不在保险范围内。双方因发生争议，运输公司遂诉至法院要求判令保险公司赔付保险金 14660 元。

法院经审理后认为，保险合同是最大诚信合同，双方应当按合同约定全面、适当履行各自的权利和义务。《营业用汽车损失保险条款》第三十七条明确约定："碰撞：指被保险机动车与外界物体直接接触并发生意外撞击、产生撞击痕迹的现象，包括被保险机动车按规定载运货物时，所载货物与外界物体的意外撞击。"从保险条款约定来看，"外界物体"是针对被保险机动车而言的，牵引车与挂车虽连接使用，但在车辆管理部门分别登记，分别上牌，拥有不同的机动车登记编号和行驶证，为两辆独立的机动车，况且，在原告为车辆投保时，保险公司将主车与挂车分开处理，分别出具保单。由此可见，被告在承保时也是将牵引车与挂车视为不同的机动车来看待。那么针对牵引车而言，挂车应当视为"外界物体"，因此，牵引车与挂车碰撞引起的牵引车损失应属于车损险保险责任范围，被告应当对该起交通事故承担赔偿责任。

2019 年 5 月 29 日，法院判决：被告保险公司一次性赔偿原告运输公司保险金 14660 元。

法理分析：

牵引车与挂车连接使用时是否应视为"一体"历来存在争议，保险公司认为应视为"一体"处理，而有些法院或学者又将它视为两辆独立的机动车。

1. 牵引车与挂车连接使用时应视为两辆独立的机动车

理由如下：

(1)《中华人民共和国道路交通安全法》第一百一十九条规定："'机动车'，

是指以动力装置驱动或者牵引,上道路行驶的供人员乘用或者用于运送物品以及进行工程专项作业的轮式车辆。”由此可知,牵引车与挂车均属于机动车辆的范围。

(2)从车辆管理登记来看,《机动车登记规定》第八条第二款规定:“车辆管理所办理全挂汽车列车和半挂汽车列车注册登记时,应当对牵引车和挂车分别核发机动车登记证书、号牌和行驶证。”由此可见,牵引车与挂车虽连接使用,但在车辆管理部门应分别登记、分别上牌,拥有不同的机动车登记编号和行驶证,应视为两辆独立的机动车。

(3)从保险实务操作来看,被保险人在为牵引车、挂车投保过程中,保险公司也是将牵引车与挂车视为不同的保险标的,分别收取保险费,分别出具保险单。由此可见,保险公司在承保时也是将牵引车与挂车视为不同的机动车来看待,但在理赔时,保险公司却将相连的牵引车与挂车视为同一辆机动车而拒赔。保险公司这种做法显然不合理,对被保险人而言极不公平,有违民法之公平原则。

本案中,车损险条款第三十七条明确约定了“碰撞”的定义,从保险条款规定来看,“外界物体”是针对“被保险机动车”而言的,因此,牵引车与挂车虽连接使用,但应视为两辆独立的机动车,对牵引车而言,挂车应视为“外界物体”,二者碰撞致牵引车受损,保险公司应负赔偿责任。

2. 如果按2020版《示范条款》处理,保险公司是否该赔?

在2020版《示范条款》中,车损险的保险责任已用“意外事故”替换了原条款的(一)碰撞、倾覆、坠落;(二)……等列明责任,即由立明式保险责任变成了概括式保险责任,因此,即使把牵引车与挂车的撞击看成是车辆内部撞击也不影响保险公司的赔付,内部撞击也属于意外事故。只要符合以下两个条件的意外事故就属于理赔范围的意外事故:

(1)符合意外事故的基本条件,即主观上无故意而客观上有损失;

(2)不在列明的责任免除条款之列。

3. 主、挂车之间的撞击,交强险与商三险是否应赔付?

(1)主、挂车互碰的损失,交强险与商三险均不赔付。

交强险规定:被保险人所有的财产及被保险机动车上的财产遭受的损失属于保险人责任免除的范围,主、挂车被保险人相同时,交强险不能赔付。

商三险条款中已明确规定:主车和挂车连接使用时视为一体,发生保险事故时,由主车保险人和挂车保险人按照保险单上载明的机动车第三者责任保险责任限额的比例,在各自的责任限额内承担赔偿责任,但赔偿金额总和以主车的责任限额为限。既然商三险明确了主车和挂车应视为一体,互碰不属于商三险赔偿范围,主、挂车被保险人相同时商业三者险也不予赔付。

主车与挂车互碰,分别属于不同车主的,按互为三者的原则处理。

(2)主车和挂车连接使用过程中,对于第三者的损失如何赔付?

《解释》第二十一条规定:“多辆机动车发生交通事故造成第三人损害,损失超出各机动车交强险责任限额之和的,由各保险公司在各自责任限额范围内承担赔偿责任;损失未超出各机动车交强险责任限额之和,当事人请求由各保险公司按照其责任限额与责任限额之和的比例承担赔偿责任的,人民法院应予支持。依法分别投保交强险的牵引车和挂车连接使用时发生交通事故造成第三人损害,当事人请求由各保险公司在各自的责任限额范围内平均赔偿的,人民法院应予支持。”

《解释》强调“依法分别投保交强险”的牵引车和挂车,承认是投保两份交强险,且受害人可请求由各保险公司在“各自的”责任限额范围内平均赔偿,实际上明确了保险公司在此情况下存在“多重赔付责任”,即牵引车和挂车的交强险都应赔偿,两交强险的责任之间是平均承担,这样两交强险均可能达到各自的最高责任限额,即受害人可获得两份交强险最高赔偿责任额。

至于商三险,由于商三险条款中已明确规定:主车和挂车连接使用时视为一体,发生保险事故时,由主车保险人和挂车保险人按照保险单上载明的机动车第三者责任保险责任限额的比例,在各自的责任限额内承担赔偿责任,但赔偿金额总和以主车的责任限额为限,即,虽然主车保险人和挂车保险人都应赔偿受害人,但累加起来受害人只相当于获得一份主车商三险最高赔偿责任限额。

2)免除责任

在上述保险责任范围内,下列情况下,不论任何原因造成被保险机动车的任何损失和费用,保险人均不负责赔偿。

(1)事故发生后,被保人或驾驶人故意破坏、伪造现场、毁灭证据。

(2)驾驶人有下列情形之一者:

①交通肇事逃逸;(注:将定性权利归还给了执法部门)

②饮酒、吸食或注射毒品、服用国家管制的精神药品或者麻醉药品;

③无驾驶证,驾驶证被依法扣留、暂扣、吊销、注销期间;

④驾驶与驾驶证载明的准驾车型不相符合的机动车。

注:删除了2014版条款中的:⑤实习期内驾驶公共汽车、营运客车或者执行任务的警车、载有危险物品的机动车或牵引挂车的机动车;⑥驾驶出租机动车或

营业性机动车无交通运输管理部门核发的许可证书或其他必备证书;⑦学习驾驶时无合法教练员随车指导。

想一想

学习驾驶时,只要有合法教练员随车指导时发生的车损,保险公司就赔偿?

(3)被保险机动车有下列情形之一者:

①发生保险事故时被保险机动车行驶证、号牌被注销的(注:删除了2014版条款中“或未按规定检验或检验不合格”);

②被扣押、收缴、没收、期间(注:删除了2014版条款中“政府征用期间”);

③在竞赛、测试期间,在营业性场所维修、保养、改装期间;

④被保险人或其允许的驾驶人故意或重大过失,导致被保险机动车被利用从事犯罪行为。

(4)下列原因导致的被保险机动车的损失和费用,保险人不负责赔偿:

①战争、军事冲突、恐怖活动、暴乱、污染(含放射性污染)、核反应、核辐射(注:删除了2014版条款中“地震及其次生灾害;人工直接供油、高温烘烤、自燃、不明原因火灾”);

②违反安全装载规定;

③被保险机动车被转让、改装、加装或改变使用性质等,导致被保险机动车危险程度显著增加,且未及时通知保险人,因危险程度显著增加而发生保险事故的;

④投保人、被保险人或驾驶人故意制造保险事故。

(5)下列损失和费用,保险人不负责赔偿:

①因市场价格变动造成的贬值、修理后因价值降低引起的减值损失;

②自然磨损、朽蚀、腐蚀、故障、本身质量缺陷(注:删除了2014版条款中“遭受保险责任范围内的损失后,未经必要修理并检验合格继续使用,致使损失扩大的部分”)

③投保人、被保险人或驾驶人知道保险事故发生后,故意或者因重大过失未及时通知,致使保险事故的性质、原因、损失程度等难以确定的,保险人对无法确定的部分,不承担赔偿责任,但保险人通过其他途径已经及时知道或者应当及时知道保险事故发生的除外;

注意:如果被保险人不知道或无法知道保险事故已经发生;虽然知道已发生

保险事故但根据当时当地的客观条件,无法采取措施来防止或减少保险标的损失的,则保险人就不能以被保险人未采取必要措施为由而拒赔。

④因被保险人违反本条款第十五条约定,导致无法确定的损失(注:第十五条 因保险事故损坏的被保险机动车修理前被保险人应当会同保险人检查,协商确定维修机构、修理项目、方式和费用。无法协商确定的,双方委托共同认可的有资质的第三方进行评估);

⑤车轮单独损失,无明显碰撞痕迹的车身划痕,以及新增设备的损失(注:删除了 2014 版条款中“玻璃单独破碎和发动机进水后导致的发动机损坏”);

⑥非全车盗抢、仅车上零部件或附属设备被盗窃。

3)赔偿处理

(1)免赔规定。对于投保人与保险人在投保时协商确定绝对免赔额的,保险人在依据本保险合同约定计算赔款的基础上,增加每次事故绝对免赔额。

注意:2020 版条款中删除了 2014 版条款中的免赔率,但保留了绝对免赔额(300、500、1000、2000 元)。

(2)事故车的修复。因保险事故损坏的被保险机动车,修理前被保险人应当会同保险人检验,协商确定维修机构、修理项目、方式和费用。无法协商确定的,双方委托共同认可的有资质的第三方进行评估。

注意:2020 版条款不再坚持修理为主,维理厂可以协商从而取消了原附加险:指定修理厂险;不再坚持保险公司的定损权,尊重了被保险人的选择权和第三方评估的专业资质。

(3)残值处理。被保险机动车遭受损失后的残余部分由保险人、被保险人协商处理。如折归被保险人的,由双方协商确定其价值并在赔款中扣除。

特别提示

选择自行协商方式处理交通事故的:

1. 在保险事故发生后应当立即通知保险人(其他方式为 48 小时内);

2. 应依照《道路交通事故处理程序规定》签订记录交通事故情况的协议书。

(4)赔款计算。

①全部损失:

赔款 = 保险金额 − 被保险人已从第三方获得的赔偿金额 − 绝对免赔额

②部分损失：

被保险机动车发生部分损失，保险人按实际修复费用在保险金额内计算赔偿：

赔款 = 实际修复费用 - 被保险人已从第三方获得的赔偿金额 - 绝对免赔额

(5)保险人支付赔款后合同的终止情形如下：

①车辆全损时；

②一次赔款金额与免赔金额之和(不含施救费)达到保险金额时。

注意：当修理价格过高时，保险公司最好按推定全损处理(因为车损险中无累计赔款与免赔金额之和达到实际价格或保额时保险合同终止的规定)。

4)投保方式

保险金额按投保时被保险机动车的实际价值确定。

投保时，被保险机动车的实际价值由投保人与保险人根据投保时的新车购置价减去折旧金额后的价格协商确定，或依其他市场公允价值协商确定。

【案例2-7】

新车购置价、保险金额与实际发票三者不一致，保险公司该如何理赔?

2011年1月1日，甲就其所有的客车在乙处投保了交强险、商三险与车损险等险种，甲依约缴纳了保费。在双方签订的保单中，新车购置价注明为585000元，保险金额为526500元，保险金额与新车购置价的比例为90%。2011年1月17日，被保险车辆在某地发生了交通事故，造成该车的损坏。乙经委托评估确认该车损失为293680元，双方对车辆估损并无异议，但乙认为甲是不足额投保，出险时应按比例赔偿，故赔付给甲293680元×90%，即264312元；而甲认为其购车发票上注明的车辆购置价为499316元，比双方约定的保险金额526500元低，并非不足额投保，故乙应全额赔偿，即乙应赔付293680元。双方遂产生争议，甲向江西省保险合同纠纷调解委员会申请调解。

本案焦点为：甲提供的购车发票与保单中新车购置价、实际保险金额三者均不一致，面对这种情况保险公司应该如何理赔?

法理分析：

1.《中华人民共和国保险法》对保险金额的规定

《中华人民共和国保险法》第五十五条规定："投保人和保险人约定保险标的的保险价值并在合同中载明的，保险标的发生损失时，以约定的保险价值为赔偿计算标准。投保人和保险人未约定保险标的的保险价值的，保险标的发生损失时，以保险事故发生时保险标的的实际价值为赔偿计算标准。保险金额不得超过保险价值。超过保险价值的，超过部分无效，保险人应当退还相应的保险费。保险金额低于保险价值的，除合同另有约定外，保险人按照保险金额与保险价值的比例承担赔偿保险金的责任。”

由此可知，我国保险法没有规定保险金额的确定方式，也就是说，保险合同双方当事人可以任意约定保险金额，但保险金额不得超过保险价值，超过保险价值的，超过部分无效。所以，保险金额的约定受保险价值的约束。

2.2009版车损险条款对保险金额的确定方式规定

新车购置价是指本保险合同签订地购置与保险车辆同类型新车(含车辆购置附加税)的价格，无同类型新车市场销售价格的，由被保险人与保险人协商确定。

保险车辆的保险金额可以按以下方式确定：

(1)按投保时与保险车辆同种车型的新车购置价；

(2)按投保时与保险车辆同种车型的新车购置价扣减折旧部分；

(3)投保人与本公司协商确定。但保险金额不得超过投保时同类车辆新车购置价，超过部分无效。

由此可见，在双方签订的保险合同中规定了保险金额有三种确定方式，且新车购置价即为车辆的保险价值。本案中，甲、乙双方约定的保险金额为526500元，没有超过车辆的保险价值585000元，不构成超额定值，双方约定的保险金额有效，但因保险金额低于保险价值，比例为90%，故该合同属于不足额保险。

保险标的的实际价值并不要求必须等于保险标的的购买发票价格。从合同的相对性来讲，保险合同与汽车的买卖合同是两个独立的合同，即使它们的标的物为同一车辆。甲购得车辆时购买发票金额是买卖合同双方当事人之间的合意，实际上是受买人在支付购买价款后从出卖人处取得的一个凭证，由于现实生活中的各种复杂因素，有可能使实际购买价款不等于购车发票金额。甲和乙订立保险合同时，该购买发票金额可以作为确定该车保险标的实际价值的一个参考，但是并不能说一定就是该车的实际价值。本案中保险单中载明的新车购置价为585000元，虽超过申请人提供的发票所载明的499316元，但超出幅度在合理范围内。同时新车购置价约定越高，出险时甲得到的保险赔偿也越高，对甲并无不利。因此，甲认为只要发票金额低于保险金额，就应是全额投保的理由不充分。

3. 如果按2020版《示范条款》规定处理本案，该如何赔付？

因2020版《示范条款》明确规定了保险金额只有一种确定方式即保险金额

按投保时被保险机动车的实际价值确定，且车辆实际价值即为车辆的保险价值。而实际价值应由投保人与保险人根据投保时的新车购置价减去折旧金额后的价格协商确定或依其他市场公允价值协商确定。

本案中，甲、乙双方约定的保险金额为526500元，车辆的保险价值应按车辆实际价值确定，车辆的实际价值应根据新车购置价折旧计算得出或其他市场公允价值协商确定。尽管本案并没告诉我们车辆的实际价值的具体金额，但从新车购置价注明为585000元和购车发票上注明的车辆购置价为499316元上进行推断，本案应属于超额投保或足额投保，故应全额赔偿，即乙应赔付293680元。

2 机动车第三者责任保险(简称商三险或三责险)

1)机动车第三者责任保险定义

保险车辆因意外事故致使第三者人身伤亡或财产受损，保险人对于超过交强险各分项赔偿限额以上部分予以赔偿的保险。

商业第三者责任险解读

2)保险责任

保险期间内，被保险人或其允许的驾驶人在使用被保险机动车过程中发生意外事故，致使第三者遭受人身伤亡或财产直接损毁，依法应当对第三者承担的损害赔偿责任，且不属于免除保险人责任的范围，保险人依照本保险合同的约定，对于超过机动车交通事故责任强制保险各分项赔偿限额的部分负责赔偿。

结论：商三险赔偿必须满足以下条件。

(1)驾驶人：被保险人或其允许的驾驶员；

(2)车辆：使用过程中；

(3)事故原因：由意外事故造成；

(4)第三者：属于商三险承认的“第三者”(本保险合同中的第三者是指因被保险机动车发生意外事故遭受人身伤亡或者财产损失的人，但不包括被保险机动车本车车上人员、被保险人)；

(5)赔偿项目：第三者的人身或财产直接损失。

想一想

1. 如果被保险人允许了尚未正式拿到驾驶证的人驾驶自己的车辆而撞伤了第三者，在赔偿时2009版条款和2020版条款有区别吗?

2. 如果被保险车辆在出租或出借时致使第三者受伤，在赔偿时2009版条款和2020版条款有区别吗?

3)免除责任

在上述保险责任范围内,下列情况下,不论任何原因造成的人身伤亡、财产损失和费用,保险人均不负责赔偿。

(1)事故发生后,被保险人或驾驶人故意破坏、伪造现场、毁灭证据。

(2)驾驶人有下列情形之一者:

①交通肇事逃逸(注:将定性权利归还给了执法部门);

②饮酒、吸食或注射毒品、服用国家管制的精神药品或者麻醉药品;

③无驾驶证,驾驶证被依法扣留、暂扣、吊销、注销期间;

④驾驶与驾驶证载明的准驾车型不相符合的机动车;

⑤非被保险人允许的驾驶人(注:删除了2014版条款中"⑤实习期内驾驶公共汽车、营运客车或者执行任务的警车、载有危险物品的机动车或牵引挂车的机动车;⑥驾驶出租机动车或营业性机动车无交通运输管理部门核发的许可证书或其他必备证书;⑦学习驾驶时无合法教练员随车指导")。

(3)被保险机动车有下列情形之一者:

①发生保险事故时被保险机动车行驶证、号牌被注销的(注:删除了2014版条款中"或未按规定检验或检验不合格");

②被扣押、收缴、没收、政府征用期间;

③在竞赛、测试期间,在营业性场所维修、保养、改装期间;

④全车被盗窃、被抢劫、被抢夺、下落不明期间。

(4)下列原因导致的人身伤亡、财产损失和费用,保险人不负责赔偿:

①战争、军事冲突、恐怖活动、暴乱、污染(含放射性污染)、核反应、核辐射(注:删除了2014版条款中"地震及其次生灾害");

②第三者、被保险人或驾驶人的故意行为、犯罪行为,第三者与被保险人或其他致害人恶意串通的行为;

③被保险机动车被转让、改装、加装或改变使用性质等,导致被保险机动车危险程度显著增加且及时通知保险人,因危险程度显著增加而发生保险事故的。

(5)下列人身伤亡、财产损失和费用,保险人不负责赔偿:

①被保险机动车发生意外事故,致使任何单位或个人停业、停驶、停电、停水、停气、停产、通信或网络中断、电压变化、数据丢失造成的损失以及其他各种间接损失;

②第三者财产因市场价格变动造成的贬值,修理后因价值降低引起的减值损失;

③被保险人及其家庭成员、被保险人允许的驾驶人及其家庭成员所有、承租、使用、管理、运输或代管的财产的损失，以及本车上财产的损失；

注意：2020 版《示范条款》中的家庭成员是指配偶、子女、父母和其他共同生活的近亲属(注：比 2014 版条款增加了“和其他共同生活的近亲属”)。

④被保险人、被保险人允许的驾驶人、本车车上人员的人身伤亡；

注意：删除了“及其家庭成员”。

⑤停车费、保管费、扣车费、罚款、罚金或惩罚性赔款；

⑥超出《道路交通事故受伤人员临床诊疗指南》和国家基本医疗保险标准的医疗费用；

⑦律师费，未经保险人事先书面同意的诉讼费、仲裁费；

⑧投保人、被保险人或其允许的驾驶人知道保险事故发生后，故意或者因重大过失未及时通知，致使保险事故的性质、原因、损失程度等难以确定的，保险人对无法确定的部分，不承担赔偿责任，但保险人通过其他途径已经及时知道或者应当及时知道保险事故发生的除外；

⑨ 因被保险人违反本条款第二十八条约定，导致无法确定的损失(注：第二十八条：发生保险事故后，保险人依据本条款约定在保险责任范围内承担赔偿责任。赔偿方式由保险人与被保险人协商确定。因保险事故损坏的第三者财产，修理前被保险人应当会同保险人检验，协商确定维修机构、修理项目、方式和费用。无法协商确定的，双方委托共同认可的有资质的第三方进行评估)；

⑩ 精神损害抚慰金；

⑪应当由机动车交通事故责任强制保险赔偿的损失和费用。保险事故发生时，被保险机动车未投保机动车交通事故责任强制保险或机动车交通事故责任强制保险合同已经失效的，对于机动车交通事故责任强制保险责任限额以内的损失和费用，保险人不负责赔偿。

4)赔偿处理

2020 版条款中删除了 2014 版条款中的免赔率，且责任限额也由 5 万 – 500 万调整为 10 万 – 1000 万。

(1)挂车的赔偿。主车和挂车连接使用时视为一体，发生保险事故时，由主车保险人和挂车保险人按照保险单上载明的机动车第三者责任保险责任限额的比例，在各自的责任限额内承担赔偿责任(注：删除了 2014 版条款中“但赔偿金额总和以主车的责任限额为限”)。

(2)赔偿原则。

①保险人对被保险人或其允许的驾驶人给第三者造成的损害,可以直接向该第三者赔偿;

②被保险人或其允许的驾驶人给第三者造成损害,对第三者应负的赔偿责任确定的,根据被保险人的请求,保险人应当直接向该第三者赔偿;

③被保险人怠于请求的,第三者就其应获赔偿部分直接向保险人请求赔偿的,保险人可以直接向该第三者赔偿;

④被保险人或其允许的驾驶人给第三者造成损害,未向该第三者赔偿的,保险人不得向被保险人赔偿;

⑤保险人按照《道路交通事故受伤人员临床诊疗指南》和国家基本医疗保险的同类医疗费用标准核定医疗费用的赔偿金额。

(3)赔偿方式。发生保险事故后,保险人依据本条款约定在保险责任范围内承担赔偿责任。赔偿方式由保险人与被保险人协商确定。

因保险事故损坏的第三者财产,修理前被保险人应当会同保险人检验,协商确定维修机构、修理项目、方式和费用。无法协商确定的,双方委托共同认可的有资质的第三方进行评估。

未经保险人书面同意,被保险人自行承诺或支付的赔偿金额,保险人有权重新核定。不属于保险人赔偿范围或超出保险人应赔偿金额的,保险人不承担赔偿责任。

注意:2020 版条款不再坚持修理为主,强调了维理厂、修理项目、方式和费用由协商确定;不再坚持保险公司的定损权,尊重了被保险人的选择权和第三方评估的专业资质。

(4)赔款计算。

①当(依合同约定核定的第三者损失金额 - 机动车交通事故责任强制保险的分项赔偿限额)×事故责任比例等于或高于每次事故责任限额时:

赔款 = 每次事故责任限额

②当(依合同约定核定的第三者损失金额 - 机动车交通事故责任强制保险的分项赔偿限额)×事故责任比例低于每次事故责任限额时:

赔款 =(依合同约定核定的第三者损失金额 - 机动车交通事故责任强制保险的分项赔偿限额)×事故责任比例

【案例 2-8】

交强险脱保,商三险能否免责。

2019 年 10 月 30 日 18 时,被告罗某驾驶一辆小车在南昌市某水产品市场门口与原告邓某所骑的电动车发生碰撞,造成邓某受伤、车辆受损的交通事故。事故发生后,邓某被送往江西中医学院住院治疗91天,经交警大队认定被告罗某负事故的全部责任,原告邓某不负责任。因双方协商不成,邓某诉至南昌市东湖区法院要求被告及肇事车承保公司A赔偿各项费用共计100609.48元。

经查,事故车辆在保险公司投保了商三险,保险期限自2019年6月4日至2020年6月3日;在投保商三险之前,其交强险是在另一保险公司B投保,保险期限自2018年9月2日至2019年9月1日,故在交通事故发生时交强险已脱保。

法院经审理后认为,交强险脱保,法律规定应承担行政违法责任,而对民事责任法律没有规定。本案虽然交强险脱保,但A保险公司与投保人并没有明文约定保险责任范围为超过交强险各分项赔偿限额部分。对保险公司只承担交强险之外的责任,不承担交强险责任限额范围的保险责任未履行说明和告知义务,存在过错。投保人投保了商三险,如作为另一救济手段的交强险不能予以赔偿,则保险公司应在商三险范围内予以赔偿。车辆所有人为其车投保的目的是降低行车风险,商三险和交强险均系基于对标的车辆发生事故给第三者造成损失而承担赔偿责任的险种,旨在保护不特定第三者的权益。因此,被告A保险公司提出的对于交强险限额以内的费用应由机动车所有人罗某自行承担的抗辩理由不能成立,据之判决A保险公司一次性支付商三险赔款10万元。A保险公司不服遂上诉至南昌市中级人民法院。

二审法院经审理后认为,根据江西省实施的《中华人民共和国道路交通安全法》第六十七条规定:机动车与非机动车、行人之间发生的交通事故造成人身伤亡、财产损失的,由机动车所投保的保险公司在交强险责任限额范围内予以赔偿;机动车未投保交强险的,由机动车一方在相当于相应的交强险责任限额范围内予以赔偿。依法应当赔偿的数额超过交强险责任限额的部分,由机动车一方承担责任。本案中,被上诉人罗某所有的机动车所投保的交强险已过期脱保,根据上述规定,上诉人保险公司则不需要在本案中承担交强险赔偿部分,至于超出交强险部分的损失,因被上诉人邓某未提起诉讼,本案不能一并处理。原审法院判决不当,应予以改判,上诉人上诉的理由充分应予支持,据此,撤销原判,依法改判。

本案争议的焦点是:交强险脱保,商三险责任如何承担?是全部赔偿还是只赔偿超出交强险责任限额的部分?

法理分析:

1.《解释》实施前

由于各地方颁布的道路交通安全法实施条例对未投保交强险如何赔偿

的内容不尽相同，所以，全国各地对于交强险脱保车辆如何承担责任判决不一。

《江西省实施〈中华人民共和国道路交通安全法〉办法》第六十六条规定："机动车之间发生交通事故造成人身伤亡、财产损失的，由机动车各方所投保的保险公司在机动车交通事故责任强制保险责任限额范围内予以赔偿；机动车未参加机动车交通事故责任强制保险的，由机动车所有人或者管理人在相当于相应的强制保险责任限额范围内予以赔偿。依法应当赔偿的数额超过机动车交通事故责任强制保险责任限额的部分，由有过错的一方承担赔偿责任；双方都有过错的，按照各自过错的比例分担赔偿责任。"第六十七条规定："机动车与非机动车、行人之间发生交通事故造成人身伤亡、财产损失的，由机动车所投保的保险公司在机动车交通事故责任强制保险责任限额范围内予以赔偿；机动车未参加机动车交通事故责任强制保险的，由机动车一方在相当于相应的强制保险责任限额范围内予以赔偿。依法应当赔偿的数额超过机动车交通事故责任强制保险责任限额的部分，由机动车一方承担赔偿责任，但有证据证明非机动车驾驶人、行人有过错的，按照下列规定适当减轻机动车一方的赔偿责任；……"

而《广东省道路交通安全条例》第四十六条规定："机动车与非机动车驾驶人、行人之间发生交通事故，造成人身伤亡、财产损失的，由保险公司在机动车第三者责任强制保险责任限额范围内予以赔偿。不足的部分，按照下列规定承担赔偿责任：……未参加机动车第三者责任强制保险的，由机动车方在该车应当投保的最低保险责任限额内予以赔偿，对超过最低保险责任限额的部分，按照第一款的规定赔偿。"

由此可见，江西省未投保交强险由车主自担理赔款适用于所有交通事故类型，而广东省则仅限于机动车与非机动车之间的事故类型。

2.《解释》实施后

《解释》第十九条规定："未依法投保交强险的机动车发生交通事故造成损害，当事人请求投保义务人在交强险责任限额范围内予以赔偿的，人民法院应予支持。"对此类问题一锤定音，不区分事故类型。

此外，从商三险合同约定的角度讲，商三险条款均约定了不赔偿交强险部分。

从公平原则的角度而言，如果商三险承担了交强险的法定赔偿责任，由于商三险的费率较交强险费率低，将从客观上鼓励更多的人只购买商三险而规避购买交强险,这有违交强险立法初衷。

❸ 车上人员责任险

(1)车上人员责任险定义:保险期间内,被保险人或其允许的驾驶人在使用被保险机动车过程中发生意外事故,致使车上人员遭受人身伤亡,依法应当对车上人员承担的损害赔偿责任,保险人依照本保险合同的约定负责赔偿。

车上人员
责任险解读

(2)车上人员责任险承认的“车上人员”指发生意外事故的瞬间,在被保险机动车车体内或车体上的人员,包括正在上下车的人员。

特别提示

与2009版车上人员责任险条款的主要不同处

1. 取消了“允许的合法驾驶人”中的“合法”。

2. 将“对依法应由被保险人承担的经济赔偿责任”改成“依法应当对车上人员承担的损害赔偿责任”。

想一想

1. 被保险人属于车上人员吗?

2. 搭顺风车的乘客属于车上人员吗?

【案例2-9】

车上人员责任险不赔被保险人。

李某就其所有的陕A牌自卸汽车向甲保险公司投保了机动车商业保险,其中车上人员责任险(乘客座位)、车上人员责任险(驾驶人座位)项下责任限额均为1万元/座。2018年3月24日,刘某驾驶该车由西安往石泉送货,李某自己随车押货,在陕西省某县西沟隧道道口下坡时,车辆不慎撞在公路西警示牌及护坡上,造成李某死亡,车辆、货物及公路警示牌受损的交通事故。交警部门认定刘某负本次事故全部责任。李某亲属向保险公司报案并提出索赔。李某亲属认为,李某死亡时是在车上,保险公司应当在车上人员责任险项下赔偿,保险公司认为李某是被保险人,车上人员责任险赔偿的车上人员不包括被保险人在内,故不承担赔偿责任。

法理分析：

《中华人民共和国保险法》第六十五条规定："责任保险是指以被保险人对第三者依法应负的赔偿责任为保险标的的保险。"根据该条规定，责任保险中，保险公司是对被保险人可能对第三者依法承担的损害赔偿责任进行保险，也就是说，对于第三者的财产损失或人身伤亡，被保险人依法应承担损害赔偿责任时，保险公司在责任保险项下进行赔偿，从而减少被保险人因对外承担赔偿责任而遭受的损失。与一般财产保险相比，责任保险的本质特征在于它的保险对象是被保险人向第三者"依法应负的损害赔偿责任"，而不是被保险人自己的人身或财产，因为自己对自己依法没有什么赔偿责任。机动车车上人员责任险作为责任保险的一种，其保险标的应当是被保险人对除自己以外的车上人员承担的赔偿责任。

本案中，李某是被保险人，李某乘坐被保险车辆时发生事故造成自身死亡，李某对于自身死亡从法律上并不存在赔偿责任，所以，保险公司在车上人员责任险项下不承担赔偿责任。

(3)车上人员责任险与意外伤害保险的区别。

首先，车上人员责任险是一种责任保险，而意外伤害保险则是意外险范畴，二者的标准是不同的。

其次，车上人员责任险是随"车"不随"人"的，不论什么样的乘客，只要在车上，就属于车上人员责任险的保障范围，而意外伤害险则是随"人"不随"车"的，只是对应的人员投保了，无论在车上、车下的意外，都属于意外险的保障范围。

(4)免除责任：在上述保险责任范围内，下列情况下，不论任何原因造成的人身伤亡，保险人均不负责赔偿。

①事故发生后，被保险人或其允许的驾驶人故意破坏、伪造现场、毁灭证据。

②驾驶人有下列情形之一者：

a. 交通肇事逃逸（注：将定性权利还给了执法部门）；

b. 饮酒、吸食或注射毒品、服用国家管制的精神药品或者麻醉药品；

c. 无驾驶证，驾驶证被依法扣留、暂扣、吊销、注销期间；

d. 驾驶与驾驶证载明的准驾车型不相符合的机动车；

（注：删除了2014版条款中"e. 实习期内驾驶公共汽车、营运客车或者执行任务的警车、载有危险物品的机动车或牵引挂车的机动车；f. 驾驶出租机动车或

营业性机动车无交通运输管理部门核发的许可证书或其他必备证书;g. 学习驾驶时无合法教练员随车指导”)

e. 非被保险人允许的驾驶人。

③被保险机动车有下列情形之一者:

a. 发生保险事故时被保险机动车行驶证、号牌被注销的(注:删除了2014版条款中“或未按规定检验或检验不合格”);

b. 被扣押、收缴、没收期间(注:删除了2014版条款中“政府征用”);

c. 竞赛、测试期间,在营业性场所维修、保养、改装期间(注:删除了2014版条款中“在”);

d. 全车被盗窃、被抢劫、被抢夺、下落不明期间。

④下列原因导致的人身伤亡,保险人不负责赔偿:

a. 战争、军事冲突、恐怖活动、暴乱、污染(含放射性污染)、核反应、核辐射(注:删除了2014版条款中“地震及其次生灾害”);

b. 被保险机动车被转让、改装、加装或改变使用性质等,被保险人、受让人未及时通知保险人,且因转让、改装、加装或改变使用性质等导致被保险机动车危险程度显著增加;

c. 投保人、被保险人或驾驶人故意制造保险事故(注:增加了“投保人”,将2014版条款中“故意行为”改为“故意制造保险事故”)。

⑤下列人身伤亡、损失和费用,保险人不负责赔偿:

a. 被保险人及驾驶人以外的其他车上人员的故意行为造成的自身伤亡;

b. 车上人员因疾病、分娩、自残、斗殴、自杀、犯罪行为造成的自身伤亡;

c. 罚款、罚金或惩罚性赔款;

d. 超出《道路交通事故受伤人员临床诊疗指南》和国家基本医疗保险标准的医疗费用;

e. 律师费,未经保险人事先书面同意的诉讼费、仲裁费;

f. 投保人、被保险人或其允许的驾驶人知道保险事故发生后,故意或者因重大过失未及时通知,致使保险事故的性质、原因、损失程度等难以确定的,保险人对无法确定的部分,不承担赔偿责任,但保险人通过其他途径已经及时知道或者应当及时知道保险事故发生的除外;

g. 精神损害抚慰金;

(5)投保方式:责任限额由投保人和保险人在投保时协商确定。而投保方式可选择下列任一方式投保或选择同时投保:

a. 按驾驶人座位数投保；

b. 按被保险机动车核定的载客数(驾驶人座位除外)投保乘客座位。

(二)主要附加险条款解读

附加险条款的法律效力优于主险条款。附加险条款未尽事宜，以主险条款为准。除附加险条款另有约定外，主险中的责任免除、免赔规则、双方义务同样适用于附加险。

2020 版《示范条款》虽然也有 11 种附加险，但只保留了 2014 版《示范条款》中的五个附加险：车身划痕损失险 、新增设备损失险、修理期间费用补偿险、车上货物责任险和精神损害抚慰金责任险；取消了 2014 版《示范条款》中的五个附加险并将其纳入主险责任中，被取消的附加险为：玻璃单独破碎险、自燃损失险、发动机涉水损失险、不计免赔险、机动车损失保险无法找到第三方特约险；删除了 2014 版《示范条款》中的一个附加险，即指定修理厂险。另外，2020 版《示范条款》新增了六个附加险，即：绝对免赔率特约条款、车轮单独损失险、发动机进水损坏除外特约条款、法定节假日限额翻倍险、医保外医疗费用责任险和机动车增值服务特约条款。

1 车身划痕损失险

1)保险责任

保险期间内，被保险机动车在被保险人或被保险机动车驾驶人使用过程中，发生无明显碰撞痕迹的车身划痕损失，保险人按照保险合同约定负责赔偿。

2)投保

(1)投保了车损险的机动车，方可投保本附加险。

(2)保险金额为 2000 元、5000 元、10000 元或 20000 元，由投保人和保险人在投保时协商确定。

3)免除责任

(1)被保险人及其家庭成员、驾驶人及其家庭成员的故意行为造成的损失；

(2)因投保人、被保险人与他人的民事、经济纠纷导致的任何损失；

(3)车身表面自然老化、损坏，腐蚀造成的任何损失；

注意：删除了 2014 版《示范条款》中规定的 15% 的绝对免赔率。

4)注意问题

(1)车身表面被划伤最常见的方式有二种情况，其一是在停车期间被人用硬物划伤漆面;其二是由于驾驶技术不熟练车身表面被剐蹭。一般只有是新车且是新手驾驶员时才考虑投保该险种。

(2)因保费相对其他附加险而言较贵,性价比不高。

江西省车损划痕损失险费率见表2-11。

车损划痕损失险费率(江西) 表2-11

车辆使用性质	保额(元)	车辆使用年限					
		2年以下			2年及以上		
		新车购置价(元)					
		30万以下	30~50万	50万以上	30万以下	30~50万	50万以上
家庭自用汽车	2000	362.92	530.77	771.20	553.45	816.57	998.03
	5000	517.16	816.57	998.03	771.20	1224.85	1360.95
	10000	689.55	1061.54	1360.95	1179.49	1633.14	1814.60
	20000	1034.32	1614.99	2041.42	1723.87	2358.98	2721.90
企业非营业客车	2000	219.77	321.41	467.01	335.15	494.48	604.37
	5000	313.17	494.48	604.37	467.01	741.72	824.14
	10000	417.56	642.83	824.14	714.25	988.97	1098.85
	20000	626.35	977.98	1236.21	1043.91	1428.51	1648.28
党政机关、事业团体非营业客车	2000	207.00	302.74	439.88	315.68	465.75	569.25
	5000	294.98	465.75	569.25	439.88	698.63	776.25
	10000	393.30	605.48	776.25	672.75	931.50	1035.00
	20000	589.95	921.15	1164.38	983.25	1345.50	1552.50
非营业货车	2000	207.00	302.74	439.88	315.68	465.75	569.25
	5000	294.98	465.75	569.25	439.88	696.63	776.25
	10000	393.30	605.48	776.25	672.75	931.50	1035.00
	20000	589.95	921.15	1164.38	983.25	1345.50	1552.50

续上表

车辆使用性质	保额(元)	车辆使用年限					
		2年以下			2年及以上		
		新车购置价(元)					
		30万以下	30~50万	50万以上	30万以下	30~50万	50万以上
出租、租赁营业客车	2000	342.72	501.23	728.28	522.65	771.12	942.49
	5000	488.38	771.12	942.49	728.28	1156.69	1285.21
	10000	651.17	1002.46	1285.21	1113.85	1542.25	1713.61
	20000	976.76	1525.11	1927.81	1627.93	2227.69	2570.42
城市公交营业客车	2000	342.72	501.23	728.28	522.65	771.12	942.49
	5000	488.38	771.12	942.49	728.28	1156.69	1285.21
	10000	651.17	1002.46	1285.21	1113.85	1542.25	1713.61
	20000	976.76	1525.11	1927.81	1627.93	2227.69	2570.42
公路客运营业客车	2000	342.72	501.23	728.20	522.65	771.12	942.49
	5000	488.38	771.12	942.49	728.28	1156.69	1285.21
	10000	651.17	1002.46	1285.21	1113.85	1542.25	1713.61
	20000	976.76	1525.11	1927.81	1627.93	2227.69	2570.42
营业货车	2000	342.72	501.23	728.28	522.65	771.12	942.49
	5000	488.38	771.12	942.49	728.28	1156.69	1285.21
	10000	651.17	1002.46	1285.21	1113.85	1542.25	1713.61
	20000	976.76	1525.11	1927.81	1627.93	2227.69	2570.42

(3)赔款=实际修复费用-被保险人已从第三方获得的赔偿金额。在保险期间内,累计赔款金额达到保险金额,本附加险保险责任终止。

2 新增加设备损失险

1)新增加设备

新增加设备是指保险车辆出厂时原有各项附属设备外,被保险人另外加装或改装的设备及设施,如加装了高级音响、防盗设备、GPS,加改了真皮或电动座椅、电动升降器、氙气大灯等。

2)保险责任

保险期间内,投保了本附加险的被保险机动车因发生机动车损失保险责任范围内的事故,造成车上新增加设备的直接损毁,保险人在保险单载明的本附加险的保险金额内,按照实际损失计算赔偿。

3)投保

(1)投保了车损险的机动车,方可投保本附加险。

(2)保险金额根据新增加设备投保时的实际价值确定。新增加设备的实际价值是指新增加设备的购置价减去折旧金额后的金额。

新增加设备损失险费率见表2-12。

新增加设备损失险费率 表2-12

	车辆使用性质	费率计算公式
新增加设备损失险	家庭自用汽车	保险金额×(车损险基准纯风险保费÷车损险保险金额)×1.132
	非家庭自用汽车	保险金额×(车损险基准纯风险保费÷车损险保险金额)×1.148

4)赔偿处理

发生保险事故后,保险人依据本条款约定在保险责任范围内承担赔偿责任。赔偿方式由保险人与被保险人协商确定。

赔款=实际修复费用-被保险人已从第三方获得的赔偿金额

3 修理期间费用补偿险

1)保险责任

保险期间内,投保了本条款的机动车在使用过程中,发生机动车损失保险责任范围内的事故,造成车身损毁,致使被保险机动车停驶,保险人按保险合同约定,在保险金额内向被保险人补偿修理期间费用,作为代步车费用或弥补停驶损失。

2)免除责任

下列情况下,保险人不承担修理期间费用补偿:

(1)因机动车损失保险责任范围以外的事故而致被保险机动车的损毁或修理;

(2)非在保险人指定的修理厂修理时,因车辆修理质量不符合要求造成返修;

(3)被保险人或驾驶人拖延车辆送修期间。

注意：删除了2014版条款中“本保险每次事故的绝对免赔额为1天的赔偿金额，不适用主险中的各项免赔率、免赔额约定”。

3)投保

(1)只有在投保了车损险的基础上方可投保本附加险，车损险保险责任终止时，本保险责任同时终止。

(2)保险金额＝补偿天数×日补偿金额。补偿天数及日补偿金额由投保人与保险人协商确定并在保险合同中载明，保险期间内约定的补偿天数最高不超过90天。

(3)保费＝约定的最高赔偿天数×约定的最高日责任限额×6.50%。

4)赔偿处理

全车损失，按保险单载明的保险金额计算赔偿；部分损失，在保险金额内按约定的日赔偿金额乘以从送修之日起至修复之日止的实际天数计算赔偿，实际天数超过双方约定修理天数的，以双方约定的修理天数为准。

保险期间内，累计赔款金额达到保险单载明的保险金额，本附加险保险责任终止。

4 车上货物责任险

1)保险责任

保险期间内，发生意外事故致使被保险机动车所载货物遭受直接损毁，依法应由被保险人承担的损害赔偿责任，保险人负责赔偿。

2)免除责任

(1)偷盗、哄抢、自然损耗、本身缺陷、短少、死亡、腐烂、变质、串味、生锈，动物走失、飞失、货物自身起火燃烧或爆炸造成的货物损失；

(2)违法、违章载运造成的损失；

(3)因包装、紧固不善，装载、遮盖不当导致的任何损失；

(4)车上人员携带的私人物品的损失；

(5)保险事故导致的货物减值、运输延迟、营业损失及其他各种间接损失；

(6)法律、行政法规禁止运输的货物的损失。

注：删除了2014版条款中“本附加险每次赔偿实行20%的绝对免赔率，不适用主险中的各项免赔率、免赔额约定”。

3)投保

(1)投保了机动车第三者责任保险的营业货车(含挂车)，可投保本附加险。

(2)责任限额由投保人和保险人在投保时协商确定。

车上货物责任险费率见表2-13。

车上货物责任险费率　　表2-13

车上货物责任险	车辆使用性质	费率计算公式
	营业货车	责任限额×2.1294%

注意:被保险人索赔时,应提供运单、起运地货物价格证明等相关单据。保险人在责任限额内按起运地价格计算赔偿。

5 精神损害抚慰金责任险

1)保险责任

保险期间内,被保险人或其允许的驾驶人在使用被保险机动车的过程中,发生投保的主险约定的保险责任内的事故,造成第三者或车上人员的人身伤亡,受害人据此提出精神损害赔偿请求,保险人依据法院判决及保险合同约定,对应由被保险人或被保险机动车驾驶人支付的精神损害抚慰金,在扣除机动车交通事故责任强制保险应当支付的赔款后,在本保险赔偿限额内负责赔偿。

2)免除责任

(1)根据被保险人与他人的合同协议,应由他人承担的精神损害抚慰金;

(2)未发生交通事故,仅因第三者或本车人员的惊恐而引起的损害;

(3)怀孕妇女的流产发生在交通事故发生之日起30天以外的。

注:删除了2014版条款中"本附加险每次赔偿实行20%的绝对免赔率,不适用主险中的各项免赔率、免赔额约定"。

3)投保

(1)只有在投保了机动车第三者责任保险或机动车车上人员责任保险的基础上方可投保本附加险。

在投保人仅投保机动车第三者责任保险的基础上附加本附加险时,保险人只负责赔偿第三者的精神损害抚慰金;在投保人仅投保机动车车上人员责任保险的基础上附加本附加险时,保险人只负责赔偿车上人员的精神损害抚慰金。

(2)赔偿限额由保险人和投保人在投保时协商确定。

(3)保费为=每次事故责任限额×0.62%。

6 绝对免赔率特约条款(新增)

1)投保

投保主险时,投保人和保险人可以约定绝对免赔率(5%、10%、15%、20%),具体的绝对免赔率由双方在投保时协商确定,并以保险单载明为准。

一旦约定了绝对免赔率，相对应主险的保费会得到一定的折扣。绝对免赔率特约条款的费率见表2-14。

绝对免赔率特约条款费率 表2-14

险 别	保费计算	
绝对免赔率特约条款	绝对免赔率	附加比例
	5%	-5%
	10%	-10%
	15%	-15%
	20%	-20%

2）赔偿处理

被保险机动车发生主险约定的保险事故，保险人按照主险的约定计算赔款后，扣减本特约条款约定的免赔。

主险实际赔款 = 按主险约定计算的赔款 × (1 - 绝对免赔率)

7 车轮单独损失险(新增)

1）车轮单独损失

车轮单独损失是指未发生被保险机动车其他部位的损失，因自然灾害、意外事故，仅发生轮胎、轮毂、轮毂罩的分别单独损失，或上述三者之中任意二者的共同损失，或三者的共同损失。

2）保险责任

保险期间内，被保险人或被保险机动车驾驶人在使用被保险机动车过程中，因自然灾害、意外事故，导致被保险机动车未发生其他部位的损失，仅有车轮(含轮胎、轮毂、轮毂罩)单独的直接损失，且不属于免除保险人责任的范围，保险人依照本附加险合同的约定负责赔偿。

3）责任免除

(1)车轮(含轮胎、轮毂、轮毂罩)的自然磨损、朽蚀、腐蚀、故障、本身质量缺陷；

(2)未发生全车盗抢，仅车轮单独丢失。

4）投保

(1)投保了机动车损失保险的机动车，可投保本附加险。

(2)保险金额由投保人和保险人在投保时协商确定。

根据各公司情况自行制定各车辆使用性质附加比例，基准纯风险保费 = 机动车损失保险基准纯风险保费 × 附加比例。

5)赔偿处理

(1)发生保险事故后,保险人依据本条款约定在保险责任范围内承担赔偿责任。赔偿方式由保险人与被保险人协商确定;

(2)赔款＝实际修复费用－被保险人已从第三方获得的赔偿金额;

(3)在保险期间内,累计赔款金额达到保险金额,本附加险保险责任终止。

8 发动机进水损坏除外特约条款(新增)

1)投保

(1)投保了车损险的机动车,可投保本附加险。

(2)投保车损险时,投保人和保险人可以约定被保险机动车在使用过程中,因发动机进水后导致的发动机的直接损毁,保险人不负责赔偿。

一旦约定了该条款,车损险的保费会得到一定的折扣。附加比例见表2-15。

发动机进水损坏除外特约条款的附加比例 表2-15

	地区	附加比例							
		家用车	企业车	机关车	出租租赁	城市公交	公路客运	非营业货车	营业货车
发动机损坏除外特约条款	沿海地区	-1.4884%	-2.2433%	-1.7219%	-1.5930%	-0.3143%	-0.2967%	-0.4570%	-0.4643%
	非沿海地区	-0.8070%	-1.2206%	-0.9346%	-0.8641%	-0.3143%	-0.2967%	-0.4570%	-0.4643%
	费率计算公式	基准纯风险保费＝机动车损失保险基准纯风险保费×附加比例							

基准纯风险保费＝机动车损失保险基准纯风险保费×附加比例

2)赔偿处理

保险期间内,投保了本附加险的被保险机动车在使用过程中,因发动机进水后导致的发动机的直接损毁,保险人不负责赔偿。

9 法定节假日限额翻倍险(新增)

1)法定节假日

法定节假日包括:中华人民共和国国务院规定的元旦、春节、清明节、劳动节、端午节、中秋节和国庆节放假调休日期,及星期六、星期日,具体以国务院公布的文件为准。

法定节假日不包括：

(1)因国务院安排调休形成的工作日；

(2)国务院规定的一次性全国假日；

(3)地方性假日。

2)投保

(1)投保了机动车第三者责任保险的家庭自用汽车,可投保本附加险。

(2)根据被保险机动车车辆使用性质、车辆种类、基础责任限额、翻倍责任限额直接查询基准纯风险保费。

江西省法定节假日限额翻倍险费率见表2-16。

法定节假日限额翻倍保险费率(江西)　　表2-16

车辆使用性质	车辆种类	基础限额	10万	15万	20万	30万	50万	100万	150万
		翻倍限额	20万	30万	40万	60万	100万	200万	300万
家庭自用汽车	6座以下		27.75	30.09	32.88	35.56	40.71	49.74	55.56
	6~10座		32.83	35.60	38.91	42.08	48.17	58.85	65.74
	10座以上		32.83	35.60	38.91	42.08	48.17	58.85	65.74
车辆使用性质	车辆种类	基础限额	200万	300万	400万	500万	600万	800万	1000万
		翻倍限额	400万	600万	800万	1000万	1200万	1600万	2000万
家庭自用汽车	6座以下		60.73	70.79	80.63	90.26	99.69	117.93	135.33
	6~10座		71.87	83.75	95.40	106.80	117.95	139.53	160.13
	10座以上		71.87	83.75	95.40	106.80	117.95	139.53	160.13
备注	如果基础限额为200万元以上、且未在上表列示,则基准纯风险保费=(N-4)×(A-B)×(1-N×0.005)+A,式中A指同档次基础限额为200万元时的基准纯风险保费,B指同档次基础限额为150万元时的基准纯风险保费;N=基础限额/50万元,基础限额必须是50万元的整数倍								

3)保险责任

保险期间内,被保险人或其允许的驾驶人在法定节假日期间使用被保险机动车发生机动车第三者责任保险范围内的事故,并经公安部门或保险人查勘确认的,被保险机动车第三者责任保险所适用的责任限额在保险单载明的基础上增加一倍。

10 医保外医疗费用责任险(新增)

1)特需医疗类费用

特需医疗类费用指医院的特需医疗部门/中心/病房,包括但不限于特需医疗部、外宾医疗部、VIP部、国际医疗中心、联合医院、联合病房、干部病房、A级病房、家庭病房、套房等不属于社会基本医疗保险范畴的高等级病房产生的费用,以及名医门诊、指定专家团队门诊、特需门诊、国际门诊等产生的费用。

2)保险责任

保险期间内,被保险人或其允许的驾驶人在使用被保险机动车的过程中,发生主险保险事故,对于被保险人依照中华人民共和国法律(不含港澳台地区法律)应对第三者或车上人员承担的医疗费用,保险人对超出《道路交通事故受伤人员临床诊疗指南》和国家基本医疗保险同类医疗费用标准的部分负责赔偿。

3)责任免除。

下列损失、费用,保险人不负责赔偿:

(1)在相同保障的其他保险项下可获得赔偿的部分;

(2)所诊治伤情与主险保险事故无关联的医疗、医药费用;

(3)特需医疗类费用。

4)投保

(1)投保了机动车第三者责任保险或机动车车上人员责任保险的机动车,可投保本附加险。

(2)赔偿限额由投保人和保险人在投保时协商确定并在保险单中载明,且根据各公司情况自行制定基准纯风险保费。

5)赔偿处理

被保险人索赔时,应提供由具备医疗机构执业许可的医院或药品经营许可的药店出具的、足以证明各项费用赔偿金额的相关单据。保险人根据被保险人实际承担的责任,在保险单载明的责任限额内计算赔偿。

11 机动车增值服务特约条款(新增)

机动车增值服务特约条款包括道路救援服务特约条款、车辆安全检测特约条款、代为驾驶服务特约条款、代为送检服务特约条款共四个独立的特约条款。

投保了机动车保险后,可投保本特约条款。投保人可以选择投保全部特约条款,也可以选择投保其中部分特约条款。保险人依照保险合同的约定,按照承保特约条款分别提供增值服务。

1)道路救援服务特约条款

(1)服务范围。保险期间内,被保险机动车在使用过程中发生故障而丧失行驶能力时,保险人或其受托人根据被保险人请求,向被保险人提供如下道路救援服务。

①单程50公里以内拖车;

②送油、送水、送防冻液、搭电;

③轮胎充气、更换轮胎;

④车辆脱离困境所需的拖拽、吊车。

(2)责任免除。

①根据所在地法律法规、行政管理部门的规定,无法开展相关服务项目的情形;

②送油、更换轮胎等服务过程中产生的油料、防冻液、配件、辅料等材料费用;

③被保险人或驾驶人的故意行为。

(3)责任限额。保险期间内,保险人提供2次免费服务,超出2次的,由投保人和保险人在签订保险合同时协商确定,分为5次、10次、15次、20次四档。

2)车辆安全检测特约条款

(1)服务范围。保险期间内,为保障车辆安全运行,保险人或其受托人根据被保险人请求,为被保险机动车提供车辆安全.检测服务,车辆安全检测项目包括:

①发动机检测(机油、空滤、燃油、冷却等);

②变速器检测;

③转向系统检测(含车轮定位测试、轮胎动平衡测试);

④底盘检测;

⑤轮胎检测;

⑥汽车玻璃检测;

⑦汽车电子系统检测(全车电控电器系统检测);

⑧车内环境检测;

⑨蓄电池检测;

⑩车辆综合安全检测。

(2)责任免除。

①检测中发现的问题部件的更换、维修费用;

②洗车、打蜡等常规保养费用;

③车辆运输费用。

(3)责任限额。保险期间内,本特约条款的检测项目及服务次数上限由投保人和保险人在签订保险合同时协商确定。

3)代为驾驶服务特约条款

(1)服务范围。保险期间内,保险人或其受托人根据被保险人请求,在被保险人或其允许的驾驶人因饮酒、服用药物等原因无法驾驶或存在重大安全驾驶隐患时提供单程30公里以内的短途代驾服务。

(2)责任免除。根据所在地法律法规、行政管理部门的要求,无法开展相关服务项目的情形。

(3)责任限额。保险期间内,本特约条款的服务次数上限由投保人和保险人在签订保险合同时协商确定。

4)代为送检服务特约条款

(1)服务范围。保险期间内,按照《中华人民共和国道路交通安全法实施条例》,被保险机动车需由机动车安全技术检验机构实施安全技术检验时,根据被保险人请求,由保险人或其受托人代替车辆所有人进行车辆送检。

(2)责任免除。

①根据所在地法律法规、行政管理部门的要求,无法开展相关服务项目的情形;

②车辆检验费用及罚款;

③维修费用。

(三)驾乘人员意外伤害保险(简称:驾意险)条款解读

意外险近年来飞速发展、已成为保险市场备受关注的险种之一。2020版《示范条款》首次将车险与意外险产品进行融合而推出“驾乘人员意外伤害保险”,驾乘人员意外伤害保险的出台不仅为消费者带来更大的保护和安全感,同时,也对保险公司的管理和经营提出了更高要求,并要求保险公司培养更加专业的车险和意外险综合管理人员。

1 本保险合同中的当事人和关系人

保险人和投保人称为保险合同的当事人,而被保险人和受益人称为保险合同的关系人。而驾乘人员意外伤害保险中的投保人、被保险人及受益人与一般意外伤害保险略有区别。

1) 投保人

本保险合同中的投保人应为具有完全民事行为能力的被保险人本人、对被保险人有保险利益的其他人。

2) 被保险人

本保险合同的被保险人应为身体健康、能正常工作或正常生活的自然人。

特别提示

与普通意外险的区别

1. 投保方式随车不随人，驾乘人员意外险与投保时载明的车辆捆绑。

2. 被保险人无年龄限制，以不记名形式投保，人数以保单载明的核定座位人数为限。

3. 投保人有年龄、精神状况及保险利益限制，一般为车主本人。

3) 受益人

驾乘人员意外伤害保险的受益人分身故保险金受益人、伤残保险金和医疗保险金受益人两种。

伤残保险金和医疗保险金的受益人为被保险人本人。由于被保险人是以不记名形式投保的，所以，身故保险金受益人（可以一人或数人）由被保险人或投保人或监护人指定。若投保人指定受益人的，须经被保险人书面同意；若被保险人为无民事行为能力人或限制民事行为能力人的，应由其监护人指定身故保险金受益人。

被保险人死亡后，有下列情形之一的，保险金作为被保险人的遗产，由保险人依照《中华人民共和国继承法》的规定履行给付保险金的义务：

(1) 没有指定受益人，或者受益人指定不明无法确定的；

(2) 受益人先于被保险人死亡，没有其他受益人的；

(3) 受益人依法丧失受益权或者放弃受益权，没有其他受益人的。

受益人与被保险人在同一事件中死亡，且不能确定死亡先后顺序的，推定受益人死亡在先。

注意：身故保险金受益人可以变更，由被保险人或投保人或监护人进行变更，但变更需书面通知保险人，由保险人在本保险合同上批注。

若投保人变更身故保险金受益人的，应经被保险人书面同意；若被保险人为无民事行为能力人或限制民事行为能力人的，应由其监护人变更身故保险金受益人。

2 驾意险的保险责任

保险期间内,被保险人驾驶或乘坐保险单载明车牌号码的机动车辆,在车辆使用过程中因遭受自然灾害、意外事故导致身故、伤残或医疗费用支出的,保险人依照下列约定给付保险金。

特别提示

名 词 释 义

1. 机动车辆指在中华人民共和国境内(不含港、澳、台地区)行驶,以动力装置驱动或者牵引,上道路行驶的供人员乘用或者用于运送物品以及进行专项作业的轮式车辆(含挂车)、履带式车辆和其他运载工具,但不包括摩托车、拖拉机、特种车。

2. 车辆使用过程指保险单载明车牌号码的机动车作为一种工具被使用的整个过程,包括行驶、停放及作业,但不包括在营业场所被维修养护期间、被营业单位拖带或被吊装等施救期间。

3. 自然灾害指对人类以及人类赖以生存的环境造成破坏性影响的自然现象,包括雷击、暴风、暴雨、洪水、龙卷风、冰雹、台风、热带风暴、地陷、崖崩、滑坡、泥石流、雪崩、冰陷、暴雪、冰凌、沙尘暴、地震及其次生灾害等。

4. 意外伤害指以外来的、突发的、非本意的、非疾病的客观事件为直接且单独的原因致使身体受到的伤害。

1)身故保险责任

在保险期间内,被保险人驾驶或乘坐保险单载明车牌号码的机动车辆,在车辆使用过程中因遭受自然灾害、意外事故,并自事故发生之日起一百八十日内因该事故身故的,保险人按意外伤害保险金额给付身故保险金,对该被保险人的保险责任终止。

注意:被保险人因遭受道路交通事故且自该事故发生日起下落不明,后经人民法院宣告死亡的,保险人按意外伤害保险金额给付身故保险金。但若被保险人被宣告死亡后生还的,保险金受领人应于知道或应当知道被保险人生还后三十日内退还保险人给付的身故保险金。

2)伤残保险责任

在保险期间内,被保险人驾驶或乘坐保险单载明车牌号码的机动车辆,在车辆使用过程中因遭受自然灾害、意外事故，并自该事故发生之日起一百八十日内因该事故造成《人体损伤致残程度分级》所列伤残之一的，保险人按该表所列给付比例乘以意外伤害保险金额给付伤残保险金。如第一百八十日治疗仍未结束的，以治疗终结、伤情稳定后进行客观评残，其结果为依据给付保险金。

当同一保险事故造成两处或两处以上伤残时，应首先对各处伤残程度分别进行评定，如果几处伤残等级不同，以最重的伤残等级作为最终评定结论；如果最重的两处或两处以上伤残等级相同，伤残等级在原评定基础上最多晋升一级，最高晋升至第一级。同一部位和性质的伤残，不应采用《人体损伤致残程度分级》条文两条以上或者同一条文两次以上进行评定。

被保险人如在本次保险事故之前已有伤残，保险人按合并后的伤残程度在《人体损伤致残程度分级》中所对应的给付比例给付伤残保险金，但应扣除原有伤残程度在《人体损伤致残程度分级》所对应的给付比例给付伤残保险金。

注意：人体损伤致残程度分级指最高人民法院、最高人民检察院、公安部、国家安全部、司法部于 2016 年《关于发布 <人体损伤致残程度分级> 的公告》中所公布的《人体损伤致残程度分级》。

3）医疗保险责任

本保险期间内，被保险人驾驶或乘坐保险单载明车牌号码的机动车辆，在车辆使用过程中因遭受自然灾害、意外事故导致意外伤害，并因此在符合本保险合同释义的医院（以下简称“释义医院”）进行治疗，保险人就其自事故发生之日起一百八十日内实际支出的未超出《道路交通事故受伤人员临床诊疗指南》和国家基本医疗保险同类医疗费用标准的必要、合理的医疗费用，在意外伤害医疗保险金额内负责赔偿。

注意：医院指保险人与投保人约定的定点医院，未约定定点医院的，则指经中华人民共和国卫生部门评审确定的二级或二级以上的公立医院，但不包括主要作为诊所、康复、护理、休养、静养、戒酒、戒毒等或类似的医疗机构。该医院必须具有符合国家有关医院管理规则设置标准的医疗设备，且全天二十四小时有合格医师及护士驻院提供医疗及护理服务。

3 驾意险的责任免除

1）被保险人作为驾驶人时存在下列情形之一的，保险人对该被保险人不承担给付保险金责任：

（1）饮酒、吸食或注射毒品、服用国家管制的精神药品或者麻醉药品；

（2）无驾驶证，驾驶证被依法扣留、暂扣、吊销、注销期间；

(3)驾驶与驾驶证载明的准驾车型不相符合的机动车;

(4)竞赛、测试期间;

(5)发生保险事故时保险单载明车牌号码的机动车行驶证、号牌被注销。

2)下列原因导致的被保险人身故、伤残的,保险人不承担给付保险金责任:

(1)投保人、被保险人或驾驶人故意制造保险事故;

(2)被保险人自致伤害或自杀,但被保险人自杀时为无民事行为能力人的除外;

(3)因被保险人挑衅或故意行为而导致的打斗、被袭击或被谋杀;

(4)被保险人妊娠、流产、分娩、疾病、药物过敏、中暑、猝死;

(5)被保险人故意犯罪或者抗拒依法采取的刑事强制措施;

(6)保险单载明车牌号码的机动车被转让、改装、加装或改变使用性质等,导致保险单载明车牌号码的机动车危险程度显著增加,且未及时通知保险人,因危险程度显著增加而发生保险事故的。

3)下列损失和费用,保险人不承担给付保险金责任:

(1)所诊治伤情与保险事故无关联的医疗、医药费用;

(2)超出《道路交通事故受伤人员临床诊疗指南》和国家基本医疗保险同类医疗费用标准的费用部分;

(3)不以器官功能恢复为目的的整容、矫形手术、植入材料支付的医疗费用;

(4)预防类、保健类、心理治疗类医疗费用;

(5)交通费、伙食费、误工费、丧葬费;

(6)投保人、被保险人或受益人知道保险事故发生后,故意或者因重大过失未及时通知,致使保险事故的性质、原因、损失程度等难以确定的,保险人对无法确定的部分,不承担赔偿责任,但保险人通过其他途径已经及时知道或者应当及时知道保险事故发生的除外;

(7)保险金申请人未能提供有关材料,导致保险人无法核实该申请的真实性的,保险人对无法核实部分不承担给付保险金的责任。

4 驾意险的保险金额

驾意险的保险金额分为意外伤害保险金额、意外伤害医疗保险金额,由投保人、保险人双方约定,并在保险单中载明。

保险期间内,身故保险金、伤残保险金的保险金累计给付金额以保险单载明的意外伤害保险金额为限。

5 驾意险的保险金给付

(1)被保险人身故前保险人已给付伤残保险金的,身故保险金应扣除已给付的伤残保险金。

(2)在保险期间内,被保险人如果已从其他途径获得补偿,则保险人只承担合理医疗费用剩余部分的意外伤害医疗保险金给付责任。

被保险人不论一次或多次发生意外伤害保险事故,保险人均按第六条(三)规定分别给付意外伤害医疗保险金。

注意:第六条(三)医疗保险责任:本保险期间内,被保险人驾驶或乘坐保险单载明车牌号码的机动车辆,在车辆使用过程中因遭受自然灾害、意外事故导致意外伤害,并因此在符合本保险合同释义的医院(以下简称"释义医院")进行治疗,保险人就其自事故发生之日起一百八十日内实际支出的未超出《道路交通事故受伤人员临床诊疗指南》和国家基本医疗保险同类医疗费用标准的必要、合理的医疗费用,在意外伤害医疗保险金额内负责赔偿。

(3)被保险人发生保险事故,导致以此给付金额达到保险金额,保险人按本合同约定给付保险金后,本保险责任终止,保险人不退还驾乘人员意外伤害保险及其附加险的保险费。

6 驾意险的附加险

驾意险的附加险有住院津贴保险和医保外医疗费用补偿险两种。

注意:附加险条款的法律效力优于主险条款。附加险条款未尽事宜,以主险条款为准。除附加险条款另有约定外,主险中的责任免除、双方义务同样适用于附加险。主险保险责任终止的,其相应的附加险保险责任同时终止。

1)住院津贴保险

(1)保险责任。保险期间内,发生主险保险事故,并自事故发生之日起一百八十日内因该事故在医院进行住院治疗,保险人就被保险人的合理住院天数,按照保险单载明的意外伤害住院津贴日额计算给付"意外伤害住院津贴保险金"。

被保险人多次遭受自然灾害、意外事故进行住院治疗,保险人均按上述规定分别给付意外伤害住院津贴保险金,但保险人一次或多次累计给付意外伤害住院津贴保险金的天数以一百八十天为限,当累计给付天数达到一百八十天时,本附加保险合同对被保险人的保险责任终止。

(2)保险金额。住院津贴日额由投保人、保险人双方约定,并在保险单中载明。

2)医保外医疗费用补偿险

(1)保险责任。保险期间内,发生主险保险事故,被保险人需要入院进行治疗,保险人对超出《道路交通事故受伤人员临床诊疗指南》和国家基本医疗保险同类医疗费用标准的部分进行补偿。

(2)保险金额。保险金额由投保人和保险人在投保时协商确定,并在保险单中载明。

(3)责任免除。下列损失、费用,保险人不负责赔偿:

①被保险人的损失在相同保障的其他保险项下可获得赔偿的部分;

②所诊治伤情与主险保险事故无关联的医疗、医药费用;

③特需医疗类费用。

注意:特需医疗类费用指医院的特需医疗部门/中心/病房,包括但不限于特需医疗部、外宾医疗部、VIP 部、国际医疗中心、联合医院、联合病房、干部病房、A 级病房、家庭病房、套房等不属于社会基本医疗保险范畴的高等级病房产生的费用,以及名医门诊、指定专家团队门诊、特需门诊、国际门诊等产生的费用。

单元小结

(1)在交强险实施前,在第三者责任保险中包含了强制险部分,例如上海地区为 4 万元。

(2)从 2020 年 9 月 19 日起,保险公司已执行 2020 版《示范条款》和 2020 版《交强险条款》,并执行新的保险费率。

(3)交强险已于 2006 年 7 月 1 日正式实施。2020 版交强险赔偿限额为 20 万元,其中,死亡伤残赔偿限额在有责任时为 18 万元而在无责任时为 1.8 万元;医疗费用赔偿限额在有责任时为 1.8 万元而在无责任时为 0.18 万元;财产损失赔偿限额在有责任时为 2000 元而在无责任时为 100 元。

(4)在投保交强险时,保险公司要代收车船税。交强险赔偿的对象为第三者,但必须是保险公司承认的"第三者",即车下的第三者或车下的投保人。

(5)在驾驶人未取得驾驶资格或者未取得相应驾驶资格的、醉酒、服用国家管制的精神药品或者麻醉药品驾驶的和被保险人或实际驾驶员故意制造道路交通事故的三种情形下,交强险不负责赔偿财产损失,只在交强险保险责任限额内垫付人身伤亡费用但有权向致害人追偿;在被保险机动车在被盗抢期间肇事的情形下,交强险不负责赔偿财产损失,只在交强险保险责任限额内垫付医疗抢救费但有权向致害人追偿。

(6)在抢救费用超过机动车交通事故责任强制保险责任限额的、肇事机动车未参加机动车交通事故责任强制保险的和动车肇事后逃逸的三种情形下,第三者的抢救费由道路交通事故社会救助基金先行垫付，救助基金管理机构有权向道路交通事故责任人追偿。

(7)机动车商业保险示范条款的主险包括机动车损失保险、机动车第三者责任保险、机动车车上人员责任保险共三个独立的险种，投保人可以选择投保全部险种，也可以选择投保其中部分险种。

(8)车损险的赔偿对象为被保险车辆在使用过程中由于自然灾害或意外事故造成的车辆本身直接损失、合理施救费用，因全车被盗抢而导致的全车损失或零部件损失。

(9)车损险的保险金额按投保时被保险机动车的实际价值确定。

(10)商三险的赔偿对象为第三者，但必须是商三险承认的“第三者”，即因被保险机动车发生意外事故遭受人身伤亡或者财产损失的人，但不包括被保险机动车本车车上人员、被保险人。

(11)车上人员责任险的赔偿对象为被保险车辆上的车上人员，但必须是车上人员责任险承认的“车上人员”，即发生意外事故的瞬间，在被保险机动车车体内或车体上的人员，包括正在上下车的人员。

(12)2020 版《示范条款》共有 11 种附加险，分别为：绝对免赔率特约条款、车轮单独损失险、新增加设备损失险、车身划痕损失险、修理期间费用补偿险、发动机进水损坏除外特约条款、车上货物责任险、精神损害抚慰金责任险、法定节假日限额翻倍险、医保外医疗费用责任险和机动车增值服务特约条款。

(13)2020 版《示范条款》首次增加了驾乘人员意外伤害保险示范条款。未来还将开发新能源车险、里程保险(UBI)和鼓励开发差异化、专业化、特色化的商车产品。

思考与练习

(一)填空题

1. 2020 版《示范条款》明确约定车损险的保险金额按投保时被保险机动车的________确定。除对特种车、摩托车、拖拉机，单程提车单独设置条款外，其余机动车均采用________的保险条款，且首次以“自然灾害、意外事故”一切险的方式承保车损险。

2. 以前的第三者责任险相当于 2006 年 7 月 1 日后实施的________险和________险。

3.《示范条款》中家庭自用轿车的月折旧率为________。在附加绝对免赔率特约条款中,分________、________、________和________四个档次的绝对免赔率。

4. 驾乘人员意外险保险责任分为________保险责任、________保险责任和________保险责任。

5. 2020 版《示范条款》将 2014 版《示范条款》的主险________删除且并入车损险的保险责任中,但仍然保留了 2014 版《示范条款》中的________个附加险。

(二) 判断题

1. 依据 2020 版《示范条款》,保险车辆发生多次事故,车损险项下累计赔付金额达到保单限额时,保险合同终止。 (　　)

2. 未发生全车盗抢,仅车轮单独丢失的,承保 2020 版保险的,可在车损险项下得到赔偿。 (　　)

3. 依据 2020 版《示范条款》车损险的规定,无法找到第三方的车损项目,加扣 30% 的绝对免赔率。 (　　)

4. 2020 版《机动车综合商业保险示范条款》新增了 2 个可以减低保费的附加险。 (　　)

5. 网约车客户将标的车转交至朋友进行网约车服务。出险驾驶员无网约车的驾驶资格证,出险后,车损险不予赔付。 (　　)

6. 全国版的交强险费率浮动标准实行单挂钩制度。 (　　)

7. 交强险保险单标题下的一条横线为一条黑色直线。 (　　)

8. 违法、违章搭乘人员的人身伤亡,不属于机动车车上人员责任保险的责任免除。 (　　)

(三) 简答题

1. 在什么情况下,保险公司有义务垫付第三者的人身伤亡费用,但不赔偿第三者的财产损失?

2. 在什么情况下,道路救助基金有义务垫付第三者的抢救费及丧葬费?

3. 什么是广义的第三者?交强险与商三险承认的第三者有什么条件?

4. 机动车增值服务特约条款包括哪些?

单元三　车险投保实务

学习目标

1. 熟悉投保、承保、续保、转保和退保的概念；
2. 知道车辆保险的投保流程；
3. 分析最佳投保方案及合同的效力。

建议课时

12 课时。

一　投保流程

张先生(驾龄为0)最近刚买了一辆宝马汽车,张先生所居住的小区有露天停车场,上班时张先生的汽车停在收费的停车场。由于有几个同事同住一小区,所以张先生有时也会搭载同事一起上下班。买保险时,面对众多保险公司五花八门的汽车保险产品,张先生傻眼了,对汽车保险一无所知的他,不知道哪些险种该买,哪些险种不该买,那么张先生该如何投保呢?

客户一般可按图 3-1 所示的程序进行投保。

(一)客户的风险识别与规避

1 车主面临的主要风险

1)自身车辆的损失

(1)损失因意外事故而引起,如:碰撞、倾覆、坠落、外界的火灾或爆炸、外界物体的坠落或倒坍等。

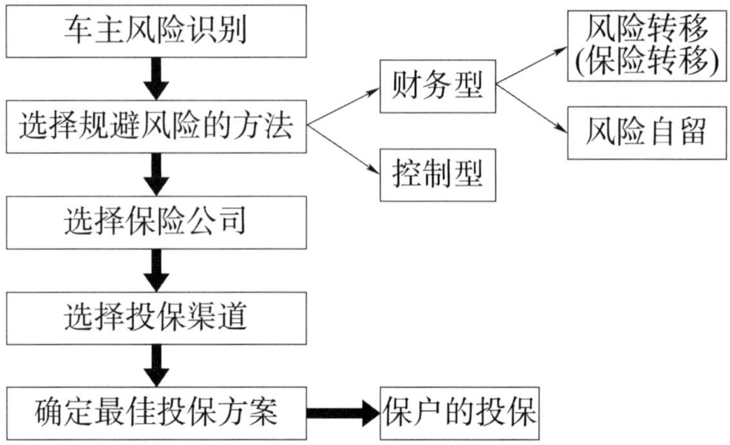

图 3-1　投保的决策过程流程图

(2)损失因自然灾害而引起,如:地震、海啸、洪水、雷击、暴雨、崖崩、滑坡、暴风等。

(3)损失因社会风险而引起,如:被盗抢、暴动、被划等。

(4)损失因政治风险而引起,如:战争、军事冲突、政府征用、动乱、恐怖活动、暴乱、宗教冲突等。

(5)损失因经济风险而引起,如:贬值、修理后价值降低等。

(6)损失因车辆自身原因而引起,如:自然磨损、朽蚀、腐蚀、故障、自燃、车载货物撞击等。

(7)损失因车主或驾驶人自身的原因而引起,如:被扣押、被收缴、被没收、年检问题、发动机进水后操作不当、醉酒驾车、疲劳驾驶等。

2)人员伤亡损失

(1)车主本人的伤亡。

(2)实际驾驶人或乘客的伤亡。

(3)车下人员的伤亡。

3)自身车辆以外的财产损失

(1)事故的施救费用。

(2)车主或实际驾驶人、乘客随身携带的财产损失。

(3)车载货物的损失。

(4)车下第三者遭受的财产(包括车辆)和精神损失。

(5)车主因车辆停驶遭受的利润损失。

(6)公共财产损失,如护栏、电线杆等。

2 常见险种的保障对象

(1)机动车损失险(后简称车损险)。车损险的保障对象是车主自己的车辆在使用过程中由于自然灾害、意外事故或被盗抢造成的车辆本身损失、合理施救费用。

(2)交强险和机动车第三者责任险(后简称商三险)。交强险和商三险的保障对象是车主自己的车辆因意外事故致使第三者人身伤亡或财产损失。

(3)车上人员责任险。车上人员责任险的保障对象是车主自己的车辆在使用过程中因发生意外事故,致使车上人员(但不包括被保险人)遭受的人身伤亡。

(4)绝对免赔率特约条款。若投保时双方给主险约定了免赔率(5%、10%、15%、20%),保险公司在计算赔款时要扣除特约条款约定的免赔。投保该险种的主要目的是为了节省保费。

(5)车轮单独损失险。车轮单独损失险的保障对象是车主自己的车辆在使用过程中由于自然灾害、意外事故导致仅有车轮单独的直接损失(未发生其他部位的损失)。

(6)新增加设备损失险。新增加设备损失险的保障对象是车主自己的车辆因改装所增加的零部件、设备的损坏。

(7)车身划痕损失险。车身划痕损失险的保障对象是车主自己的车辆发生无明显碰撞痕迹的车身划痕损失。

(8)修理期间费用补偿险。修理期间费用补偿险的保障对象是车主自己的车辆因保险事故造成车身损毁致使被保险机动车停驶,补偿修理期间费用,作为代步车费用或弥补停驶损失。

(9)发动机进水损坏除外特约条款。若投保了发动机进水损坏除外特约条款时,保险公司在计算赔款时要扣除车主自己的车辆在使用过程中因发动机进水后导致的发动机的直接损失。投保该险种的主要目的是为了节省保费。

(10)车上货物责任险。车上货物责任险的保障对象是车主自己的车辆因意外事故致使车载货物遭受的直接损失。

(11)精神损害抚慰金责任险。精神损害抚慰金责任险的保障对象是负责赔偿第三者或车上人员的精神损害抚慰金。

(12)法定节假日限额翻倍险。法定节假日限额翻倍险的保障对象是车主自己的私家车因在法定节假日期间使用致使第三者人身伤亡或财产损失时,其商三险的责任限额在保险单载明的基础上增加一倍。

(13)医保外用药责任险。医保外用药责任险的保障对象是负责赔偿第三者或车上人员超出《道路交通事故受伤人员临床诊疗指南》和国家基本医疗保险同类医疗费用标准的部分。

(14)机动车增值服务特约条款。机动车增值服务特约条款的保障对象是保险公司为车主自己的车辆提供道路救援或车辆安全检测或代驾或代送检四个服务。

3 可用保险方法来转移的风险

上述风险如何进行规避呢?用控制型方法还是财务型方法?采用风险自留还是保险转移?一般可参考保险公司的主险、附加险名称,通过列表的方法找出能用保险方法来转移的风险。

4 投保需考虑的主要风险

实际上,很多风险能用保险方法来化解,但从自身的风险特征并考虑经济性出发,有很多险种未必一定需要购买。那么,车主应从哪些方面来考虑是否需要投保呢?

下面向车主推荐一种投保时应考虑的风险思路,具体内容如下。

1)车辆风险因素

(1)汽车的使用性质。车辆属于营业车还是非营业车?营业车属于出租/租赁、城市公交、公路客运或货运还是客货两用?而非营业车属于私家车、非营业个人用车、非营业企业用车还是机关用车?

(2)汽车的使用目的。车辆是用作上班代步、家庭娱乐及社交、从事个人业务、还是商业业务?

(3)汽车的厂牌、型号。车辆的行驶稳定、操纵性能、主、被动安全性能如何?防盗技术如何?价格如何?

(4)汽车的车龄。车辆是新车、旧车还是接近报废的车辆?

(5)汽车的结构改动。车辆是原厂车、新增设备还是改装车?

(6)汽车的行驶区域。车辆行驶的区域是出入境、全国境内还是省级行政区内?有无固定线路?路况如何?

(7)汽车的停车场地。车辆是停放在营业性的停车场地还是固定的停车场地?车位是否固定?场地及周边的治安情况如何?

2)驾驶人的风险因素

(1)驾驶人的年龄(出生日期)。驾驶人是年轻人、中年人还是老年人?

(2)驾驶人的性别。驾驶人是男性还是女性?

(3)驾驶人的职业。

(4)驾驶人的婚姻状态。驾驶人是未婚还是已婚？

(5)驾龄。驾驶人是新手(驾龄3年以内)还是老手？

(6)驾驶人的生活习性。驾驶人是否吸烟或酗酒？是否急性子？是否注重细节？

(7)驾驶人的事故记录。驾驶人有无违章记录？事故记录如何？

(8)附加驾驶人的数量。主要用于识别是否需要和保险公司约定固定驾驶人？

(二)保险公司选择

目前,国内共有财产保险公司87家,其中中资公司65家,外资公司22家。由于外资公司除美亚保险、利宝保险、中航安盟、国泰产险、富邦财险、三星财险等9家公司外均未获得交强险的经营权,所以很少经营汽车保险业务。对于急需购买车险的客户而言,如何在众多的购买渠道和保险公司中做出最符合自己要求的选择至关重要。

1 选择保险公司的方法

衡量一个保险公司的优劣涉及很多因素,不仅要看其资本实力是否雄厚,更要看其服务水平,而且要看是否适合自己的判断标准。可以说,很难有最好的,但却有最适合自己的保险公司。当然,公司的信誉和服务质量是首要考虑的因素。下面介绍一种选择保险公司的思路,如图3-2所示。

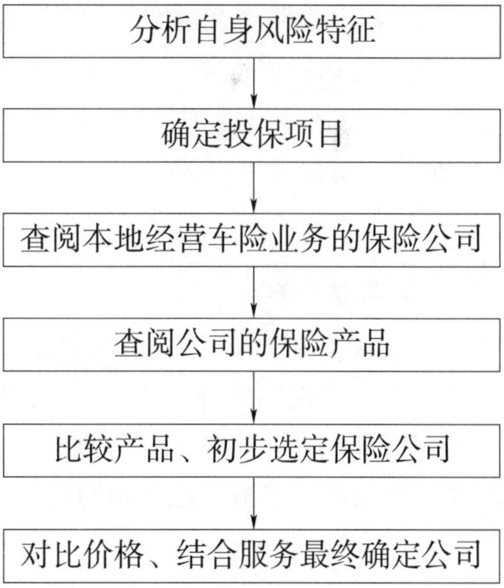

图3-2　选择保险公司的思路

(1)分析自身风险特征:根据自身车辆的特点、驾驶特点、停车场特点、车辆用途等,找出自己的风险所在。

(2)确定投保项目:初步确定需投保的险种及特别需求(车损、车上人员、车载货物、盗抢、停驶损失、新增设备、第三者、约定行驶区域、约定驾驶人等)。

(3)查阅本地有合法资质经营车险业务的保险公司:查出本地经营汽车保险业务的保险公司的地址、电话、网站等,并核实其真实性。

(4)查阅公司的保险产品:查阅本地各公司的险种,找出能解决自身风险特征的保险公司。

(5)比较产品,初步选定保险公司:仔细阅读条款,分清其保障范围,将自身的风险特征与实际保障范围进行对比,初步选定保险公司。

(6)对比价格,结合个性化服务最终确定保险公司:对保险公司产品的价格进行对比并结合保险公司推出的个性化服务,最终确定适合自身要求的保险公司。

2 选择保险公司应考虑的因素

(1)要有合法资质且经营车险业务。

(2)信誉及口碑要良好。

注意:市场知名度高的公司其信誉不一定就高。

(3)服务网络是否全国化。因为汽车是流动性风险,当在异地出险时,只有在全国各地建立服务网络的保险公司才能实现全国通赔(就地理赔),这样可省却客户的不少麻烦。

(4)汽车保险产品的“性价比”。客户应比较保险公司产品之间的差异,找出能针对自身风险的保险产品,从而达到在最省钱的状态下获得最有用、最安全的保障。如:2009 版条款中,酒后驾车在 C 款的全车盗抢险中属于保险责任;倒车镜、车灯玻璃被碎时,A 款的车损险就赔,而 B、C 款的车损险却不赔。

友情小贴士

1. 好钢要用在刀刃上,花钱要舍得但不能“糊涂”。

2. 为了规范保险市场,防止骗赔的发生,以前实行的直赔服务已被停用。所谓的直赔服务就是车辆出险后,理赔、核赔和领取赔款都由修理公司代替,车主只需将车开到修理公司维修便可以了。

(5)费率优惠和无赔款优待的规定。尽管保监会有最高限价 7 折的规定,但实际的费率和无赔款优待方面的规定在各保险公司之间仍存在差异。

费率优惠主要看打几折,但是价格打折的同时还要看其服务是否也跟着打了折扣。只有价格打折而服务却不打折时,车主才算买到了性价比高的车险。而续保主要看其无赔款优待的规定。

(6)增值和个性化服务。

查一查

1. 本地区的财产保险公司各推出了哪些个性化服务？

2. 本地区的财产保险公司费率各有哪些优惠？

3 选择保险公司常见的几个误区

1）谁的保费便宜就选谁

首先，由于汽车保险是无形的，需要通过服务才能感觉到它的存在，对车主来讲，购买汽车保险不能只重价格，服务才是更重要的。车险服务主要体现在出险后的理赔服务和一些特色服务上。

其次，由于保险公司已统一使用2020版《示范条款》，所以，在价格上相差并不大。

再次，价格便宜的保险公司，往往在理赔等服务方面会打折。

特别提示

既然保费、条款并无多大差异，最好在一家保险公司投保包括交强险在内的各种险种，以免理赔时辛苦奔波。

2）专挑规模大、知名度高的保险公司投保。

大、小型保险公司的优缺点比较见表3-1。

保险公司优缺点比较　　表3-1

类　型	优　点	缺　点
大型保险公司	1. 已经建立了比较完善的理赔网络，拥有了一支较成熟的理赔队伍，一旦出险，能够保证在较短时间内赶到现场查勘，协助处理事故； 2. 服务网点多，即使在异地出险，也可以及时查勘，甚至实现就地理赔（全国通赔）	1. 保费一般较高； 2. 由于大公司的客户较多，所谓“店大欺客”，所以有时也会出现服务理赔效率低的情况

续上表

类　　型	优　　点	缺　　点
小型保险公司	1. 保费一般相对较低; 2. 某些小公司虽然在全国份额上不占多数,但是在某些城市却是当地的领先者,如果车辆只在一定区域内行驶,可以着重对比考虑本地的服务和信誉; 3. 由于客户较少,某些小公司可能其服务理赔效率反而比大公司更畅通; 4. 有些小公司的服务也很有特色	1. 理赔网络不健全; 2. 知名度差,服务水平也参差不齐

(三)投保渠道选择

目前,购买车险的渠道很多,不同渠道从保险公司拿到的成本价不同,在市场上代理费率也不同,所以,选择不同渠道购买汽车保险所需的保费是不同的。同时,不同公司的产品保障范围也有所区别。

1 选择购买汽车保险的渠道

投保的渠道如图3-3所示。

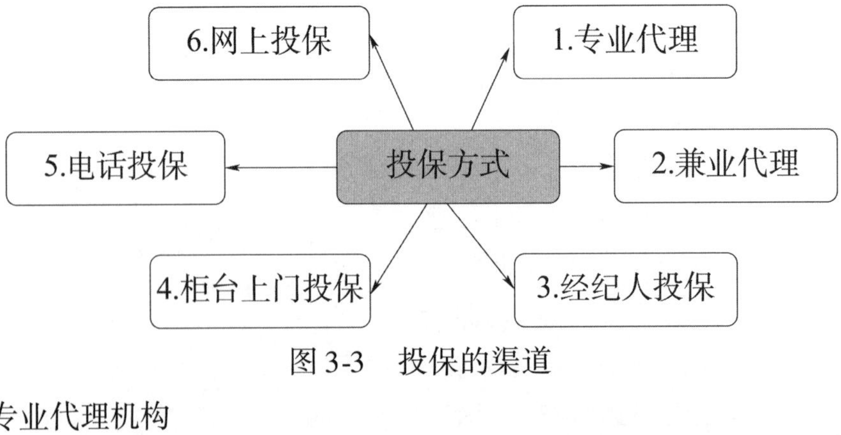

图3-3　投保的渠道

1)专业代理机构

专业代理机构是指主营业务为代卖保险公司的保险产品的保险代理公司。

截至2019年年底，全国共有保险代理公司1765家，其中，保险中介集团5家、保险专业代理机构1760家。

友情小贴士

中国商业零售领域的第一家全国专业保险代理公司

2014年2月17日，保监会批准成立苏宁保险销售有限公司，由苏宁云商出资9000万元、苏宁电器出资3000万元，注册资金1.2亿元。

采用O2O营销模式。苏宁推出线上线下融合战略，依靠现有的保险频道的运营基础，在实体店中引入保险产品和服务，将电子商务与实体店相结合，为客户提供一站式的保险服务，进一步发挥O2O的优势。

2）兼业代理

兼业代理是指受保险人委托，在从事自身业务的同时，指定专人为保险人代办保险业务的单位。

保险兼业代理在我国目前保险销售体系中占有重要的地位。截至2018年年底，保险兼业代理机构有3.2万家，兼业代理网点22万余家，保险公司营销员的数量在2017年达到峰值后，2018年稍稍又回落到764万人。

汽车经销商、维修商代理模式是车险营销的主要模式，主导车险市场70%的市场份额。兼业代理模式的优势在于网点众多、接触客户广泛，业务量大；缺点在于保险公司容易受制于兼业代理，手续费不断攀升，加上二者关系松散，兼业代理误导和违规行为很难控制，容易游离于监管之外。

目前，汽车保险已成为一些汽车销售商修理商主要利润来源之一。这种方式的弊端很明显。首先，从买保险到发生保险事故索赔的整个过程中，被保险人可能都不用和保险人联系，报案、索赔、领取赔款的人都不是被保险人，而是4S店和修理商，这种被称为“直赔”的方式以前在保险业被极为普遍。直赔很大程度上方便了被保险人，免去了被保险人要先支付修车款，再向保险公司索赔的烦琐过程，因此受到客户的青睐，也是各保险公司提升服务品牌的举措之一。

此外，这种约定俗成的方式存在极大的法律缺陷，也给保险公司带来了一系列的道德风险——让保险公司受制于4S店等兼业代理机构，为兼业代理机构谋取不正当利益提供了空间。我们知道，兼业代理机构收取保险佣金是其代卖保险的利润来源。在保险产品普遍同质化、保险理赔模式雷同化的前提下，客户选择保险公司的最终决定因素就是人的主观性——选择一家与自己有私人关系的公司或者佣金回报高的公司,私人关系最终还是以利益的多少来衡量。所以,在几家保险公司同时争抢同一家保险代理人时,这种竞争方式本身就逼迫保险公司采取降价的方式争取客户。

这种兼业代理的模式一方面为车险营销扩大市场份额提供了有效渠道,另一方面也为保险市场的恶性竞争埋下了伏笔。

友情小贴士

汽车保险中常见的兼业代理

1. 汽车经销商(如4S店);
2. 汽车修理厂;
3. 汽车快修店;
4. 汽车美容店;
5. 道路检查机构等。

3)经纪人投保

经纪人是指基于投保人的利益,为投保人和保险人订立保险合同提供中介服务并依法收取佣金的保险经纪公司。

截至2018年底,全国共有保险经纪公司505家,保险经纪公司实现保费收入1413.5亿元,同比增长54.0%,占全国总保费收入的4.0%。

4)柜台(上门)投保

柜台投保是指亲自到保险公司的对外营业窗口投保。

5)电话投保

电话投保是指通过拨打保险公司的服务电话进行投保。

2006年中国平安保险公司率先推出电话营销这一新型营销模式,随之各大保险公司陆续推出。电话营销的车险具有省钱、便捷、可靠的三大优势。例如,中国平安财产保险股份有限公司推出的电话销售的车险产品,车主只要拨打电话就可享受到低于其他渠道15%的车险投保费率。而且,由于保险公司与车主直接交易,省去了购买车险的中间环节,兼具价格与服务的双重优势。这一销售模式也打破了长期以来4S店等中介机构销售车险的垄断局面。

电话营销不仅符合市场多元化需求,更是市场走向有序竞争的产物。从全行业角度来看,集中式管理的电销业务,由于实行的是集中管理和统一运作,会有效促进车险业务的规范、有序发展,起到维护市场规范的作用。电话营销的缺陷主要是语境缺失和对推销商本人及其提供的情报缺乏全面的了解。不在场条件下的沟通困境主要来自电话的另一端连接的是一个虚拟化的世界，这种虚拟化情节没有在场的语境难以消除。

电销由于采用‘集中销售，当地理赔’的地空结合的投保方式，即由电销中心负责询价、报价、出单等流程；而送单、理赔等环节由当地分公司负责，至2016年达到峰值共计有33家财产保险公司全面参与电销。但随着2015年《关于深化商业车险条款费率管理制度改革的意见》实施和银保监会重拳打击财险市场乱象后，电销业务出现大退潮，中小险企正在逐步退出车险电销市场。

6）网上投保

网上投保是指客户在保险公司设立的专用网站（电子商务平台）上发送投保申请，保险公司在收到申请后电话联系客户进行确认的一种投保方式。

网上保险通过网络实现投保、核保、理赔、给付。客户在保险公司网站选定保险业务，然后由业务员上门签订正式合同。

真正意义上的网上保险意味着实现电子交易，即通过网络实现投保、核保、理赔、给付。现在虽然各保险公司都推出了自己的网站，主要内容却大都局限于介绍产品、介绍公司的背景，并与客户进行网上交流，宣传自己，用于扩大影响。

除电销渠道连续多年超高速发展外，网销也在2011年异军突起。2011年共有8家保险公司开展“全流程”的网络销售，保费收入超过50亿元。随后几年网销保费以每年超过100%的增速奋起直追，已超过电销成为发展最快的渠道。但在2015年《关于深化商业车险条款费率管理制度改革的意见》实施后，因网销价格优势消失且线上、线下的产品差异逐渐缩小，导致网络销售渠道失去了原来的优势，互联网渠道车险的保费收入大幅下降。2019年，我国互联网车险保费收入为274.52亿元，同比下跌25.55%。2020年上半年，共计42家公司开展互联网车险业务，累计保费收入共111.72亿元，同比下降24.34%。未来，互联网车险业务渠道来源将从保险公司PC官网向自营移动端（如移动App、微信等）转变。

网销有以下优点。

（1）便于比较。通过网络，客户可以对同类别的产品，在几家甚至几十家公司中进行筛选，既可以比较保障范围、保费等“硬基础”，更可以比较公司品牌实力、服务保障等“软实力”。

（2）价格便宜。网销保险要比传统销售保险至少节省10%～15%的费用。

（3）减少销售误导。网销一般会先让客户通过保险风险的小测试，了解自身保险的缺乏和购买的重点，最终买什么样的产品还是由客户自己选择。

(4)隐私保密。投保资料中涉及个人信息、财产收入等很多隐私，如果是网销，这些信息只有保险公司知道，减少了信息外漏第三方人员的风险。

(5)快捷出单。传统保险即使保险公司能快速出单，因需业务员来回传送保单周折，客户通常要3~5天才能拿到保险合同。而通过网销渠道投保，既没有传递时间的消耗，也没有体检或生存调查时间的延误。只要满足承保条件，立即会得到保险公司提供的交费链接，而交费成功后，很快就通过E-mail或登录网站获得电子保单，所用，出单时间比其他渠道大大减少。

(6)避免骚扰。客户可以在不受干扰的情况下自主决定是否投保、保多少。这尤其符合80、90后新生代消费习惯。

(7)拒绝捆绑。在网销保险平台中，每种产品基本独立销售，不再有类似主险与附加险等的连带关系，让消费者有充分的选择自由。

特别提示

专属代理人制度，社区门店渠道：EA门店

EA是Exclusive Agent的缩写，意为专属代理人，即只代理一家保险公司的业务。该模式在美国、欧洲、日本等发达国家已非常成熟，在美国，EA销售的保单量甚至占整个保险市场份额的80%以上。

EA门店是一种金融加盟，EA与保险公司之间是代理关系，每个代理人以门店为中心，在保险公司的全方位支持下，独立开展业务、独立核算，对经营成果承担直接责任，且其经营成果可按其价值进行转让。

2009年，华泰财险率先引进国外成熟的专属代理人制度，开始EA模式在中国的探索。

截至2018年年底，华泰财险已在全国近200个城市设立了5000余家EA门店，服务300万客户。2018年，EA门店保费收入占华泰财险保费50%。门店网络逐步向三、四、五线城市以及县域市场延伸，开设在县级及以下行政区划的门店占40%，店主队伍保持稳定。

投保是选保险直销（保险公司人员推销产品或保户直接到保险公司柜台投保或保户通过电话或网上向保险公司投保）还是选保险中介（专业代理、兼业代理和保险经纪人），要根据保户自身的情况来决定。但对于大多数客户而言，由于其对汽车保险不太熟悉，对汽车维修及保险索赔也不了解，所以，通过中介购买保险比较适合。

❷ 通过保险中介购买保险时的注意事项

1)保险中介的选择

(1)应该选择具有合法资格、信誉较好、规模较大的汽车保险中介。

(2)应对保险中介推荐的“最佳险种组合”进行筛选。保险中介一般站在多收保险代理费的角度为客户设计“最佳险种组合”,因此,其推荐的险种往往较多,其中一些险种不一定适合客户。

(3)要善于与销售员砍价。销售员在算保费的时候会给您一个市场统一的折扣,而且会告诉您这是最低的折扣。其实,保险公司除了这个折扣以外还会对经销商有20% ~30%的额外返利,能否让经销商进一步让利,就看您的谈判技巧了。

(4)收到保单后应核对保单内容并打电话给保险公司,以便确认保单是否生效、保单的有效期限等。

2)车险中介惯用的六类“陷阱”

(1)代理人“扣单”(也称“撕单子”),即挪用保费(随着保险公司见费出单的实施该情况将逐渐消失);

(2)假保单,即客户持有的保单属于非法中介伪造的假保单;

(3)鸳鸯单,即一单保两车,保单无效;

(4)虚假承诺,即保险中介的个人擅自做一些保险公司或经销商无法兑现的承诺;

(5)隐瞒保险条款中的责任免除事项;

(6)弄虚作假,即出险后,保单销售员诱骗客户让其全权处理索赔事宜。

(四)投保方案确定

汽车保险投保方案设计

❶ 车险选择的基本原则

险种的搭配可以说是“五花八门”,多种多样的形式中实在是没有标准答案,关键应了解自身的风险特征,并结合自身的风险承受能力及经济承受能力来选择险种,只有适合自己需求的险种组合才是最好的。但无论怎样搭配险种,都应遵守一些基本原则。

1)交强险必须投保

交强险属于强制保险,车辆上路不投保交强险属于违法行为。按照交强险的相关规定,对未按规定投保交强险的机动车,机动车管理部门不得予以登记;机动车安全技术检验机构不得予以检验;公安交通管理部门将扣车并处以2倍保费的罚款。

2)车损险不要超额投保

有些车主,明明新车购置价是10万元却偏要投保15万元的保险,自认为多花钱就能多赔付。按照《中华人民共和国保险法》第五十五条第三款规定:保险金额不得超过保险价值。超过保险价值的,超过部分无效,保险人应当退还相应的保险费。因此,即使投保人超额投保也不会得到额外的利益。

3)无论新车还是旧车,车损险应采用足额投保

若采用不足额投保,当标的全部损失时则按保险金额补偿,而当标的部分损失时则按比例责任方式补偿。即:补偿金额=保险金额/保险价值×损失额

因此,对新车而言,车辆无论是发生全损还是部分损失均得不到足够的保障。而对于旧车而言,由于大多数的车损事故中汽车只是部分损失,而车辆发生部分损失时,保险公司是按保险金额与保险价值的比例来承担赔偿责任的,所以,车辆发生部分损失时也得不到足够的保障,除非车辆发生全损事故时才划算。

4)商三险要买够,保险金额的选择应视城市经济发达程度而定

商三险的保险金额可根据当地经济发达程度及交强险的赔偿限额而定。例如:目前上海地区造成人员死亡的交通事故大约需赔偿130万元左右,考虑到交强险的赔偿金额是20万元,所以,商三险的保险金额选100万元或150万元较合理。

5)车上人员责任险保险金额的选择应视车辆的使用性质而定

私家车一般以1万元/每座或2万元/每座较为经济实用;出租车一般以5万元/每座较为经济实用;而私企老板或企事业单位用车一般以10万元/每座较为安全划算。

6)主险最好能保全

车损险和商三险一定要保,因为这两个险种是车辆出险后,人和车的损失能够得到赔偿的基本保证。至于车上人员责任险,要视车主是否有这方面的风险,当然有经济承受能力的最好也投保。

7)附加险要按需购买

其他附加险是否需购买,应根据自己驾驶情况、车辆情况、面临风险的情况、风险承受能力、经济承受能力等因素综合考虑。

8)不要重复投保

有些投保人,自以为多投几份保险,就可以使被保险车辆多几份赔款。按照《中华人民共和国保险法》第五十六条第二款规定:重复保险的各保险人赔偿保险金的总和不得超过保险价值。除合同另有约定外,各保险人按照其保险金额与保险金额总和的比例承担赔偿保险金的责任。

因此,即使投保人重复投保也不会得到超额赔偿。无论是交强险还是商业险,该原则都是适用的。

2 常用险种选择时应考虑的因素

(1)交强险。国家规定的强制保险,即汽车只要上路就必须投保,否则违法。

(2)车损险。车辆分成新车、旧车及临近报废的车三种。

车损险是汽车保险中最主要的商业险种,同时也是主险之一。由于使用汽车时的意外事故较多,对于一般车辆而言,最好能买此险种。如果不投保,自己车辆将来遭受的事故损失就由车主自己买单。所以,只有临近报废的车辆才考虑不购买,而且即使是旧车也建议采用足额方式投保。

(3)商业第三者责任险。商业第三者责任险和车损险一样,尽管它不是强制险,但所有车主最好投保。因为车辆一旦使车下的第三者遭受人身伤亡或财产损失,车主有赔偿责任,尤其是人身伤亡的赔偿金额往往数额较大,靠交强险赔偿远远不够。

(4)车上人员责任险。车主购买车上人员责任险主要应考虑如下因素:

①驾驶人是车主还是不固定驾驶人;

②乘客是家庭成员还是不固定人员。因为人身意外险的性价比要比车上人员责任险的性价比高,10 元可保 1 万而且 24 小时覆盖,所以,如果是私家车最好不要购买车上人员责任险,不如去买"驾乘人员意外险"或"人身意外伤害险";如果是商务车或经常有搭顺风车的车辆最好购买车上人员责任险,因为车上的乘客不一定购买了人身意外伤害险。

(5)绝对免赔率特约条款。在投保主险时,如果投保人和保险人约定了绝对免赔率(5%、10%、15%、20%),由于在计算赔款时要扣减本特约条款约定的免赔,所以,车主在投保绝对免赔率特约条款时一定要慎重。除否车主的驾驶水平很高,为了减少保费时可考虑投保该险种,但最好只给车损险约定绝对免赔率。

(6)车身划痕险。车主购买车身划痕险主要应考虑如下因素:

①驾驶人的驾驶技术;

②新车还是旧车;

对驾驶技术不老练的车主而言,车辆被剐蹭的概率较大;对停在停车场的新车而言,易被淘气顽皮的孩子划伤或被其他进出车辆划伤漆面。所以,一般只适合新车且是新手驾驶人投保。

③本地区的治安状况。

(7)新增设备损失险。车主购买新增设备损失险主要应考虑的因素是:车主是否对车辆另外加装或改装过设备及设施,如加装了高级音响、防盗设备、GPS,加改了真皮或电动座椅、电动升降器、氙气前照灯等。

(五)车主投保

1 投保人的资格条件

(1)必须具有民事权利能力和民事行为能力。

(2)人身保险还要求对保险标的具有保险利益。

(3)必须具有支付保费的能力。

验车、验证、制作投保单

特别提示

《中华人民共和国保险法》规定,财产保险只要求被保险人(投保人)在出险时(全过程)对保险标的具有保险利益。

投保人与被保险人可以不一致,但车辆全损时,只有被保险人才可以向保险公司索赔(而发生部分损失时,可由投保人向保险公司索赔)。

2 投保单的填写方式

(1)投保人手工填写并签名(或盖章)。

(2)投保人(或投保经办人)口述,由保险业务人员或保险代理人代为填写,但填写好后应向投保人复述,经其确认无误后由投保人签名(或盖章)。

(3)投保人利用保险公司电子商务投保系统、触摸屏等工具自动录入,打印后由投保人签字。

3 投保单的填写说明

1)投保人信息

(1)名称/姓名。若投保人为个人应填写姓名(要求与有效身份证明一致);若投保人为单位应填写单位全称(要求与公章名称一致),例如:“南京交通职业技术学院”不得写成“南京交职院”。有些投保单上还要求填写:证件类型和证件号(如太保)。

(2)地址和邮编。若投保人为个人应填写常住地址(要求精确到门牌号码);若投保人为单位应填写主要办事处所在地地址(要求精确到门牌号码)。

(3)联系方式。投保人为个人时需要注明联系人姓名和电话;投保人为单位时需注明联系人姓名并填写其常用联系电话。

2)被保险人信息

名称、地址和联系方式的填写方法与投保人类同。原则上被保险人名称应与行驶证上载明的车主名称一致,若被保险人与行驶证车主不一致的(如合伙购买的车辆),则应在投保单特别约定栏内注明,以便登录在保险单上。有些投保单上还要求填写:身份证号码或组织机构代码(如国寿财险)。

3)投保车辆信息

(1)行驶证车主:按行驶证上载明的车主名称填写。有些投保单上还要求填写被保险人与机动车的关系(如国寿财险)。

(2)号牌号码:按行驶证上的号牌号码填写并注明车牌的底色。除字母和数字外,一律不添加点、横杠、空格等符号。

(3)厂牌型号:应填写厂牌名称与车辆型号(应与行驶证上一致)。如:广州本田雅阁 HG7230、一汽解放 CA1032PL、北京现代 BH7167MY 。

注意:若行驶证上厂牌型号不详细的,应在厂牌型号后注明具体型号,进口车按商品检验单填写、国产车按合格证或《机动车登记证书》填写,并尽量写出具体配置说明,特别是同一型号多配置车。

(4)发动机号和车架号:应根据车辆行驶证填写;对于有 VIN 码的车辆,应以 VIN 码代替车架号;无 VIN 码的车辆,必须填写车架号。

注意:它们是车辆的身份证明之一。其中:发动机号厂家打印在缸体上;车架号厂家打印在车架上;而 VIN 码一般位于仪表板上而大型客车、货车则可能在整车底盘等地方。

(5)车身颜色:按《机动车辆登记证书 》中的"车身颜色"栏目填写。若为多颜色车辆,应选择面积较大的一种颜色;若实在无法归入保单上所提供的色系,可作为"其他颜色"。

(6)车辆种类:按照车辆行驶证上注明的车辆种类填写,若为特种车,还需要填写车辆用途。

(7)排量/功率:汽车、摩托车等填排量,拖拉机等填功率。排量的单位为 L,功率的单位为 kW。摩托车排量单位一般为毫升(CC),在投保单上统一换算为升(L),如排量为 125CC 的应填写 0.125L。

(8)核定座位/核定吨位:根据行驶证注明的核定载客人数和核定载质量填写。客车填座位,货车填吨位,客货两用车填写座位/吨位。

如:BJ630 客车填"16/",解放 CAl41 货车填"/5",丰田 DYNA 客货两用车填写"5/1.75"。

(9)使用性质:根据车辆的具体使用情况选择其中一项。如果兼有两种使用性质的车辆,则按费率高的性质选择。

(10)初次登记日期:填写在车辆管理部门初次登记的日期。可参照车辆行驶证上的“登记日期”填写。如果行驶证上的“登记日期”与初次登记日期不相符时,此栏要追溯到真正的初次登记日期填写,如果确实无法提供初次登记日期,要如实填写“已使用年限”。

(11)新车购置价:按在签订保险合同地购置一辆与保险车辆同类型新车的价格(含车辆购置税)。

(12)已使用年限:按车辆自上路行驶到保险期限起始时已使用的年数,不足一年的不计算。例:某车初次登记日期为2008年5月,如果起保日期为2010年4月20日,按1年计算;如果起保日期为2010年5月5日,按2年计算。

(13)年平均行驶里程:按投保车辆自出厂到投保单填写日的实际已行驶的总里程与已使用年限的比值填写。一般可根据车辆里程表上显示的总里程数计算。如果车辆里程表有损坏或进行过调整、更换,应根据车辆实际已行驶的里程计算。

(14)上年赔款次数(或赔款金额):本项目需要分别按交强险和商业险上年度保单有效期实际赔款次数或赔款总金额填写,续保车辆不需填写。

(15)上年交通违章记录:记载最近12个月内的交通违法行为。对于数据信息能够提供支持的地区,由业务员在录入投保单时通过与公安交通管理部门的信息共享平台获取数据并告知投保人;对于数据信息能够提供支持的地区,提醒投保人如实告知。

(16)行驶区域:按实际需要选择出入境、国内、省内、固定路线。如选择有固定行驶路线的,需注明具体行驶路线,不可以同时选择既在省内行驶又有固定行驶路线。场内还应填写夜间经常停放地点。

4)驾驶人信息

指定驾驶人:根据实际需要约定固定驾驶人(可以指定几名)。应填写指定驾驶人的姓名、性别、年龄、婚否、驾驶证号、准驾车型、初次领证日期等。如果指定驾驶人员的《机动车驾驶证》的证号与身份证号码不同,则应在特别约定栏中注明该驾驶人员的性别。

5)保险期间

填写期望的保险责任的有效期限。

注意:

(1)起始日必须是投保人提出投保申请的次日零时之后,而终止日的填写日期应比起始日少一天。例如:某投保人2010年3月1日提出投保申请,保险期限为一年,要求起始日为10天后,保险期限则填写为:2010年3月12日零时至2011年3月11日24时止。

(2)也可根据实际需要选择短期保险。

6)投保险种

根据需要在投保单上勾选需要的险种,包括保额、责任限额等。对于附加绝对免赔率特约条款、附加医保外医疗费用责任险、附加精神损害抚慰金责任险等可以对应多个主险的附加险种,应当在投保单上载明此类附加险对应的具体主险以及绝对免赔率或赔偿限额。

7)保险金额/责任限额

保险金额/责任限额根据需要填写。

8)保险费

保险费由保险公司业务员或代理人通过计算后填写。有关支付方式可按双方约定填写。

9)特别约定

特别约定用于填写投保人对于保险标的特殊情况的说明或其他认为需要的约定。

10)合同争议解决方式

合同争议解决方式根据需要选择诉讼或仲裁。如果选择仲裁时还必须填写约定的仲裁委员会名称。

最后需投保人签名/盖章,若投保人为自然人时,必须由投保人亲笔签字;若投保人为单位时则必须加盖公章且签章必须与投保人名称一致;若为委托代办时,则必须出具"办理投保委托书"并在签名处填写"代办人姓名+代办",其代办人的姓名要与《授权委托书》上载明的被授权人姓名一致。另外,公司内部作业栏应由保险公司填写。

4 填写注意事项

(1)投保单须使用黑色钢笔或黑色签字笔填写。

(2)投保单填写一律用简体字,不得使用繁体字和变体字。若有难以辨认或繁体字书写的,须用简体字注明,如遇到难(偏)字,请用铅笔以拼音注明。

(3)投保单要求保持整洁,不得随意折叠、不规范涂改和使用修正液,否则视为无效,需要重新填写投保单。

(4)投保单填写时应字迹清晰、字体工整、字与字之间保持一定间距。内容要求填写完整、不能有空项,不可遗漏、不能涂改。如有更改,每分投保单最多可更改三处,且须在更改内容处划两道“左下右上”的斜线,并将正确内容填写在更改内容上方,并在更改处签字盖章。投保单的重要栏目投保人、被保险人的姓名及签名,投保事项、告知书、投保申请日期处不能涂改。

二 车辆保险合同

(一)合同的订立

1 保险合同的订立

保险合同的订立是指投保人与保险公司之间基于意思一致而进行的法律行为。保险合同与其他合同一样,其订立过程往往是一个反复要约(协商)的过程,最终达成协议。通常是投保人提出要约申请,保险公司做出承诺并签发保险单或者其他保险凭证。

2 承保

承保是指签订保险合同的过程,即投保人和保险公司双方通过协商,对保险合同的内容取得一致意见的过程。从广义上讲,承保包括保险的全过程。从狭义上讲,保险承保就是当投保人提出投保请求时,经审核其投保内容后,同意接受其投保申请,并负责按照有关保险条款承担保险责任的过程。

3 承保的意义

如果车险承保工作不到位,将使劣质标的被保险公司接受,这必然导致高出险率,从而导致保险公司理赔的工作量增加,使保险公司的管理投入加大,经营成本攀升。

(1)避免劣质标的投保,使保险理赔处于主动地位。

(2)减小保险公司的管理、经营成本。

对保险公司而言,其承保管理比理赔管理更为重要。

(二)车险合同的成立与生效

1 保险合同的成立

保险合同是一个非要式、诺成性合同,当投保人提出要约、保险人承诺时,保险合同即告成立。《中华人民共和国保险法》第十三条第一款规定:投保人提出保险要求,经保险人同意承保,保险合同成立。保险人应当及时向投保人签发保险单或者其他保险凭证。

在汽车保险实务中，保险人接到投保单，并经审核没有异议签字盖章后，保险合同即告成立。合同成立后才向投保人签发保险单或者其他保险凭证，并不是投保人拿到正式保单后才成立。

2 保险合同的生效

《中华人民共和国保险法》第十三条第三款规定：依法成立的保险合同，自成立时生效。投保人和保险人可以对合同的效力约定附条件或者附期限。

(1)投保人与保险人未就合同的效力约定期限或条件的，保险合同成立时就一并生效。

(2)若投保人与保险人就合同的效力约定了期限，则始期到来时合同生效。

(3)若投保人与保险人就合同的效力约定了条件，则自该条件成就时合同就生效。

友情小贴士

以往有保险公司自己约定生效

1. 人身保险条款中通常会约定："本合同自本公司同意承保、收取保险费并签发保险单的次日零时起生效"。

2. 财产保险条款中，一般不约定生效时间，而是在保险单中载明具体生效日期。

3. 团体保险的承保协议中约定自交付保险费后次日起生效。

特别提示

由于我国保险实务中普遍采用"零点起保"，所以，保险合同的成立与生效往往不一致。保险合同成立后但尚未生效前发生的保险事故，保险人不承担保险责任。

(三)车险合同的有效性认定

1 认定保险合同有效、无效的法律依据

认定保险合同有效、无效的法律依据是《中华人民共和国保险法》和《中华人民共和国合同法》。

2 保险法中关于合同无效的规定

《中华人民共和国保险法》第十二条第一款规定:人身保险的投保人在保险合同订立时,对被保险人应当具有保险利益。第三十一条第六款规定:订立合同时,投保人对被保险人不具有保险利益的,合同无效。

《中华人民共和国保险法》第三十四条第一款规定:以死亡为给付保险金条件的合同,未经被保险人同意并认可保险金额的,合同无效。

《中华人民共和国保险法》第十二条第二款规定:财产保险的被保险人在保险事故发生时,对保险标的应当具有保险利益。第四十八条规定:保险事故发生时,被保险人对保险标的不具有保险利益的,不得向保险人请求赔偿保险金。

《中华人民共和国保险法》第十九条规定:采用保险人提供的格式条款订立的保险合同中的下列条款无效:

(1)免除保险人依法应承担的义务或者加重投保人、被保险人责任的。

(2)排除投保人、被保险人或者受益人依法享有的权利的。

3 合同法中关于合同无效的规定

(1)因一方以欺诈或胁迫手段订立且损害国家利益的合同;

(2)恶意串通,且损害国家,集体或第三人利益的合同;

(3)以合法形式掩盖非法目的的合同(即:形式上合法,但内容上和目的上非法);

(4)损害社会公共利益的合同;

(5)违反法律、行政法规中强制性规定的合同(《中华人民共和国合同法》第五十二条)。

因为保险合同也是合同的一种,有上述情况之一的保险合同就是无效合同。

(四)保单生效后投保方的义务

1 通知义务

(1)标的的危险程度显著增加时,应及时通知保险人(如:车辆改装、加装或变更用途等)。

注意:因标的危险程度显著增加而发生的保险事故,如果被保险人没履行通知义务的,保险人不承担赔付但应退还剩余保费。

特别提示

在现实中,应由保险人来判断“危险程度显著增加”。根据“谁主张谁举证”,涉诉由保险人举证,由法官决定是否采信,目前无明确法律依据,属法官自由裁量权。

(2)标的转让时被保险人或受让人应及时通知保险人。

特别提示

1. 保险人增加保费或解除合同必须满足:转让导致标的危险程度显著增加30天内。

2. 未通知时的拒赔须满足:转让导致保险标的危险程度显著增加,但需退还部分保费。

(3)事故发生后应当及时(48小时内)通知保险人。

依法选择自行协商方式处理的交通事故,也应当立即通知保险人,并要依照《交通事故处理程序规定》签订记录交通事故情况的协议书。

(4)发生与保险赔偿有关的仲裁或者诉讼时,被保险人应当及时书面通知保险人。

注意:由于被保险人未及时通知保险公司导致无法及时抗辩所造成的损失,保险公司不负责赔偿。

(5)重复保险时应将有关情况通知保险人。

注意:除合同另有约定外,各保险人按照其保险金额与保险金额总和的比例承担赔偿保险金的责任,但保险人需按比例退保费,即:就保险金额总和超过保险价值的部分,请求各保险人按比例返还保险费。

2 安全防损义务

《中华人民共和国保险法》第五十一条规定:被保险人应当遵守国家有关消防、安全、生产操作、劳动保护等方面的规定,维护保险标的的安全。保险人可以按照合同约定对保险标的的安全状况进行检查,及时向投保人、被保险人提出消除不安全因素和隐患的书面建议。投保人、被保险人未按照约定履行其对保险标的的安全应尽责任的,保险人有权要求增加保险费或者解除合同。保险人为维护保险标的的安全,经被保险人同意,可以采取安全预防措施。

为此,被保险人主要应做好如下工作:

(1)做好车辆的维护保养工作并按规定检验合格。

(2)保险车辆的装载必须符合法律法规中有关机动车辆装载的规定,使其保持安全行驶技术状态。

(3)投保人及被保险人应根据保险人提出的消除不安全因素及隐患的书面建议,及时采取相应的整改措施(但保险人应在合同中约定对保险标的的安全状况进行检查)。

3 出险时的施救义务

《中华人民共和国保险法》第五十七条规定:保险事故发生时,被保险人应当尽力采取必要的措施,防止或者减少损失。保险事故发生后,被保险人为防止或者减少保险标的的损失所支付的必要的、合理的费用,由保险人承担;保险人所承担的费用数额在保险标的损失赔偿金额以外另行计算,最高不超过保险金额的数额。

注意:对被保险人因未及时采取施救或保护措施而扩大的损失,保险人有权拒赔。

4 协助保险人检验、查勘义务

事故车辆在修复前应当会同保险人检验,协商确定修理项目、方式和费用。否则,保险人有权重新核定;因被保险人原因导致无法重新核定的,保险人有权拒绝赔偿。

发生保险事故后,被保险人应当积极协助保险人进行现场查勘。

5 索赔时提供单证的义务

《中华人民共和国保险法》第二十二条规定:保险事故发生后,按照保险合同请求保险人赔偿或者给付保险金时,投保人、被保险人或者受益人应当向保险人提供其所能提供的与确认保险事故的性质、原因、损失程度等有关的证明和资料。保险人按照合同的约定,认为有关的证明和资料不完整的,应当及时一次性通知投保人、被保险人或者受益人补充提供。

注意:《中华人民共和国保险法》约束了保险人多次要求被保险人补充索赔材料,即保险公司认为已收到的索赔材料不完整时,必须一次性明确告知所需的补充材料。

6 协助保险人向第三方追偿义务

《中华人民共和国保险法》第六十一条规定:保险事故发生后,保险人未赔偿保险金之前,被保险人放弃对第三者请求赔偿的权利的,保险人不承担赔偿保险金的责任。保险人向被保险人赔偿保险金后,被保险人未经保险人同意放弃对第三者请求赔偿的权利的,该行为无效。被保险人故意或者因重大过失致使保险人不能行使代位请求赔偿的权利的,保险人可以扣减或者要求返还相应的保险金。

《中华人民共和国保险法》第六十三条规定:保险人向第三者行使代位请求赔偿的权利时,被保险人应当向保险人提供必要的文件和所知道的有关情况。

【案例3-1】

浙江义乌一车主李某于2010年1月按揭购入一辆价值近20万元的别克轿车,并在金华××保险公司投保了交强险及商业车险。当年6月车辆发生了自燃,于是李某向保险公司提出索赔车辆及利息损失19.99万元。

接到事故报案后,金华××保险公司先后多次对车辆进行了细致查勘,发现车辆购买不足半年且自燃时处于停驶状态,同时,车主在投保时并未对自燃险保过不计免赔,即使保险公司赔偿也需加扣20%的免赔率。双方就赔偿问题发生了争议,在多次协商未果的情况下,车主于2010年8月13日将保险公司告上了法庭,要求保险公司赔偿其车损及利息损失19.99万元和律师费5000元。

在一审过程中,李某在其律师协助下向法院提供了保单、事故确认书、火灾证明等一系列资料,基本上得到了法院的认可,特别是就自燃原因为车辆本身引起还是人为纵火进行了鉴定,而鉴定结果表明确实属于车辆本身原因引起。虽然保险公司一直坚持车辆自燃系车辆不合格引起,应当把汽车销售商一起纳入被告,但车主并未这样做。同时,一审法院也认定,车主与保险公司的保险事实成立,2010年12月28日,判定保险公司赔偿车主相关损失15.99万元。

一审的败诉并未使保险公司诉讼人员灰心,在召开的案件会审合议过程中,保险公司认为应想尽办法向汽车销售商追偿。之后,保险公司也聘请了专业律师在此案上下功夫。通过一段时间的调查,发现别克汽车销售商先于保险公司做好了车主的工作,并通过向车主支付"精神抚慰金"的方式来避免自己坐上被告席,而车主在得到保险公司的赔偿后也万万没有想到保险公司还会在此案上下功夫。

同时,保险公司还通过第三方对当事车辆事发的真实原因进行了司法鉴定。经鉴定,涉案车辆发动机舱内的喷油嘴输油管与金属管接口有松脱迹象,当车辆停驶后,油管压力增大使得油管与金属管连接处脱落,汽油泄漏至仍处于高温状态下的发动机外部或排气管前端处产生明火,从而导致车辆燃烧。在掌握了以上确凿证据后,保险公司再次向法院提出向汽车销售商追偿的调解意见并最终得到了法院的认可。法院最终判定,汽车销售商向保险公司赔偿追偿款12.55万元。

本案中,保险公司并没有在法院一审不利判决后停止脚步,而是通过继续努力,多方配合,最终保证公司的正当利益得到了维护,将为成功处理此类追偿案起到示范作用。(摘于2012年3月1日中国保险报)

(五)保单生效后保险公司的义务

1 对被保险方负有保密的义务

保险人对在办理保险业务中知道的投保人、被保险人的业务和财产情况及个人隐私,负有保密的义务。

2 应及时受理被保险人的事故报案,并尽快进行查勘

注意:保险人在接到报案后的48小时内,由于保险人的原因未及时进行查勘且未给予受理意见,造成财产损失无法确定的,以被保险人提供的财产损毁照片、损失清单、事故证明和修理发票作为赔付理算依据。

3 及时核定保险责任的义务

《中华人民共和国保险法》第二十三条规定:保险人收到被保险人或者受益人的赔偿或者给付保险金的请求后,应当及时做出核定;情形复杂的,应当在30日内做出核定,但合同另有约定的除外。核定结果应及时通知被保险人;保险人未及时履行前款规定义务的,除支付保险金外,应当赔偿被保险人因此受到的损失。

为此,保险公司在合同中一般作了如下约定:保险人未能在30日内作出核定的,应与被保险人商定合理期间,并在商定期间内做出核定。

特别提示

交强险保险责任的核定与商业险有所不同

对涉及财产损失的,保险公司应当自收到被保险人提供的证明和资料之日起1日内,对是否属于保险责任做出核定。对涉及人身伤亡的,保险公司应当自收到被保险人提供的证明和资料之日起3日内,对是否属于保险责任做出核定。

(1)保险人应根据事故的性质、损失情况，及时向被保险人提供索赔须知；审核索赔材料后认为有关的证明和资料不完整的，应当及时一次通知被保险人补充提供有关的证明和资料。

(2)保险人延迟审核的，应当赔偿被保险人因此受到的损失，同时，保险公司及其主管人员还将面临被处罚的风险。

4 及时赔付的义务

(1)对属于保险责任的，保险人应在与被保险人达成赔偿协议后10天内支付赔款(《中华人民共和国保险法》第二十三条第一款)；

(2)对不属于保险责任的，保险人应当自做出核定之日起三日内向被保险人发出拒绝赔偿通知书，并说明理由(《中华人民共和国保险法》第二十四条第一款)；

(3)保险人在收齐索赔单证之日起的60日内仍然不能确定赔付的，应当根据已有证明和资料可以确定的数额先予支付；最终确定赔付金额后应当支付相应的差额(《中华人民共和国保险法》第二十五条)。

注意：保险人延迟赔付的，应当赔偿被保险人因此受到的损失，同时保险公司及其主管人员还将面临被处罚的风险。

特别提示

交强险赔付的时限与商业险有所不同

1. 对属于保险责任在2000元以下的仅涉及财产损失赔偿案件，被保险人索赔单证齐全的，保险公司应在当日给付保险金。

2. 对属于保险责任在10000元以下的人身伤亡赔偿案件，被保险人索赔单证齐全的，保险公司应当在3日内给付保险金。

3. 对属于保险责任在50000元以下的人身伤亡赔偿案件，被保险人索赔单证齐全的，保险公司应当5日内给付保险金。

4. 对属于保险责任的交强险赔偿案件，被保险人索赔单证齐全的，保险公司应当在被保险人提出索赔申请不超过7日内给付保险金。

5. 保险人在收齐索赔单证之日起20日内仍然不能确定赔付的，应当根据已有证明和资料可以确定的数额先予支付；保险人最终确定赔偿或者给付保险金的数额后，应当支付相应的差额。

友情小贴士

客户迟迟拿不到赔款怎么办

1. 先通过客服电话进行投诉。由公司和被保险人之间进行协商,看能否解决。

2. 如果公司内部不能解决赔付,则通过行业内的机制解决,即:向行业里的保险合同纠纷调解委员会申请调解,由调解委员会解决合同纠纷。

3. 如果调解不成,可向法院起诉,最终通过诉讼解决相应的理赔问题。

三 续保与退保

(一)续保

1 含义

续保是指保险期满以后,投保人在同一保险人处重新办理汽车保险的行为。如果保险期满以后,投保人在另外的保险人处重新办理汽车保险的行为称为转保。

2 续保的好处

(1)可以从保险人那里得到连续不断的、可靠的保险保障与服务。

(2)可以享受保险人的无赔款优待,即如果投保车辆在上一年保险期限内保险人没有赔款,那么,续保时可享受减收保险费的优待,优待金额通常为本年度续保险种应交保险费的10%,但各保险公司都有自己的无赔款优待的优惠费率。

3 续保应提供的单据

(1)上一年度的机动车辆保险单。

(2)保险车辆经交通管理部门核发并检验合格的行驶证和车牌号。

(3)所需的保险费。

注意:续保时的保险金额和保险费得重新确定。

4 续保需注意的事项

(1)续保一般应在原保单到期前的一个月内办理,为了防止续保以后至原保险单到期这段时间发生保险责任事故,在续保通知书内应注明:“出单前,如有保险责任事故发生,应重新计算保险费,全年无保险责任事故发生,故享受无赔款优待”等字样;

(2)续保应到上一年度机动车辆保险单的出单地点办理,保险公司分公司或支公司、代办点不能出单;

(3)上年度无赔款的汽车,如果续保的险种与上年度不完全相同,无赔款优待则以险种相同的部分为计算基础;如果续保的险种与上年度相同,但投保金额不同,无赔款优待则以本年度保险金额对应的应交保险费为计算基础。不论汽车连续几年无事故,无赔款优待一律为应交保险费的10%;

(4)被保险人投保车辆不止一辆的,无赔款优待分别按车辆计算。上年度投保的车辆损失险、第三者责任险、附加险中任何一项发生赔款,续保时均不能享受无赔款优待。不续保者不享受无赔款优待;

(二)退保

《中华人民共和国保险法》第十五条规定:除本法另有规定或者保险合同另有约定外,保险合同成立后,投保人可以解除合同,保险人不得解除合同,即投保人具有随时退保的权利。

1 退保原因

(1)汽车按规定报废。

(2)汽车转让而对方又不愿进行保险直接过户的。

(3)汽车重复保险的。

(4)对保险公司不满,想换保险公司的。

2 退保车辆须符合的条件

(1)车辆的保险单必须在有效期内。

(2)在保险单有效期内,车辆没有向保险公司报案或索赔过;从保险公司得到过赔偿的车辆不能退保;仅向保险公司报案而未得到赔偿的车辆也不能退保。

(3)合同中没有特别约定不得退保的情况。

例如:通过银行贷款买车时,由于银行是第一受益人,所以银行一般要求保险公司在合同中约定:“未经银行书面同意,被保险人不得退保”。

3 退保所需提供单证

1)退保申请书

退保时要向保险公司的业务管理部门递交退保申请书,写明退保的原因和时间,并签上字或盖上公章。

2)保险单原件

若保险单丢失的则需事先补办。

3)保险费发票

一般需要原件,有时复印件也可以。

4）被保险人的身份证明

被保险人是单位的需要单位的营业执照；是个人的需要身份证。

4 退保流程

（1）提交退保申请书和其他相应的单证。

（2）保险公司业务管理部门对退保申请进行审核后，出具退保批单，批单上注明退保时间及应退保费金额，同时收回汽车保险单。

（3）退保人持退保批单和身份证，到保险公司的财务部门领取应退给的保险费。

注意：保险公司计算应退保费是用投保时实缴的保险费金额，减去保险已生效的时间内保险公司应收取的保费，剩下的余额就是应退给您的保险费。计算公式如下：

应退保险费 = 实缴保险费 − 应收取保险费

退保的要害在于应收取保险费的计算。一般按月计算，保险每生效一个月，收 10% 的保险费，不足一个月的按一个月计算。

5 退保的权利人及退保时机

《中华人民共和国保险法》第五十四条规定："保险责任开始前，投保人要求解除合同的，应当按照合同约定向保险人支付手续费，保险人应当退还保险费。保险责任开始后，投保人要求解除合同的，保险人应当将已收取的保险费，按照合同约定扣除自保险责任开始之日起至合同解除之日止应收的部分后，退还投保人。"

所以，退保的权利人是投保人而非被保险人；投保人在保险合同生效前或生效后均可向保险公司申请退保。

6 保险合同成立后投保人退保的性质

除货物运输保险合同和运输工具航程保险合同（如船舶的航次保险）外，其他保险合同，投保人都具有法定任意解除权。

所以，投保人有自由解除（无须任何理由）已成立并生效的保险合同的法定权利，且无须经过保险人的同意。这与普通合同的法定解除权不同。

普通合同的解除有：约定解除和法定解除两种形式，且法定解除合同是有条件的。

7 保险合同解除的生效时间

《中华人民共和国合同法》第九十六条规定："当事人一方依照本法第九十三条第二款、第九十四条的规定主张解除合同的，应当通知对方。合同自通知到达对方时解除。对方有异议的，可以请求人民法院或者仲裁机构确认解除合同的效力。法律、行政法规规定解除合同应当办理批准、登记等手续的,依照其规定。”

所以,投保人解除保险合同的意思通知到达保险公司时,即保险合同立即被解除,而无须合同相对方即保险公司的同意。

【案例 3-2】

投保人解除合同的认定

2012 年 6 月,张某为自己的私家车向某财产保险公司投保了交强险、车损险、商三险、自燃损失险等险种,保险公司于 2012 年 6 月出具了保险单,载明保险期限自 2012 年 6 月 10 日 0 时起至 2013 年 6 月 9 日 24 时止。2012 年 6 月 11 日,投保人张某当面向保险公司递交了“退保申请书”;6 月 12 日凌晨 3 时,张某驾驶的被保险车辆在回家的途中突然发生自燃,导致车辆几乎报废,6 月 12 日上午 10 时,保险公司完成了退保手续的审核后向被保险人出具了“退保批单”,载明保险合同自 2012 年 6 月 12 日 0 时解除。

车辆发生自燃烧毁后,被保险人张某向保险公司提出索赔,而保险公司却以保险合同已解除、车辆自燃事故未发生在保险期限内为由拒赔。被保险人张某不认可拒赔决定,遂向法院提起诉讼。本案中,保险公司的拒赔理由是否成立呢?

法理分析:

在实践中,投保人提出退保申请和保险公司出具批单、退回保费之间一定存在时间差。但法律规定,解除合同通知到达保险公司时,保险合同立即于次日零时解除法律效力。

本案中,投保人于 2012 年 6 月 11 日当面向保险公司递交了“退保申请书”,即产生了保险合同解除的法律后果,亦即双方基于保险合同所产生的权利义务关系于同日终止。投保人不再交纳保险费,保险公司也不再承担保险责任。

保险公司随后完成的退保手续审核并向投保人出具的退保批单仅为其处理投保人退保的公司内部管理流程,是其向投保人履行的后合同义务行为,其内部行为不影响投保人单方解除保险合同的权利。鉴于此,2012 年 6 月 12 日发生的保险事故,因不在保险期内,保险公司据此拒赔的理由是成立的。

单元小结

(1)投保流程包括:车主风险识别、选择规避风险的方法、选择保险公司、选择投保渠道、确定最佳投保方案和车主投保共六大步骤。

(2)选择保险公司包括:分析自身风险特征、确定投保项目、查阅本地有合法资质经营车险业务的保险公司、查阅公司的保险产品、比较产品,初步选定保险公司和对比价格,结合个性化服务最终确定保险公司共六大步骤。

(3)投保渠道分为:专业代理机构、兼业代理、保险经纪人、柜台(上门)投保、电话投保和网络投保共6种。从保险销售的角度讲,柜台(上门)投保、电销和网销属于保险直销模式,而保险专业代理、保险兼业代理和保险经纪人则属于保险中介模式。其中,网销和EA门店是未来最有前途的保险销售渠道。

(4)选择汽车保险应遵循八大原则:交强险必须投保、车损险不要超额投保、新车及使用8年以内的旧车,车损险应采用足额投保、商三险要买够,保险金额的选择应视城市经济发达程度而定、车上人员责任险保险金额的选择应视车辆的使用性质而定、主险最好能保全、附加险要按需购买,但最好能保不计免赔险和不要重复投保。

(5)根据最新保险法规定,对车辆投保人,财产保险不要求投保人对保险标的具有保险利益,但人身保险要求投保人对保险标的具有保险利益。

(6)填写投保单时,如果由保险代理人、保险经纪人等代为填写,切记最后必须由投保人亲笔签名,否则易引起日后的法律纠纷。

(7)汽车保险合同是一个非要式、诺成性合同,一旦经保险人同意承保,保险合同成立。但保险合同的成立并不意味着保险合同一定生效,还要看投保人和保险人是否另外对合同的效力约定了附条件或者附期限。

(8)保单生效后,在5种情况下投保方有通知保险公司的法定义务。这5种情况分别为:标的的危险程度显著增加时、标的转让时、事故发生后、发生与保险赔偿有关的仲裁或者诉讼时和重复保险时。

(9)保险公司有及时赔付的义务。对属于保险责任的,保险人应在与被保险人达成赔偿协议后10天内支付赔款;对不属于保险责任的,保险人应当自做出核定之日起3日内向被保险人发出拒绝赔偿通知书,并说明理由;保险人在收齐索赔单证之日起的60日内仍然不能确定赔付的,应当根据已有证明和资料可以确定的数额先予支付;最终确定赔付金额后应当支付相应的差额。

(10)保险期满以后,投保人在同一保险人处重新办理汽车保险的行为称为续保。续保可以享受保险人的无赔款优待。优待金额通常为本年度续保险种应交保险费的10%。

(11)只有投保人才有退保的权利,投保人在保险合同生效前或生效后均可向保险公司申请退保,且投保人有自由退保权而无须经过保险人的同意。当投保人解除保险合同的意思通知到达保险公司时,保险合同立即被解除。

思考与练习

(一)填空题

1. 投保的渠道有________、________、________、________、________和________6 种。

2. 保险合同成立后,除保险法另有规定或者保险合同另有约定外,______不得解除合同。

3. 汽车保险的续保业务一般在原保险期到期前________月开始办理。

4. 保险人收到被保险人或者受益人的赔偿或者给付保险金的请求后,应当及时做出核定;情形复杂的,应当在________日内做出核定,但合同另有约定的除外。对属于保险责任的,保险人应在与被保险人达成赔偿协议后________日内支付赔款。

5. 车险产品的“性价比”主要体现在________、________和________三个方面。

(二)判断题

1. 目前车险的价格,银保监会规定最多打七折。　　(　　)

2. 保险直销也称电销。　　(　　)

3. 一单保两车在车险中也称“撕单子”。　　(　　)

4. 在填写投保单时,约定驾驶人一栏必须填写。　　(　　)

5. 投保人通过 4S 店投保的主要优点是提供直赔服务。　　(　　)

6. 对于普通车主而言,通过大型汽修厂或 4S 店投保最方便且相对安全。　　(　　)

7. 未上牌照的新车在填写投保单时,必须在“号牌号码”一栏的空格内填入“新”。　　(　　)

8. 保险人具有随时解除保险合同的权利。　　(　　)

(三)简答题

1. 投保车身划痕险主要应考虑哪些因素?

2. 享受保险人无赔款优待的条件是什么?

3. 选择在 4S 店投保车险的主要优、缺点有哪些?

单元四　事故车辆的查勘与定损

学习目标

1. 知道交通事故的认定及流程；
2. 知道机动车保险事故的类型及现场查勘方法；
3. 熟悉查勘定损流程；
4. 掌握查勘的基本技能；
5. 能够鉴定损失项目、确定更换件和维修件、确定更换件的材料价格和维修工时。

建议课时

20 课时。

一　车险理赔概述

（一）车险理赔的基本原则

机动车辆保险业务量大，出险概率高，加之理赔工作技术性强、涉及面广，情况又比较复杂，如何更好地贯彻理赔工作质量，充分维护被保险人的合法权益是做好机动车辆保险理赔工作的关键。因此，在机动车辆保险工作中必须坚持以下原则。

1 树立为保户服务的指导思想，坚持实事求是原则

在整个理赔工作过程中，体现了保险的经济补偿职能作用。当发生汽车保

险事故后，保险人要急被保险人所急，千方百计避免扩大损失，尽量减轻因灾害事故造成的影响，及时安排事故车辆修复，并保证基本恢复车辆的原有技术性能，使其尽快投入生产运营。保险人在处理理赔工作中必须以高度的服务意识，坚持实事求是。良好的服务水平能提高被保险人的满意度从而提升公司的形象。

❷ 重合同，守信用，依法办事

保险人是否履行合同，就看其是否严格履行经济补偿义务。因此，保险方在处理赔案时，必须加强法制观念，严格按条款及相关法律办事，要按照赔偿标准及规定赔足；不属于保险责任范围的损失，不滥赔，同时，还要向被保险人讲明道理，拒赔部分要讲事实、重证据。

拒赔理由充分，很好地说明了保险人重合同、守信用、依法办事的原则。在车险公司，对于出具任何一张拒赔通知书都会有明确的理由，以让被保险人心服口服。

❸ 坚持八字方针

“主动、迅速、准确、合理”是保险理赔人员在长期的工作实践中总结出的经验，是保险理赔工作优质服务的最基本要求。

1）主动

主动就是要求保险理赔人员对出险的案件，要积极、主动的进行调查，了解和勘查现场，掌握出险情况，进行事故分析，确定保险责任。

2）迅速

迅速就是要求保险理赔人员查勘、定损处理迅速、不拖沓、抓紧赔案处理，对赔案要核得准，赔款计算案卷缮制快，复核、审批快，使被保险人及时得到赔款。

3）准确

准确就是要求从查勘、定损以至赔款计算，都要做到准确无误，不错赔、不滥赔、不惜赔。

4）合理

合理就是要求在理赔工作过程中，要本着实事求是的精神，坚持按条款办事。在许多情况下，要结合具体案情准确定性，尤其是在对事故车辆进行定损过程中，要合理确定事故车辆维修方案。

理赔工作的“主动、迅速、准确、合理”原则是辨证的统一体，不可偏颇。如果片面追求速度，不深入调查了解，不对具体情况做具体分析，盲目结论，或者计算不准确,草率处理,则可能会发生错案,甚至引起法律诉讼纠纷。当然,如果只追求准确、合理,忽视速度,不讲工作效率,赔案久拖不决,则可造成极坏的社会影响,损害保险公司的形象。总的要求是从实际出发,为保户着想,既要讲速度,又要讲质量。

(二)车险理赔的特点

汽车保险与其他保险不同,其理赔工作也具有显著的特点。理赔工作人员必须对这些特点有一个清醒和系统的认识,了解和掌握这些特点是做好汽车理赔工作的前提和关键。

1 被保险人的公众性

我国汽车保险的被保险人过去曾经是以单位、企业为主,但是,随着个人拥有车辆数量的增加,被保险人中单一车主的比例已占多数。这些被保险人的特点是:购买保险具有较大的被动色彩,加上文化、知识和修养的局限,对保险、交通事故处理、车辆修理等知之甚少,从而增加了理赔工作的难度。

2 损失率高且损失幅度较小

汽车保险的另一个特征是保险事故一般损失金额不大,事故发生的频率却较高。保险公司在经营过程中需要投入的精力和费用较大,虽然有的事故金额不大,但是,仍然涉及对被保险人的服务质量问题,保险公司同样应予以足够的重视。

3 标的流动性大

汽车的功能特点决定了其具有相当大的流动性。车辆发生事故的地点和时间不确定,要求保险公司必须拥有一个运作良好的服务体系来支持理赔服务,主体是一个全天候的报案受理机制和庞大而高效的理赔网络。目前,各车险公司一线理赔人员都为24小时值班制以满足服务需求。

特别提示

2012年3月保监会发布《机动车辆保险理赔管理指引》规定:“异地出险,就地理赔”成为每一家险企经营车险时必须达到的硬指标。“异地出险,全国通赔”曾经是部分险企升级服务打出的旗号,现在这不再是竞争的优势了。

4 受制于修理厂的程度较大

在汽车保险的理赔中扮演重要角色的是修理厂,修理厂的修理价格、工期和质量均直接影响汽车保险的服务。因为,大多数被保险人认为保险公司负有车辆修复义务,而事实上,保险公司在保险合同项下承担的仅仅是经济补偿义务,对于事故车辆的修理以及相关的事宜并没有负责义务。所以,一旦因车辆修理质量或工期、甚至价格等出现问题,均将保险公司和修理厂一并指责。由于车险理赔对修理厂的高度依赖,车险公司逐步加大了与修理厂的合作力度,比如:委托拖车、代索赔等一条龙服务措施,从而大大提高了保险公司的服务水平。

5 道德风险普遍

特别提示

目前,车险公司合作意向主要为一类厂即特约维修站,这样做优点为:

1. 维修质量可靠;
2. 服务水平优良;
3. 与特约维修站的合作可以减少道德风险。

在财产保险业务中汽车保险是道德风险的“重灾区”。汽车保险具有标的流动性强、户籍管理中存在缺陷、保险信息不对称等特点。汽车保险条款不完善、相关的法律环境不健全及汽车保险经营中的特点和管理中存在的一些问题和漏洞,给了不法之徒可乘之机,汽车保险欺诈案件时有发生。随着保险行业监管的加强,道德风险已得到较大的控制。

(三)车险理赔的流程

被保险人使用标的发生保险事故后应向承保公司报案,同时,保险公司立即启动理赔程序。随着网络化办公的普及,现在保险公司的理赔流程与传统理赔流程有一些细微的变化,对于不同保险公司之间也存在着一定差异,但总体而言,机动车辆理赔工作一般都要经过受理报案、调度、查勘定损、核损、缮制、核赔、赔付结案存档这几个步骤。图 4-1 为机动车保险一般赔案的理赔业务流程。

接报案话术

接报案模拟

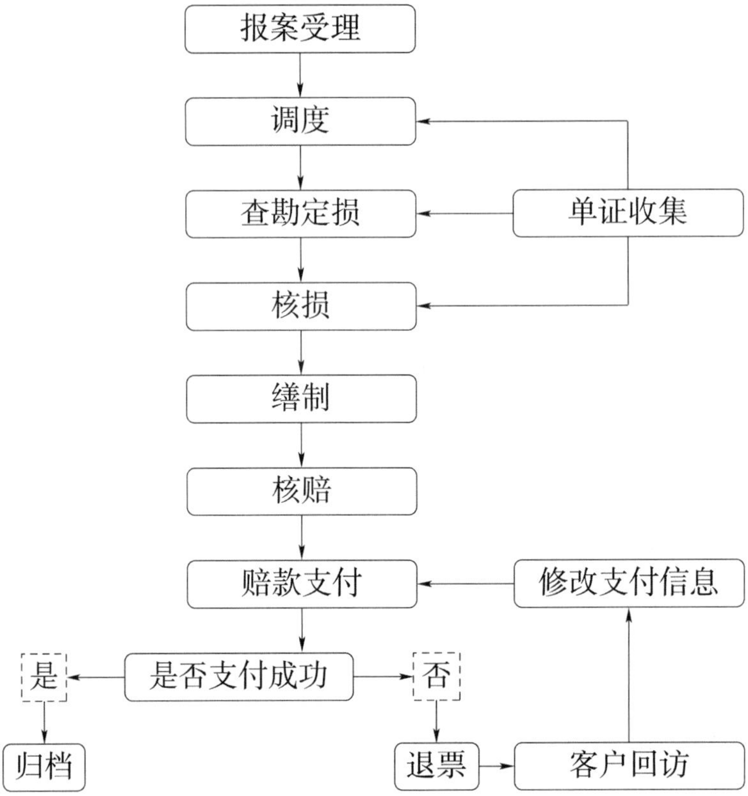

图 4-1　车险理赔流程图

1 受理报案

受理报案是指被保险人发生保险事故必须及时向保险公司报案,保险公司应将事故情况登录备案。根据规定,投保人、被保险人或者受益人知道保险事故发生后,应当及时通知保险人。报案是被保险人(或其权益相关人)向保险公司提请索赔申请的第一步,也是必需的一步,接报案是保险公司受理申请的关键。

目前,各保险公司大都建立了后援服务中心,开通了24小时全国统一服务热线。车险公司客服电话服务内容非常广泛,包括:受理报案、保单查询、电话销售、投诉建议及咨询等。客服电话是保险公司形象的窗口,客服人员应具备良好的服务意识。受理报案的主要工作内容有:

(1)确认客户身份,了解客户保单信息及保障范围;

(2)了解出险情况,确认案件经过并详细记录;

(3)对可能存在的风险点进行相关信息的核实确认并记录;

(4)对客户进行必要的理赔服务提醒。

❷ 调度派工

调度派工是受理报案结束后，保险公司安排查勘人员对人伤情况及车辆、财产损失等进行查勘和定损的过程。调度派工一般在几分钟内完成，以确保查勘人员能及时与客户联系，告知客户相关注意事项；同时，调度人员需将该案件查勘人员在系统内调至案件处理查勘人员，以便查勘员在系统内录入案件查勘信息。

由于查勘人员在收到任务未查勘之前无法判断事故情况及相关风险点，所以，调度人员是受理报案与查勘员连接的桥梁，调度人员根据报案提供的信息转告知查勘人员，并提示相关风险点，以便查勘人员准确高效地处理案件。

❸ 查勘定损

(1)接受调度，进行查勘准备。

(2)联系客户，现场查勘。

(3)指导客户填写相关单证。

(4)初步确定损失项目及价格，出具定损报告。

(5)告知客户相关理赔事宜。

❹ 核损

(1)判断事故真实性。

(2)核定更换项目、维修项目、修复费用、施救费等。

(3)确定物损赔偿费用。

❺ 缮制

(1)收集审核理赔单证。

(2)对赔案赔款理算。

(3)初步审核保险责任。

(4)结合系统做赔款理算。

(5)与被保险人沟通理赔事宜。

(6)上传单证到理赔系统，录入信息缮制内容，提交核赔。

❻ 核赔

(1)审核是否属保险责任。

(2)审核事故真实性。

(3)审核事故损失。

(4)审核理赔单证。

(5)审核理算。

(6)审核赔款支付。

7 结案支付

待核赔通过后,内勤人员应结案支付赔款。

8 客户回访

为了更好地提高理赔服务水平,赔案结案后保险公司一般会对客户进行服务满意度回访,及时发现理赔服务中存在的问题并予以改进。

9 归档

(1)单据清分。

(2)案卷管理。

二 事故车辆的查勘

现场查勘要点　现场查勘模拟

(一)现场查勘概述

查勘人员接到调度员派工,赶到事故现场,调查事故车的基本情况,调查当事人,询问事故发生的经过,拍摄现场照片,做好现场笔录,缮制查勘报告。

1 保险事故现场的类型

保险事故现场(以下简称现场)是指发生保险事故的被保险车辆及与事故有关的车、人、物遗留下的和事故有关的痕迹证物所占有的空间。事故现场必须同时具备一定的时间、地点、人、车、物 5 个要素,其相互关系与事故发生有因果关系。

现场按事故状态可分为原始现场、变动现场、恢复现场三种。

1)原始现场

原始现场是指发生事故后至现场查勘前,没有发生人为或自然破坏,仍然保持着发生事故后的原始状态的现场。这类现场的现场取证价值最大,也称第一现场。

2)变动现场

变动现场是指发生事故后至现场查勘前,由于受到了人为或自然原因的破坏,使现场的原始状态发生了部分或全部变动的现场,也称第二现场。由于现场证物遭到破坏,给事故分析带来困难。

对于变动现场,必须注意识别和查明变动的原因及情况,以利于正确分析原因和责任。变动现场又可分成下列三种现场。

(1)正常变动现场。正常变动现场是指在自然条件下非人为地改变了原始状况或不得已而在不影响勘察结果的前提下人为地有限度地改变了原始状态的交通事故现场。

友情小贴士

产生现场变动的原因有:

1. 抢救伤者:因抢救伤者或排除险情而变动了现场;

2. 保护不善:现场的痕迹被过往车辆、行人或围观群众破坏;

3. 自然破坏:因风吹、雨淋、雪盖、水冲、日晒等自然条件而变动了现场;

4. 快速处理:因一些交通主要干道、繁华地段发生道路交通事故后,造成交通堵塞,需立即排除而变动了现场;

5. 特殊情况:执行任务的消防、救护、警备、工程救险车及首长、外宾、使节乘坐的汽车在事故发生后,因任务需要驶离现场。

(2)伪造现场。伪造现场是指当事人为逃避责任、毁灭证据或达到嫁祸于人的目的,或者为了谋取不正当利益,有意改变或布置的现场。

伪造现场的特征:现场中,事故诸元的表象不符合事故发生的客观规律,物体的位置与痕迹的形成方向存在矛盾,只要公估人员深入细致地调查研究和分析,是能够发现、漏洞识别现场真伪的。

(3)逃逸现场。逃逸现场是指肇事人为了逃避责任,在明知发生交通事故后,故意驾车逃逸而造成的破坏现场。

当事人没有察觉发生事故而驾车驶离现场、造成现场变动的,应视为变动现场。

《中华人民共和国道路交通安全法》明确规定,造成交通事故后逃逸的,由公安机关交通管理部门吊销机动车驾驶证,且终生不得重新取得机动车驾驶证。

3)恢复现场

恢复现场有两种情况:一是对上述变动现场,根据现场分析、证人指认,将变动现场恢复到原始现场状态;二是原始现场撤除后,因案情需要,根据原现场记录图、照片和查勘记录等材料重新布置恢复现场。为与前述的原始现场相区别,这种现场一般称为恢复现场。

2 现场查勘的目的

现场查勘是证据收集的重要手段,是准确立案、查明原因、认定责任的依据,也是保险赔付、案件诉讼的重要依据。其目的有三项:定性、定责和定损。

1)定性:查明事故的真实性

通过客观、细致的现场查勘,证明案件是否为普通单纯的交通事故,是否为骗保而伪造事故,即确定事故的真实性。

2)定责

(1)确定标的车在事故中的责任。无交警处理的案件应判明被保险车辆的事故责任比例。通过对现场周围环境、道路条件的查勘,可以了解道路、视距、视野、地形、地物对事故发生的客观影响;对事故经过进行分析调查,查明事故的主要情节和交通违法因素,分清标的车在事故中所负的责任。但有交警处理或指引客户报交警、派出所等执法部分处理的案件(称为“警检”案件),相关事故责任以执法部门认定为准。

(2)确定事故的保险责任。通过现场的各种痕迹物证,对当事人和证明人的询问和调查,对事故经过进行分析调查,查明事故发生的主要情节,结合保险条款和相关法规,确定事故是否属于保险责任范畴。

3)定损:确认事故的损失项目并预估损失金额

通过对受损车辆的现场查勘,分析损失形成的原因,确定该起事故中造成的标的车及第三者的损失范围。通过对第三者受损财物的清点统计,确定受损财物的型号、规格、数量以及受损的程度,为核定损失提供基础资料,损失较小者可以现场确定事故损失。

3 现场查勘的方法

保险公司可以采取以下模式开展查勘工作。

(1)现场查勘模式:即事故发生后客户现场报案,车辆仍在出险现场,查勘员前往出险现场进行查勘。该模式适用于客户要求现场查勘或公司为控制风险而要求进行现场查勘的案件。

(2)在线远程查勘(客户自助查勘)模式:即客户在出险现场通过微信、App客户端等方式进行拍照上传,线上查勘人员远程进行指导、照片审核并收集客户出险信息,在线审核案件真实性,完成查勘操作。该模式应注意复杂案件与特殊案件的风险控制和后期处理的衔接。

(3)非现场查勘模式:即事故发生后,客户在事故车辆离开现场后再进行报案,或者客户报案后事故车辆离开现场,不能或不必在出险现场进行查勘工作。该模式适用于交警快速处理、快处快赔等类型案件,不适用于重大案件、夜间出险及保险公司认为其他高风险案件、可疑案件。

(4)现场复勘模式:即事故发生后,事故车辆离开现场后客户再向保险公司报案,或者客户报案后事故车辆未经查勘离开现场,但为核实事故真实性,需客户返回出险现场进行复勘工作。该模式适用于重大案件、夜间出险及保险公司认为其他高风险案件、可疑案件。

特别提示

当遇到下列情况时,应通过现场实验进行科学考察:

1. 认定痕迹或事故原因有异议时;

2. 在关键问题上意见无法统一时。

(二)现场查勘的基本流程

现场查勘,就是一个对事故定性、定责的过程,即通过仔细了解现场情况,确定损失原因以及是否属于保险责任,该项工作主要由保险公司或公估公司的查勘人员完成。查勘人员在接到调度指令后,第一时间赶赴事故发生现场,对事故的真实性进行核实,协助客户处理现场,并告知客户相关索赔事项。

现场查勘是整个理赔工作的中前期工作,它关系到本次事故是否是保险事故、保险人是否应该立案,从而关系到保险人的赔款准备金等。查勘工作未做好,整个理赔工作就会很被动,后面的工作甚至无法进行,所以,现场查勘工作是保险理赔工作的重中之重。

1 查勘准备

在赶赴现场之前,必须携带必要的查勘工具和救护用具,准备好查勘单证及相关资料。

1)准备查勘工具及仪器

查勘车辆、照相用的相机、录音笔、电池及充电器等,重大案件需携带录像机;测量用的钢卷尺或皮尺;记录用的签字笔、书写板、三角板、印泥等文具;夜间查勘需准备手电筒;雨天查勘需准备雨伞、胶靴等;视情况还需准备反光背心、事故警示牌、手套等防护用品;新手查勘还需准备事故现场所在地的地图备查。

有条件的业务部还可常备创可贴、云南白药、碘酒、十滴水、风油精、正气水、药棉、纱布、绷带或医用胶带等常用药具。

特别提示

4G或5G手机实现远程查勘定损

随着科技进步,移动智能手机在查勘定损中得到了极大的应用,通过手机和理赔系统的链接,手机可具有"自动短信通知、流程监控、手机定位、照片上传"等功能,通过实时的移动通信网络实现对理赔工作人员定位、现场拍照、后台审核等事故现场任务处理环节的快速完成。信息化技术在保险行业的应用,是提高保险公司工作效率、经营水平的最科学办法。

2)准备相关资料

现场查勘需准备现场查勘报告单、定损单、索赔指导书、出险通知书、赔款收据、事故快速处理书、旧件回收单、隐损件专用贴纸(标签)和其他委托单位要求在现场派发或收集的资料。

3)查阅抄单

查阅抄单的具体内容如下。

(1)保险期限。复核出险时间是否在保险期限以内,对于出险时间接近保险起讫时间的案件,做出标记,以便现场查勘时重点核实。

(2)承保险种。记录承保险种,注意是否只投保了交强险和商三险;对于报案有人员伤亡的案件,注意是否承保了车上人员责任险,车上人员责任险是否指定座位;对于火灾车损案件,注意是否承保了自燃损失险;对于与非机动车的碰撞案件,注意是否承保了无过失责任险等。

(3)新车购置价、保险金额和责任限额。记住抄单上的新车购置价,以便现场查勘时与实际新车购置价是否一致。从抄单的新车购置价和保险金额上可以确定投保比例。注意各险种的保险金额和责任限额. 以便于现场查勘时心中有数。

4)阅读报案登记表

阅读报案登记表的主要内容有:被保险人名称、标的车牌号,出险时间、地点、原因、处理机关、损失概要;被保险人、驾驶人及当事人联系电话,查勘时间、地点。

上述内容应齐全,如有缺失应向接报案人员了解缺失原因及相应的情况。

5)检查查勘用车

出发前,检查查勘车辆车况:车辆性能是否良好,备胎情况及更换工具是否随车携带,燃油油量能否满足当天查勘要求。另外,检查相机等查勘工具、救护用具、作业资料等是否完备,各类电子设备电量是否充足。

2 赶赴现场

(1)接受查勘调度、联系客户。

①接到客服中心调度时,查勘员如果是在非查勘定损过程中,应即时记录事故发生地点、客户姓名、联系电话、车牌号码、车架号码及报案号,并了解该案简单事故经过、核赔人是谁、是否VIP客户、是否需推荐修理厂等案件相关信息,然后在5分钟内与客户电话联系,了解事故事故详细地点及简单经过,告知客户预计到达现场的时间,对客户做初步的事故处理指导。

②接到客服中心调度时,查勘员如果正在另一事故现场勘查过程中,正在处理的事故现场在短时间内能处理完毕,并预计能够按时或稍晚些时候可以赶到下一个事故现场的,查勘员应即时记录好案件信息并在5分钟内与客户联系,说明情况,消除客户的急躁情绪,让客户心中有数,并把情况向客服中心反馈。

事故现场在短时间内不能处理完毕并预计不能够按时赶到下一个事故现场的,查勘员应及时与客服中心进行沟通,取得客服中心的支持,另行调度。

③查勘员如果正在修理厂定损过程中,应即时记录好案件信息并在5分钟内与客户联系,说明情况,告知预计到达事故现场的时间。离开修理厂时,要有礼貌地同客户或修理厂有关人员道别,并告知厂方如果有什么问题请随时打电话联系。

车损较严重不能在短时间内处理完毕的,查勘员应拍好车损外观照片,并与客户或修理厂有关人员进行沟通,取得他们的理解,然后赶赴现场案件地点进行查勘。

当修理厂位置偏远,且经简单拆检后即可定损完毕的,应及时与客服中心进行沟通,取得客服中心的支持,另行调度。

④查勘员在赶赴现场遇到道路严重堵塞、停滞不前或查勘车发生故障不能前往等特殊情况,导致不能按时到达事故地点时,应立即向客服中心反馈,取得客服中心的支持,另行调度,并向客户说明。

(2)在约定的时间内到达现场。

3 与客户接洽

到达事故现场后,查勘员应先将查勘车辆停放在不影响通行的安全位置,携带好查勘工具下车;当事故现场不便停车(或难以通行)时,可先让一名查勘员携带着查勘工具在现场(或现场附近)下车,先行前往事故现场,另一名查勘员在停放好查勘车辆后,应及时赶赴事故现场。

到达现场后,查勘人员首先要通过车牌号码来确认事故现场就是查勘员需要查勘的现场,同时,要确认客户身份,并向客户进行自我介绍。介绍的标准用语是“您好,请问是××先生/女士吗,我们是×××保险公司的查勘员,我姓××,这是我的名片”。

随后将名片递送给客户并向客户表明“受××保险公司委托,您的这次事故由我来处理”,以取得客户配合,同时消除客户急躁情绪。

若到达现场时客户已经离开现场,须反馈给调度,对客户去向加以跟踪。

若事故现场有受损车辆及有人员伤亡的,应指导客户积极实施求援,并将情况反馈给调度。

特别提示

施救处理

在一个公估人员向客户做自我介绍的同时,另一名公估人员要确认现场是否存在以下情况。

1.查看事故现场是否有人员受伤。对于有人伤的案件,公估人员应指导客户拨打120和122报警,并保护好现场、协助将伤员送往医院等(因抢救需要移动现场车辆或人员位置的,要做好标记);如属于群死群伤的重大案件,应积极协助客户、交警部门妥善处理人伤事宜。

2.查看事故车辆是否处于危险状态。如事故车辆仍处在危险状态,公估人员应指导客户联系122、119或协作厂实施拖、吊、灭火等救援工作。

4 拍摄现场照片

由于事故现场极易被破坏,故在了解事故现场概况的同时,公估人员应及时拍摄现场照片。现场照片的拍摄贯穿着整个现场查勘的主要工作。

现场照片的拍摄要按以下要求进行。

现场照相技巧　现场照相模拟

1)拍摄原则

先拍摄原始状况,后拍摄变动状况;先拍远景,后拍近景,再拍局部;先拍摄现场路面痕迹,后拍摄车辆上的痕迹;先拍摄易破坏易消失的,后拍摄不易破坏和消失的。相片必须清晰(车牌号码、车架号码、发动机号码、车损部位)、完整(能全面反映事故情况、损失情况),必须带有日期。

2)相机要求

相机必须设置日期,且显示的日期必须与拍摄日期一致,严禁以各种理由调整相机的系统日期;数码相机的照片大小调整为640×480;尽量避免使用立式拍摄,严禁使用对角拍摄。

3)现场拍照内容

凡涉及车辆和财产损失的案件,必须进行拍照。照片应有反映事故现场全貌的远景照片(也称方位照片、全景照片),还要有反映受损车辆号牌及受损财产部位和程度的近景照片。近景照片包括能确认事故责任的现场照片、紧急制动痕迹照片、车辆直接碰撞位置的照片及能反映车辆损失详细情况的照片、一般分全车外观照(概览照片)、中心照片(事故车辆损失部位照)、细目照片(特写照片或事故车辆损失部位局部照)、资料照片。

4)现场拍照顺序

(1)第一幅,拍摄远景照。

要求:能反映事故全貌、标的号牌、现场遗留物、事故接触部位、事故现场明显标志(路牌、门牌、建筑物),使人见到照片时能认出或明了事故发生的地点,如图4-2、图4-3所示。

图4-2 某事故车全景照(一)

图4-3 某事故车全景照(二)

拍摄方法:面对事故碰撞部位呈45°远景拍照。如果是在第一现场拍摄,还应拍现场照片,应从远距离采用俯视角度拍摄和从中远距离采用平视角度拍摄方法确认事故现场。

(2)第二幅,拍摄全车外观照。

要求:能够反映车牌号、出险车整体面貌及碰撞位置,反映受损车辆的受损部位和完好部位,以车为主,环境为辅,如图4-4、图4-5所示。

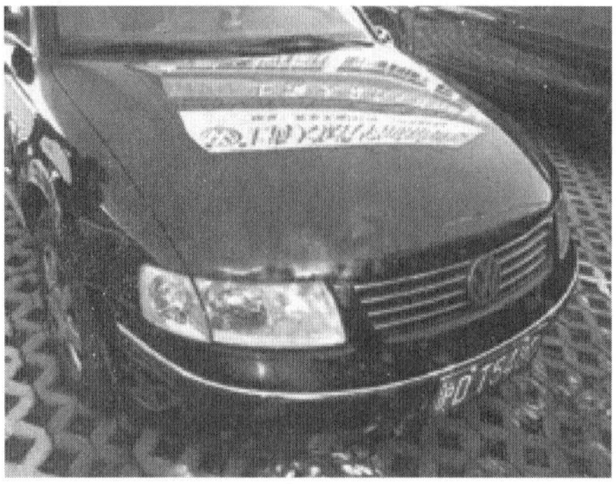

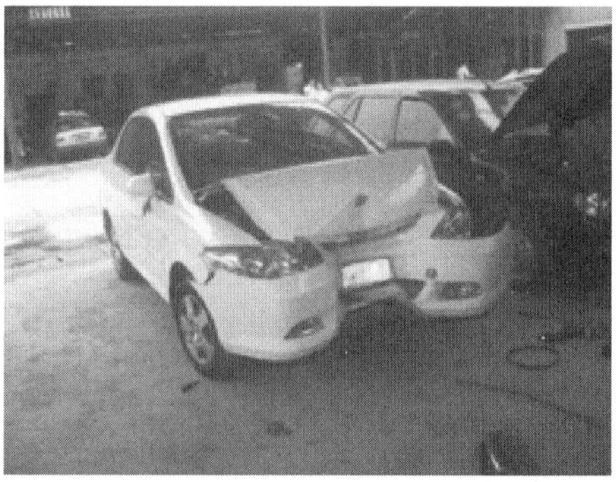

图 4-4　某事故车全车外观照(一)　　图 4-5　某事故车全车外观照(二)

拍摄方法:面对损失最为严重部位呈 45°全车外观照,最好从前、后两个角度拍摄。

(3)第三幅,拍摄中心照片(事故车辆损失部位照)。

要求:反映受损部位的整体状况和碰撞点(接触点),便于直观判断损坏程度,要把损失部位及四周关联物体都拍摄在内,如图 4-6、图 4-7 所示。

图 4-6　某事故车的中心照片(一)　　图 4-7　某事故车的中心照片(二)

拍摄方法:以碰撞点为中心,以适中的距离拍摄能够反映碰撞点、损失部位的整体情形,先整体后局部、由里及外。

(4)第四幅,拍摄事故车辆损失部位局部照。

要求:反映受损部位的局部状况,为修换标准提供技术支持,如图 4-8、图 4-9 所示。

拍摄方法:采取局部放大方式拍照。为了要能反映与其他部位的联系,拍摄距离也不宜过近。

(5)第五幅,拍摄标的 17 位编码照(或车架号照片)。

要求:将 17 位编码反映清晰,易于辨认;对于货车车架号拍照不清楚的情况应拓印车架号,如图 4-10、图 4-11 所示。

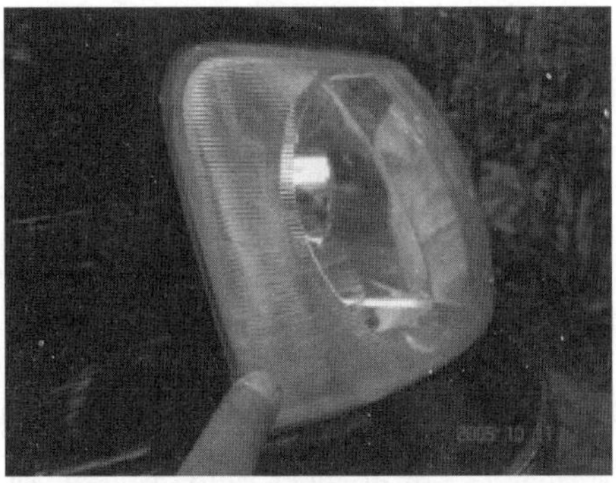

图 4-8 某事故车的损失部位局部照片(一)

图 4-9 某事故车的损失部位局部照片(二)

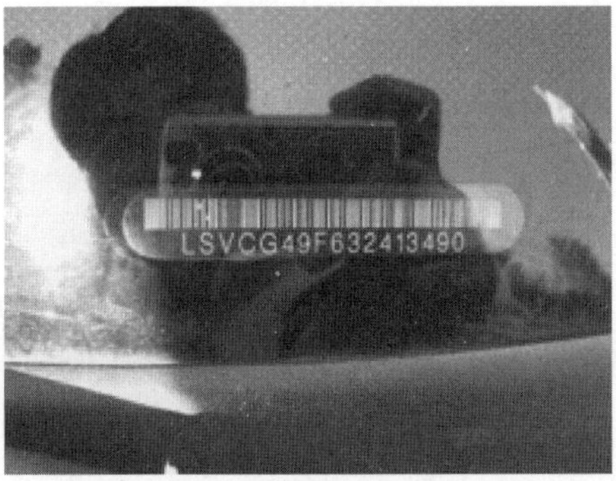

图 4-10 17 位编码照片

图 4-11 车架号照片

拍摄方法:整幅近照。

特别提示

对改装车还需拍摄铭牌和发动机号。

(6)第六幅,拍摄三者事故损失部位照。

要求:反映事故接触点、受损部位、受损程度、标的号牌。

拍摄方法:由远及近、由里及外、先整体后局部。

(7)第七幅,拍摄事故当事人驾照。

要求:反映有效期限、年审时间且易于辨认。

拍摄方法:整幅近照,先核对后拍照。

(8)第八幅,拍摄事故车辆行驶证。

要求:反映车主、号牌、VIN 码、年审时间。

拍摄方法:整幅近照,先核对后拍照。

特别提示

单方事故照片要有固定静止物被刷、擦、撞痕迹的近景照。

对于底盘损坏的车辆,应在车辆提升后或在维修槽里进行拍摄,并保证有足够的光线。

大件损伤不明确的,应拆下来单独拍摄全景照,并拍摄损伤细节处照片。

可修可换部件的照片应能详细反映损伤程度;穿孔部件照片不能清晰反映的,可以插上钥匙再拍,断裂处可用手指指明再拍。

对于拖带车辆(含挂车),或拖带其他物体的应拍摄所有车辆及拖带物,并做出必要说明。

5)注意事项

(1)照片的具体数量,应根据事故类型和损失程度来确定。

(2)照片均应配以文字标注,对损坏部件用红笔画小圈,再用蓝、黑笔在照片侧用文字说明。

(3)照片的上传,原则上按上述拍摄的顺序传送,但方位照片应系统连贯地反映现场概况。

6)玻璃破碎的拍照要求

(1)破碎不明显的,客户坚持更换的,现场敲碎后拍照。

(2)在玻璃拆除后进行拍照,反映标的号牌。

(3)在玻璃破碎处涂着色剂或颜料后拍照,反映标的号牌。

7)隐损件的拍摄要求

涉及隐损的零件及容易扩大损失的零件(如前照灯、散热网、水箱等)需贴标签拍摄,标签上必须签署公估人员姓名和查勘时间。

5 核对标的车辆情况

如果事故车辆可以自行移动,在确认事故的真实性、保险责任和事故责任之后,公估人员可同意(或要求)事故当事人将事故车辆移到不影响交通的地方,继续核实标的车的情况。核实标的车的情况要按以下的流程进行。

1)查验保单(保险卡)

通过查验,确认是否在本公司投保。若客户不能提供保险单(证)的,查勘人员应立即与调度人员进行承保情况确认。

2)了解报案人、驾驶人身份

报案人应为被保险人或事故当事人,属代报案的,需提供被保险人委托书、受托人身份证原件等。如报案人无法提供相关手续,可依据正常工作流程先行处理,但应在查勘报告中特别注明,同时告知报案人提交索赔单证时,务必携带委托手续。

调查驾驶人姓名、驾驶证号码、准驾车型,了解驾驶人是否是被保险人或其允许的驾驶人或保险合同中约定的驾驶人,特种车出险要查验是否具备国家有关部门核发的有效操作证;对驾驶营业性客车的驾驶人要查验是否具有国家有关行政管理部门核发的有效资格证书,并对相关证件拍照。

3)核对保险标的

(1)核实事故车辆的车牌号、车架号(VIN码)或发动机号。特别注意车架号(或VIN码)是否与保单相符,确认事故车辆是否为承保标的,并拍摄车架号码,拍照不清楚情况下拓印。

(2)核实事故车辆的行驶证与事故车辆是否一致、有效,并做好记录,拍照留存。

(3)核实事故车辆的使用性质。确认事故车辆出险时使用性质与保单载明的是否相符,不相符的,应及时调查取证,现场向报案人(或被保险人)做询问记录,并要当事人签名确认,且在查勘记录中说明。

(4)核实出险车辆的装载情况。核实车辆的载客人数、货物质量、是否运载危险品、车辆结构有无改装或加装。在查勘报告中记录载客人数、货物质量、高度等;车辆装载异常或挂有营运牌的,注意索取运单、发货票等资料留存。

特别提示

1. 虽然现代汽车大多数车架号与VIN码相同,但不允许用核对VIN码的方法来替代车架号,因为VIN码比车架号易仿造。

2. 识别行驶证真伪的办法:

(1)用紫光灯查看塑封套上的防伪标记(应与行驶证卡片上的暗记图形相同)。

(2)查看行驶证上的汽车彩照与实物是否相符。

(3)查看行驶证的纸质、印刷质量、字体字号。

(4)查看行驶证副本上的检验合格章。

❻ 查勘现场

查勘现场就是要确认事故的真实性、标的车在事故中的责任、事故或损失是否属于保险责任范畴。

1)确认事故的真实性

(1)观察碰撞、剐蹭痕迹的位置、高度(可用卷尺测量)是否相吻合,以及造成的损失是否合理等。

(2)观察碰撞位置是否有对方车身颜色的油漆或物体的脱落物。

注意:若碰撞后有漆面脱落,但现场及对方的车身上均找不到脱落的油漆,或虽有油漆但颜色不吻合时,说明碰撞情况不属实。

(3)观察现场是否有制动痕迹或轮胎拖印。

若现场无任何制动痕迹但造成的损失却较大,这显然是不可能的。

(4)观察现场是否有碰撞造成损坏的散落物(如:漆面、塑料碎片、灯具玻璃碎片等)。

根据散落物的位置可以初步判断碰撞的第一接触点和碰撞后的运动路线,必要时应将散落的玻璃碎片进行拼合,若有残缺无法拼合时,则表明不是第一现场。

(5)对于停放车辆被撞的情况,可检查车辆的水温是否处于较低温度或发动机是否发热,以判断报案情况是否属实。

(6)对于非碰撞造成的事故,同样可以根据现场情况,分析事故成因及事故的真实情况。

如:对于翻车事故,可以根据现场的制动痕迹、抛出物的方向、车辆装载情况及出险时的天气、路面情况等判断事故真实情况。

(7)调查事故时间,了解确切出险时间是否在保险有效期限内,对接近保险起讫期出险的案件,应特别慎重,认真查实。要详细了解车辆启程或返回的时间、行驶路线、委托运输单位的装卸货物时间等,以核实出险时间,同时,对出险报案时间进行对比,是否超过48小时。

(8)调查事故地点,查验承保车辆的出险地点是否和报案地点一致;对于提车保单,还需了解出险地点是否与保单约定的行驶区域范围相符。对非道路事故自行移动现场的,如有疑义的,应进行现场复勘或现场复位,损失较大或事故存在疑点的,应及时提示客户向110报案。

通过对事故现场的仔细勘验,查勘员要对事故的出险时间和地点做出判断,以确认事故是否真实。

2)绘制现场草图

重大赔案应绘制《机动车辆保险车辆事故现场查勘草图》。现场草图要反映出事故车位、道路情况及外界影响因素。

3)查明事故发生的原因

采取多听、多问、多看、多想、多分析的办法,观察车辆行驶线路,车辆碰撞位置、痕迹,车辆制动痕迹等现场情况,特别注意撞击点的合理性,散落物的材质与受损车所装配件材料的一致性,现场收集事故证据、证明材料等。对有驾驶人饮酒、吸食或注射毒品、被药物麻醉后使用保险车辆或无照驾驶、驾驶车辆与驾驶证准驾车型不符、超载等嫌疑时,应立即协同公安交警部门获取相应证人证言和检验证明。

出险的真实原因是判断保险责任的关键,对原因的确定应采取深入调查,切忌主观武断。对于事故原因的认定应有足够的事实依据,通过必要的推理,得出科学的结论,应具体分析说明是客观因素,还是人为因素;是车辆自身因素(如轮胎爆裂引起事故),还是受外界影响;是严重违章,还是故意行为或违法行为等,尤其对于保险责任的查勘,应注意确定是外部原因引起、是损伤形成后没有进行正常维修而继续使用造成损失扩大所致,还是车辆故障导致事故。对损失原因错综复杂的,应运用近因原则进行分析,通过对一系列原因的分析,确定导致损失的近因,从而得出结论。凡是与案情有关的重要情节都要尽量收集、记载、以反映事故全貌,同时,应获取证明材料,收集证据。

4)判断是否属于保险责任

查明真实的事故原因后,查勘员要结合《中华人民共和国保险法》《中华人民共和国合同法》和相关保险条款对存在疑点(如标的车驾驶人和三者车驾驶人描述不一致)或报案不符的事项做重点调查,必要时对当事人或目击人做询问记录。

询问记录要求走访有关现场见证人或知情人,弄清真相,同时进行《机动车辆保险车辆事故现场查勘询问笔录》,做出询问记录,并由被询问人过目签字。

各种除外责任参见《机动车交通事故责任强制保险条例》和《机动车商业保险行业基本条款(A、B、C 款)》。

如果查明事故非保险责任范畴,查勘员可以直接开始缮制《现场查勘报告》,在报告中注明事故非保险责任范畴,并向客户解释清楚后,可结束查勘工作。

7 现场定损

对符合现场定损条件的小额事故,现场与客户协商定损,当场出具损失确认书,双方当场签字确认后,推荐客户到公司合作网点或集中定损点修理。具体方法见本章“事故车辆的定损”。

表 4-1

机动车辆保险事故现场查勘报告

被保险人			保险单号		
车牌号码		厂牌型号		发动机号	
车架号(VIN)			保险期限	年 月 日 时至 年 月 日 时	
肇事司机		驾驶证号		是否检验有效	□是 □否
行驶证车主		领证日期		行驶证有效期	
出险时间	年 月 日 时		出险地点		
三者信息 车牌号码		厂牌型号		交强险承保公司	
三者信息 肇事司机		性 别	□男 □女	交强险保单号	
出险原因		现场类型	□第一现场 □第二现场 □复勘现场		
查勘内容： 被保险人(当事人)签字： 年 月 日					
损失情况描述：					

续上表

<table>
<tr><td colspan="4">查勘处理意见：</td><td colspan="2" rowspan="6">现场草图：　北↑</td></tr>
<tr><td rowspan="8">预估损失</td><td colspan="2">险 别</td><td>预估金额</td></tr>
<tr><td colspan="2">车辆损失险</td><td></td></tr>
<tr><td rowspan="3">第三者责任险</td><td>车　损</td><td></td></tr>
<tr><td>物　损</td><td></td></tr>
<tr><td>人　伤</td><td></td></tr>
<tr><td colspan="2">车上人员责任险险</td><td></td><td colspan="2">标的车拓印号粘贴处</td></tr>
<tr><td colspan="2">施救费</td><td></td><td>查勘地点</td><td></td></tr>
<tr><td colspan="2">其他费</td><td></td><td>查勘员签章</td><td></td></tr>
<tr><td colspan="3">预估金额合计</td><td></td><td>查勘时间</td><td>年　月　日　时</td></tr>
</table>

1)剔除非事故或非保险责任内损失

现场查勘时,查勘员要确认事故车辆的损失部位。对非本次事故造成的损失(或非保险责任范畴内的损失)要予以剔除,并做好客户的沟通解释工作,取得客户理解和确认。

2)核定事故车辆损失

对于责任明确、车损较小、没有隐损件的事故,查勘员要在现场核定维修工时和配件价格,出具《定损单》,并在有需要回收的受损零部件上粘贴回收标签,告知客户妥善保管核准更换的受损零部件,以备回收。

3)清点财产损失情况

对于造成其他财产损失的案件,查勘员应现场确认第三方财产损失的型号、数量等,对于货品及设施的损失,应核实数量、规格、生产厂,并按损失程度分别核实;对于车上货物还应取得运单、装箱单、发票、核对装载货物情况;对于房屋建筑、绿化带、农田庄稼等要第一时间丈量损失面积,告知客户提供第三方财产损失清单,并对受损财产仔细拍照。现场清点后,要列出物损清单,并要求事故双方当事人在清单上签名确认。

8 缮制查勘报告

查勘员在完成上述现场查勘工作后,要将上述情况汇总形成文字材料,即要缮制《现场查勘报告》。

填写现场查勘报告时,注意记录驾驶人反映的事故经过,公估人员如实简要记录现场及地面情况、碰撞部位及碰撞痕迹,并对事故的真实性给出评价。

填写查勘记录单

某保险公司的现场查勘报告见表4-1。

9 索赔告知

(1)讲解理赔流程和宣传公司的特色服务。

(2)发放索赔须知及索赔申请书。

(3)指导客户填写《机动车辆保险索赔申请》,要求当事人填写详细出险经过,当事人必须亲自签名。

10 离开现场

在告知客户事故处理程序和索赔流程后,查勘员就可以向客户告别,离开现场。

11 上传材料

查勘员必须在规定时间内将现场查勘的所有相关资料上传至车险理赔系统,

遇有疑难问题，与搭档沟通达成一致意见后及时与核赔人员沟通，将沟通意见上传车险理赔系统，并在规定时效内，向内勤人员移交查勘定损单证。

（三）现场查勘的几项技术

现场查勘模拟

1 现场拍照技术

现场拍照中常存在以下一些技术问题，如现场拍照取景、接片技术在现场拍照中的运用、滤色镜的使用、事故现场常见痕迹的拍照等。

1）现场拍照的取景

所谓取景，就是根据拍照的目的和要求，确定拍照范围、拍照重点，选择拍照角度、距离的过程。简单地说，就是选择和确定能最充分地反映拍照目的和要求，能突出主体物的拍照。取景有以下几个要点。

（1）拍照距离：拍照距离是指拍照立足点和被拍照的物体之间的距离。拍照距离远则拍照范围大，但物体影像小，宜于表现大场面。根据拍照点的距离不同，所拍图像分别称为远景、中景、近景和特写，在现场拍照中远景、中景用来表现现场概貌，而近景和特写用来表现景物的局部较小物体及某些痕迹等。

（2）拍照角度：拍照角度是指拍照立足点与被拍物体的上下和左右关系。上下关系分俯拍、平拍、仰拍；左右关系分正面拍照、侧面拍照。

（3）光照方向及角度：光照方向就是指光线与相机拍摄方向的关系；光照角度是指光线与被照射物体的上下左右关系，有顺光、侧光和逆光之分。

2）交通事故现场常见痕迹的拍照

事故现场常见的痕迹拍照一般有以下几种。

（1）碰撞痕迹。这种痕迹一般在外形上表现为凹陷、隆起、变形、断裂、穿孔、破碎等特征，一般只要选择合适的拍摄角度即可表现出来。凹陷痕迹特别是较小、较浅的凹陷痕迹较难拍摄，拍摄这种痕迹时，用光是关键，一般可采用侧光，也可利用反光板、闪光灯进行拍摄。

（2）剐蹭痕迹。这种痕迹一般表现为被剐蹭的双方表皮剥脱，互相粘挂，如接触点有对方车辆的漆皮或者被剐伤者的衣服纤维，人的皮肉、毛发等。如剐蹭痕迹为对方物体的表面漆皮等有颜色物体，可选择相应的滤色镜拍摄，突出被粘挂物。

（3）其他痕迹。

①机件断裂痕迹：一般都有明显的陈旧裂痕，能在现场拍照，应立即拍摄，如不便拍摄，可拆下后进行拍摄。

②血迹:拍照时主要应看血迹落在什么颜色的物体上,确定是否用滤色镜和加用何种滤色镜。

③制动拖印:拖印对判断肇事车辆运行位置、行驶速度、制动效能及采取措施情况上有着十分重要的作用,拍摄重点应放在反映制动印的起止点,特别是起点与道路中心线或路边的关系。

④小物体及细小痕迹。可采用加近拍镜,或使用镜头接筒(只能用于单镜头反光相机上)的方法。

2 现场绘图技术

1)绘制现场图的意义

现场图是以正投影原理的绘图方法绘制的。实质上是一张保险车辆事故发生地点和环境的小范围地形平面图。根据现场查勘要求必须迅速全面地把现场上的各种交通元素、遗留痕迹、道路设施以及地物地貌,用一定比例的图例绘制在平面图纸上。它所表现的基本内容如下:

(1)表明事故现场的地点和方位、现场的地物地貌和交通条件;

(2)表明各种交通元素以及与事故有关的遗留痕迹和散落物的位置;

(3)表明各种事物的状态;

(4)根据痕迹表明事故过程、车辆及人畜的动态。

现场图是研究分析出险事故产生原因,判断事故责任,准确定损,合理理赔的重要依据。现场图不仅要让绘图者能看懂,更重要的是能让别人看懂,让没有到过出险现场的人,能从现场图中了解到出险现场的概貌。

通常第一现场查勘须绘制现场图,非第一现场一般已不具备绘制现场图的条件。机动车辆保险中第一现场查勘多为单方事故,现场查勘图无判断事故为哪一方责任的意义,只是为了反映现场状况,使他人通过现场图能够对事故现场状况有一个总体的认识。

2)现场图的种类

根据制作过程现场图可分为现场记录图和现场比例图。

(1)现场记录图。现场记录图是根据现场查勘程序,在出险现场绘制、标注,当场出图的出险现场示意图,是现场查勘的主要记录资料。由于现场记录图是在现场绘制的,而且绘图时间短,因而就不那么工整,但内容必须完整,物体位置和形状、尺寸、距离要成比例,尺寸数字要准确。出图前发现问题,可以修改、补充。在一般情况下,通过平面图和适当的文字说明,即可反映出出险事故现场的概貌。有时,为了表达出险事故现场的空间位置和道路纵、横断面几何线形的变化,也常采用立面图和纵横剖面图。

(2)现场比例图。现场比例图是根据现场记录图所标明的尺寸、位置,选用一定比例,按照绘图要求,工整准确地绘制而成的正式现场比例图。它是理赔或诉讼的依据。

3)现场记录图的绘制

现场记录图要求在现场查勘结束时当场出图,在很短的时间内,把现场复杂的情况完整无误地反映在图面上,就要求绘图者必须具备一定的业务水平和熟练的绘图技巧。现场记录图的绘制过程如下。

(1)根据出险现场情况,选用适当比例,进行图面构思。

(2)按近似比例画出道路边缘线和中心线。通常现场图采用“上北下南”,上北下南不易清晰表达时,可利用罗盘确定道路走向。在图的右上方绘出指北标志,标注道路中心线与指北线的夹角。

(3)根据图面绘制的道路,用同一近似比例绘制出险车辆图例,再以出险车辆为中心向外绘制各有关图例。

(4)根据现场具体条件选择基准点,应用定位法为现场出险车辆及主要痕迹定位。

(5)按现场查勘顺序先标尺寸,后注文字说明。

(6)根据需要绘制立面图、剖面图或局部放大图。

(7)核对、检查图中各图例是否与现场相符,尺寸有无遗漏和差错。

(8)经核对无误,现场查勘人员、当事人或代表应签名。

某保险公司对现场记录图的绘制要求及图标如图4-12所示。

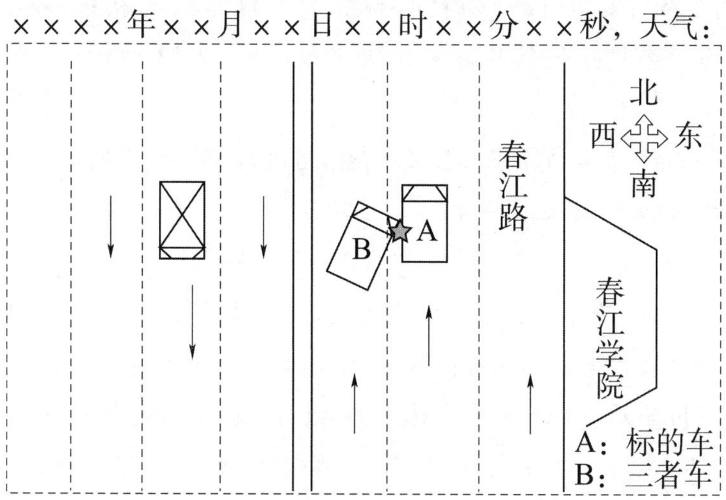

图　4-12

图 4-12　现场记录图的绘制要求及图标

【案例 4-1】

2012 年 4 月 21 日 21 时 20 分许,刘某向某保险公司报案称其驾驶蒙迪欧轿车行驶至江苏省淮安市清浦区严李村时为躲避车辆与柱子相撞,事故造成车辆受损严重,无人伤。事故报案信息详见出险记录,如图 4-13 所示。

查勘过程:

由于是深夜出险,查勘员立即赶往现场,到达现场后,查勘人员发现事故存在异常,并对事故进行了深入细致查勘。

1. 事故现场

该起事故发生在一条小路上,正常情况行驶车速不会很快,但事故车辆损失程度很重,并且车辆正面与柱子相撞,从车轮形式轨迹分析没有任何避让及制动痕迹;查勘人员在报案后 20 分钟左右达到现场,但发动机没有一点温度,故可推测事故发生时间不是真实的报案时间,综述该起事故人为故意嫌疑较大。事故现场情况如图 4-14 ~ 图 4-16 所示。

机动车辆险出险信息表

报案号：43[illegible]0002012[illegible]

车辆信息	交强险保单号	23[illegible]30201200[illegible]3		商业险保单号	23208[illegible]40201200[illegible]02	
	被保险人	魏[illegible]佳		行驶证车主	魏[illegible]	
	保险期限(强)	2012-0[illegible]-30 起 2013-0[illegible]-29 止		保险期限(商)	2012-0[illegible]-13 起 2013-0[illegible]-12 止	
	即时生效(强)	否		即时生效时间(强)		
	厂牌车型	蒙迪欧CAF7200B轿车	车牌号码	苏H[illegible]3	发动机号	4J[illegible]8
	新车购置价	159300.0	使用性质	非营业	VIN/车架号	LVSFBFAC64F[illegible]5
	绝对免赔额		已使用年限	5-8年	车辆初登日期	2004-12-10
	核定载客/载重	5/0.0	车辆种类	六座以下客车	承保机构	江苏淮安中支本级团队
报案信息	出险时间	2012-04-21 21:[illegible]:03.0		出险地点	江苏省淮安市清浦区严李村	
	报案时间	2012-04-21 21:[illegible]7:03.0	报案人	刘[illegible]	联系电话	0[illegible]617005
	出险原因	碰撞(撞固定物)	驾驶员姓名	刘[illegible]	碰撞部位	
约定驾驶人员	主驾驶员姓名	无	驾驶证号码	无	初次领证日期	无
	从驾驶员姓名	无	驾驶证号码	无	初次领证日期	无

投保险种

保单号	承保险别	保险金额/责任限额	保费	免赔率	绝对免赔额
2[illegible]80330201200[illegible]93	机动车强制三者险	122000.0	950.0		0.0
23[illegible]0340201200[illegible]	第三者责任险 [002]	[illegible]00000.0	1096.0	不计免赔率	0.0
23[illegible]80340201200[illegible]02	车辆损失险 [002]	159300.0	2293.0	不计免赔率	500.0

事故经过：

行驶躲车撞柱子（不详），标的前部受损，无人伤，车在现场，已报警。

图 4-13　事故出险记录

图 4-14　事故现场照片

图 4-15　安全气囊弹出

2. 损失部件

由于事故发生时间为深夜，查勘人员第二天对事故损失部分进行了深入查勘，结果发现案件存在大量疑点。

(1) 在车辆损失部位发现大量旧件，如图 4-17、图 4-18 所示。

(2) 安全气囊有被水洗过的痕迹，上面的字迹模糊，如图 4-19 所示。

(3) 事故未造成任何玻璃损坏，但在安全气囊爆出仪表台里面有大量玻璃碎渣,如图4-20所示。

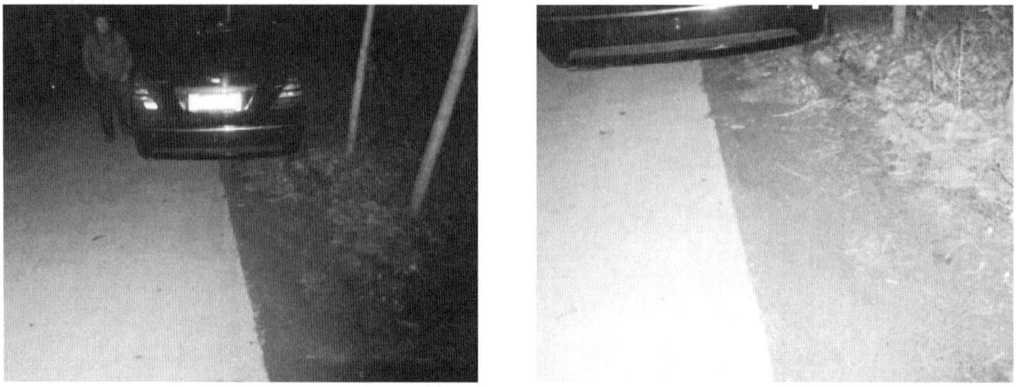

图4-16　事故现场车辆轨迹无避让及制动痕迹

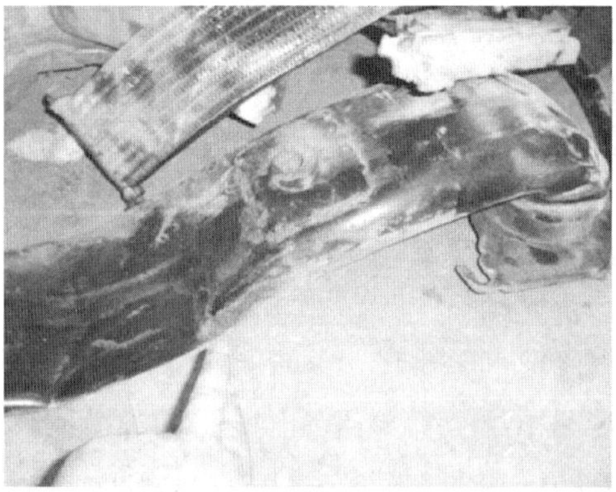

图4-17　前保险杠为旧件

图4-18　起动机为旧件

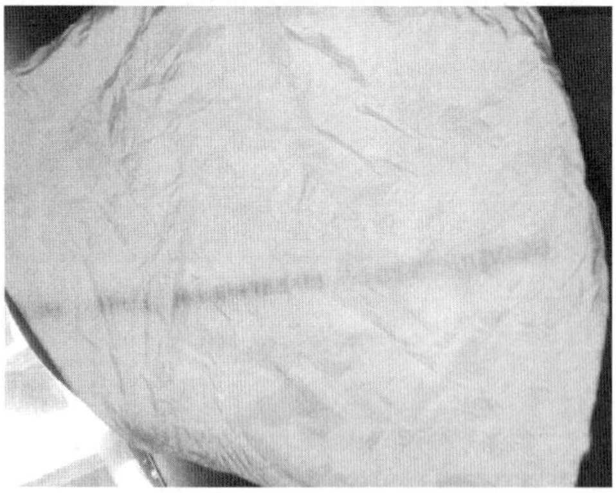

图4-19　安全气囊字迹模糊

图4-20　仪表内部有玻璃碎渣

3.行驶证

该车行驶证于2012年1月份刚刚过户,相对风险较高。

查勘结论：

经查勘人员认真分析，该案疑点重重，经与被保险人沟通，放弃了本起事故索赔并签收了拒赔通知书，如图 4-21 所示。

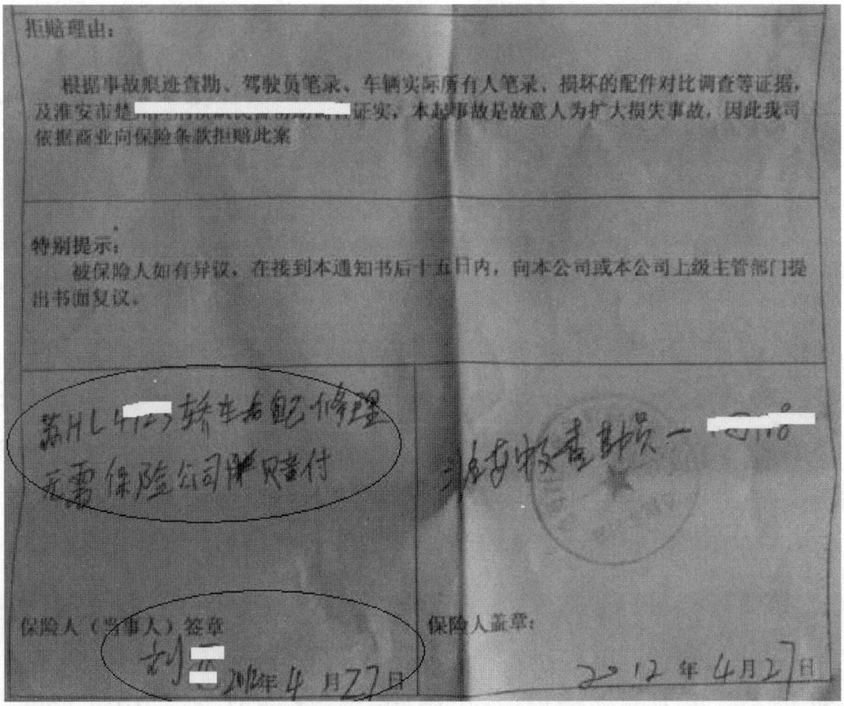

拒赔理由：

根据事故痕迹查勘、驾驶员笔录、车辆实际所有人笔录、损坏的配件对比调查等证据，及淮安市楚[redacted]证实，本起事故是故意人为扩大损失事故，因此我司依据商业险保险条款拒赔此案

特别提示：

被保险人如有异议，在接到本通知书后十五日内，向本公司或本公司上级主管部门提出书面复议。

保险人（当事人）签章

[redacted] 2012年 4 月27日

保险人盖章：

2012 年 4月27日

图 4-21　拒赔通知书

三　事故车辆的定损

（一）车辆定损概述

1 车辆定损的要求

定损员应认真查验受损标的，确定损失部位、损失项目、损失程度，主动与客户及修理厂协商修复方案，修复方案包括换件项目、检修项目、拆装费用、修理费用和残值处理几个方面，对小额案件，突出效率和服务，对大额案件，在加强风险控制的同时，提高服务质量，坚持双人现场拆检，采取先确定项目和修理费用，后报价的方式提高工作效率。

2 定损原则

（1）以修为主，以换为辅，坚持能修不换的定损原则。

（2）以本次事故为限，严格区分本次事故受损范围。

(3)以原厂配置为限,严格区分原厂配置和新增配置。

(4)以实际价值为限,坚持按补偿原则核定损失。

(5)坚持一次性协商定损为主,修复验车为辅的定损原则。

3 定损的方式

定损方式分为现场定损、集中定损、上门定损和远程定损等定损模式。

1)现场定损

对于仅涉及小额车损、财产及人伤的案件,经现场查勘,责任清晰,损失明确且符合公司相关规定的,可进行事故现场定损处理,实现查定一体化服务。

2)集中定损

(1)对于符合当地简易快处条件的交通事故,可依据《道路交通事故处理程序规定》和当地交通管理规定引导事故当事人前往交通快速处理中心进行处理。

(2)对于当地保险行业或公司规定需要统一集中定损的案件,可依据相关规定引导客户前往集中拆检定损中心进行处理。

(3)对于当地维修企业相对集中的区域设立定损点,派驻定损人员,对受损车辆进行集中定损处理。

3)上门定损

对于现场无法定损的车辆,且客户不愿意采取其他定损方式的,可根据客户意愿约定修理地点上门定损。

4)远程定损

保险公司采取线上与客户互动,通过远程照片拍照、视频方式指导客户,完成事故中受损车辆的损失确定。

4 定损注意事项

1)定损工作应掌握的原则

(1)定损核价工作首要原则是积极掌握定损主动权。

(2)严格遵照定损核价权限,超出权限范围的应及时上报有关部门或领导,协商处理意见。

(3)修理范围仅限于本次事故所造成的车身损失。

(4)事故车辆以修复为主,能修复的配件尽量修复,不能随意换用新的配件。

(5)可局部修复的,不可按总成大修计算工时费;可更换单独零件的,不能按更换总成配件计算费用。

(6)配件价格必须按本公司或各保险公司相关规定上报核价,配件费遵循

“有价有市”和“报供结合”的原则。

(7)管理费、残值要参照当地汽修市场行情和保险同业的标准(或惯例)确定,更换配件的管理费率一般不得超过15%;

(8)残值应与被保险人或维修厂协商处理,并从总维修费中扣除,保险人收回的配件残值不再在总维修费中扣除。

2)明确区分几个界限

(1)应注意本次事故造成的损失和非本次事故造成的损失的界限。区分时,一般根据事故部位的痕迹进行判断。对本次事故的碰撞部位,一般有脱落的漆皮痕迹和新的金属刮痕;对非本次事故的碰撞部位,一般有油污和锈蚀。

(2)应注意事故损失和机械损失的界限。保险人只赔偿条款载明的保险责任所导致的事故损失。因制动失灵、机械故障、爆胎,以及零部件的锈蚀、老化、变形、发裂等造成的汽车本身损失不应负责赔偿。但因这些原因造成的保险事故,可赔偿事故损失部分,非事故损失部分不予赔偿。

(3)应注意汽车保险事故损失和产品质量或维修质量问题而引发事故损失的界限。若由产品质量或维修质量引发的车辆损毁,应由生产厂家、配件供应厂家、汽车销售公司或汽车修理厂家负责赔偿。汽车质量是否合格,保险人不易确定,如对汽车产品质量问题有怀疑,可委托机动车辆的司法鉴定部门进行鉴定。

(4)应注意过失行为引发事故损失与故意行为引发事故的界限。过失行为引发的事故损失属于保险责任,故意行为引发的事故损失属于责任免除。

3)注意车辆送修规定

(1)受损车辆未经保险人同意而自行送修的,保险人有权重新核定修理费用或拒绝赔偿。

(2)经定损后,被保险人要求自选修理厂修理的,超出定损费用的差价应由被保险人自行负责。

(3)受损车辆解体后,如发现尚有因本次事故造成损失的部位没有定损的,经定损员核实后,可追加修理项目和费用。

(二)车辆定损的基本流程

定损工作流程

1 核对车辆相关信息

核对出险车辆的厂牌、型号、VIN码、牌照号、车架号(要求拓印/拍摄车架号)、发动机号、吨位或座位等是否同行驶证、保险单上的内容完全一致。以临时牌照投保的车辆,要检核临时牌照的有效期限、行驶的规定路线。

2 拍摄损失照片

1)第一幅:事故车辆外观照

要求反映受损车辆的受损部位和完好部位、标的号牌,以便判断事故车辆受损程度。拍摄方法:面对损失最为严重部位,呈45°全车外观照拍摄。

2)第二幅:事故车辆损失部位照

要求反映受损部位的整体状况和碰撞点(接触点),便于直观判断损坏程度。拍摄方法:先整体后局部、由里及外。

3)第三幅:事故车辆损失部位局部照

要求反映受损部位的局部状况,为修换标准提供技术支持。拍摄要求:采取局部放大方式拍照。

注意:照片的具体数量应根据事故损失程度确定,但照片顺序原则上按以上要求上传,双代和3万元以上事故车辆照片一般应配以文字标注。

3 确定修理方案

1)内容

(1)确定换件项目。

(2)确定修理项目及费用。

(3)协商残值处理。

2)配件报价

报价手册结合电话报价。

3)注意事项

(1)对损失无法确认或需进一步检测方能确定的零部件,可在损失确认书上注明待查项目,待检测条件成熟时,以检测数据作为定损依据。待查项目确定时间控制在拆检完毕或车辆修复以前。

(2)对于修换标准不易界定或涉及老旧车型配件,客户坚持要求更换原厂配件时,可按原厂配件价格标准定损,但应在定损单上注明需修复验车方可赔付,告知客户在提车前,必须通知保险公司验车,修复验车原则上由定损员检验。

(3)对确实需要拆检、复查或试车定的隐损件,必须粘贴“核损待检封”,并签署定损员姓名、查勘日期、车牌号码,以便复查。对需要回收的部件,也需粘贴“核损待检封”,以便回收人员核实、回收。

(4)如遇到受损车辆安全气囊爆出,定损员必须第一时间在安全气囊上签署姓名、日期，检查气囊是否拆检过，有必要时用检测仪调出故障码核对。

（5）发现车损有异常情况时，必须明确要求修理厂不得拆检或修理受损车辆，并立即向相关案件负责人汇报，在得到案件负责人的明确指示后，方可按案件负责人的指示继续查勘定损。

（6）定损员在初步核定维修方案后，必须明确告知修理厂要等保险公司将价格核定之后，方可修车，避免产生差价纠纷，特别是一些高档车的维修厂家。

4 出具定损单

定损员在查勘定损完毕后，要对本次事故的真实性，碰撞痕迹以及是否有损失扩大等做出总结，并出具手工定损单，双方签字确认；需复勘现场的，与客户协商复勘方式，安排复勘事宜，并在定损单上注明需复勘现场。

表4-2为某保险公司的定损单格式。

5 上传定损资料

手工定损单经客户签字后应缮制电子版定损单，并在要求的时限内将损失照片和定损单上传到理赔系统进入核价审核平台；定损员在理赔系统上输入定损单时，配件名称必须标准、规范，必要时须注明零件编码或指明安装位置及作用。定损员在理赔系统上书写查勘备注时，必须完整、规范、明了，且须在备注中签注定损员的姓名及上传资料的日期，如图4-22所示。

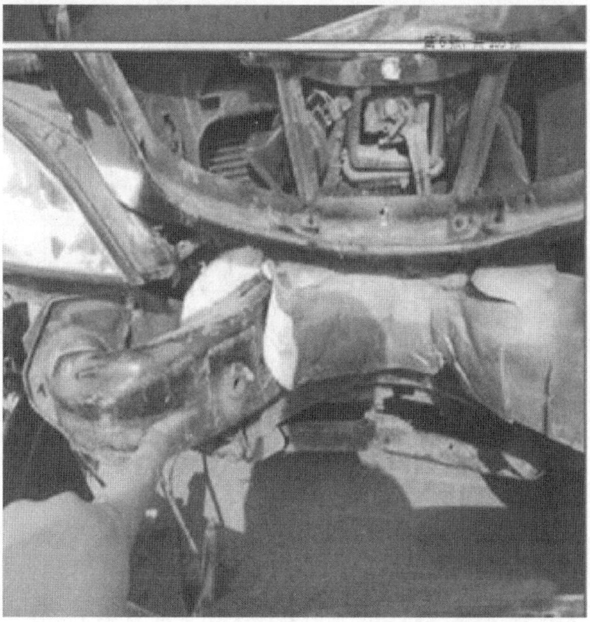

系统名称：	车险网上理赔系统
模块名称：	查勘定损
批次号：	1
报案号：	4***02012000123
商业险保单号：	23***3402012000102
交强险保单号：	23***3302012000093
影像大类：	定损照片
影像子类：	本车定损照片
车牌号：	苏H***3
车架号：	null
发动机号：	null
上传人：	
上传机构：	江苏　　　内勤业务部
上传时间：	2012-04-22 17:16:28:0
影像说明：	损坏的机盖、机盖锁、前杠、骨架、前杠缓冲块、中网、左前右前大灯、水箱框架、水箱、冷凝器等

图4-22　照片上传

表 4-2

×××保险公司定损单格式

报案号：

被保险人				保险单号	
出险时间	年　月　日			受损车辆	□保险车辆　□第三者车辆
车牌号码				厂牌型号	
发动机号				车架号(VIN)	
更换项目	数量	单价	金额	维修项目	工时
				事故拆装：	
				事故钣金：	
				机修：	
				电工：	

续上表

				事故油漆：	
材料管理费					
残　值					
材料费小计				工时费小计	
合计：人民币　　佰　拾　万　仟　佰　拾　元　角　分（¥：　　　　）					
特别告知： 1. 受损车辆须经保险人、被保险人、承修方三方共同协商，完全同意按以上核定的维修项目及价格修理。 2. 承修方按以上核定维修项目保质保量修理，如有违背，保险人有权向被保险人或承修方追回价格差额。 3. 对未经我公司同意擅自更换的配件或增加的修理项目及其费用，以及由于质量问题而返工的费用或因延误交付时间而造成的一切后果，保险人概不负责。 4. 其他约定：					

定损完毕后,修理厂要求增补配件及工时项目的,定损员应要求承修厂出具书面增补报告。定损员收到书面增补报告后,核实增补项目是否受损以及是否属于本次事故造成的损失,核定增补项目或工时后,报案件负责人审核,再补录到理赔系统中。

(三)定损项目的修复原则

事故车辆定损时,除了坚持“以修为主、能修不换”的总原则外,在实际的定损中,对不同的部件或材料的修换其原则又有差异。定损员若掌握正确的定损项目的修换原则,既能避免不法分子利用机动车骗保,也能保护广大车主的正当利益。

1 零部件修复与更换

车身部件修复工艺流程

1)原则

(1)零部件的修复或更换,一般按照“损坏件能否修复、安全件是否允许修复、工艺上是否可以修复、是否有修复价值”的原则来确定,具体情况如下:

①以二类以上维修企业技术水平无法修复或在工艺上无法保证修后质量的应更换;

②受损配件修复后使用可能影响车辆的安全及性能时,应考虑更换;但若维修能够达到相应的技术要求和标准,从常规和技术的角度考虑,则不必进行更换,应坚持以修为主的原则;

③当配件修复费用超过或等于该配件更换费用时应更换;当配件修复费用超过或等于该配件更换费用的70%时可以更换;但若该配件价值昂贵且在市场上难以采购时,应协商修理,其修理费用可以依实际情况依照相应的比例进行上浮。

(2)材料更换依照保险的基本原理“补偿原则”确定,具体情况按以下:

①一般情况下,涉及安全的配件应更换正厂配件;原则上,在综合类修理厂维修车辆,表面覆盖件建议更换配套零件(符合国家标准);

②如损坏件本身不是正厂配件,则以配套零件进行更换;

③稀有、老旧、高档车型的配件,更换标准应从严掌握;部分老旧车型,零配件在市场已无法购买的,可与客户和修理厂协商,以拆车件进行更换;

④所有更换件定损规格不得高于原车事故前装配的品牌、规格。

2)标准

零配件及总成更换标准见表4-3。

零配件及总成更换标准 表4-3

零件名称	标准
前后保险杠	1. 保险杠靠近轮胎位置的吊耳、固定码断裂或断脚的(如:广本2.4车型中网靠中间位的耳或脚)给予更换。如果保险杠凹陷扭曲面积较大的应该给予更换,因为修复会使保险杠面积会比正常的大,难以安装; 2. 如果保险杠凹陷裂开的给予更换正厂配件,断裂和破碎的给予更换付厂配件(应检验损坏配件是否为正厂配件,如为正厂配件,则应给予正厂配件); 3. 保险杠的杠体穿孔且缺损的予以更换
前后保险杠内骨架	撞扁在1/3以上的(以厚度或长度计算,材料为铝合金),折曲弯度大于30°以上难以修复的或修理工时费用大于更换的,给予更换。 注:根据保额以及霉烂情况,予以等价值更换
前保险杠支架	撞扁在1/3以上的,折曲弯度大于30°以上难以修复的或修理工时费用大于更换的,给予更换
中网、杠体栅格	断脚、撞扁或表面断裂,或影响美观的(电镀件),折曲弯度大于30°以上难以修复的或修理工时及费用大于更换的,应给予更换
前照灯、尾灯总成	1. 撞烂、撞穿灯面、灯壳或撞断灯脚给予更换处理; 2. 灯面磨损深,抛光抛不平的基本给予更换; 3. 当灯具表面磨损,无法修复,但不影响继续使用的情况,应将灯具回收,并给予更换
示廓灯	
雾灯	
翼子板灯	
发动机舱盖	撞击位置损坏、撞穿或撞折骨位折曲在1/3以上(特别是铰链位置在前面的,是固定受力位而且是主力的)的发动机舱盖,铝合金发动机舱盖在周边10cm以上损坏、穿孔可以更换

续上表

零件名称	标准
发动机舱盖撑杆	撑杆有弯曲现象、撑杆芯有划痕,撑杆球头脱落给予更换
前风窗玻璃下饰板	金属缺损的给予更换,塑料的裂开在5cm以下不影响使用和美观的给予修复
前风窗玻璃饰条	前风窗玻璃胶条和金属饰条:开裂和缺损的给予更换,如奥迪前挡饰条是一次性使用,给予更换
后视镜	外部缺损和镜片损坏的给予更换半总成,电动后视镜的电控转向器损坏的,应更换总成
龙门架	损坏在1/3以上的撞扁、撞曲、撞折和发动机舱盖锁扣位置以及绞位损坏的(钢材),或材料为塑料、玻璃钢的,给予更换
散热器网	轻微变形,给予修复,有穿漏现象(因有压力)或有折曲的,断脚的给予更换
水箱	1. 轻微变形或水道管穿孔细微的,铜制水道管可用铜焊焊补的给予修复,铝制水道管可用亚弧焊给予修补; 2. 水道管撞扁、撞坏,断脚或要截断改变水道的(因缩短水道影响水降温时间,容易就成水温高)给予更换(如果车型高档,水箱设计极精密的,建议更换,化油器车型可修复)
风扇总成(含电动机)	胶扇叶和金属扇叶有缺损、变形的给予更换;电机表面完好、轴无变形或轴承无异响及转动正常(必要时可通电试),不给予更换
前翼子板	1. 前面撞扁、撞折或骨位折曲超1/3以上,损坏超过10cm以上,按以上规定给予更换;侧面凹陷无论大小都不给予更换,应给予修复; 2. 修复工时大于换件价格的给予更换

续上表

零件名称	标准
前翼子板内骨架	影响避振机座造成前轮定位和前束出现问题的给予更换
前纵梁	折曲或撞扁或扭曲 1/3 以上给予更换
前、后桥	要观看其撞击位置主要在轮位或纵梁(严重折曲)和前桥上,如货车撞不到该位置不会损坏,小车若用眼看到损坏的或看不到的就要观看其前桥底部的 4 根大螺栓有无移位变形,下摆臂固定位有无变形,如有则给予更换,如没有变形就不能更换
仪表台壳	塑料有爆裂、穿洞、变形给予更换,真皮面尽量给予修复
发动机脚胶	断裂、缺损的给予更换
脚胶支架	断裂、缺损的给予更换上(铝合金,或铸成一体)
避振器	变形、避振机芯明显划痕、明显碰撞痕迹的基本予以更换
下悬架挂臂	变形、有明显碰撞痕迹的基本予以更换
转向节	变形、有明显碰撞痕迹的基本予以更换(可以考虑将轴承一同更换)
转向机	变形、有明显碰撞痕迹的基本予以更换
横、直拉杆	变形、有明显碰撞痕迹,或有裂痕的基本予以更换
半轴	变形、有明显碰撞痕迹的基本予以更换
半轴万向节(球笼)	有损坏的基本予以更换
正时传动室盖	缺损或裂开、变形给予更换
发动机油底壳	撞损直径 1/3、深度 3cm 以上的给予更换

续上表

零件名称	标　准
气门室盖	缺损、爆裂、变形按以上标准给予更换
汽缸体中缸	1. 螺栓位断裂一个的原则上予以修复； 2. 裂纹不大于5cm以上，或位置不在油道水道可以修复，否则予以更换； 3. 如有缺损、损坏的，给予更换
汽缸体波箱壳	同汽缸体中缸
油底壳	撞损、变形，凹陷深度2mm以上按以上标准给予更换
进、排气歧管	铸铁件变形、缺损给予更换；塑料件有损坏基本予以更换
前排气管	变形偏离支承点超过5cm的或撞穿及撕裂的原则上给予更换
中排气管	
后排气管	
三元催化转换器	内、外部破裂，有异响的给予更换
消声器	凹陷深度超过1cm的或撞穿的，有异响的原则上给予更换
前、后立柱	撞穿的，或柱体凹陷变形部分达到柱体20%的原则上给予更换
A、B、C柱	
车门外壳	1. 缺损的、撞穿直径超过10cm的或弯曲角度超过1/3的原则上给予更换； 2. 窗框部位凹陷变形部分达到框体20%的给予更换
车门玻璃升降器总成	胶扣断裂，钢丝散开，齿轮牙缺损，举升支架变形超过1/4，或电机受损不能运转的原则上给予更换
下裙饰板、车门外饰板、轮眉饰板	缺损、断脚(码)、塑胶的饰板弯曲部分超过板体的1/3或撕裂的原则上给予更换

续上表

零件名称	标准
天窗玻璃导轨	变形导致天窗玻璃滑动不畅的原则上给予更换
后翼子板	1. 后面撞扁、撞折或骨位折曲超1/4以上，划破超过10cm以上，给予更换； 2. 侧面凹陷无论大小都不给予更换，应给予修复； 3. 修复工时大于换件价格的给予更换
后翼子板内骨架	缺损的或弯曲角度超过1/3的原则上给予更换
后窗台板	饰板开裂、钢材支架变形范围达到50%，缺损的原则上给予更换，其他情况不建议更换
油箱总成	撞穿，边角凹陷超过1cm的原则上给予更换，塑胶的油箱有超过1.5mm深度的划痕或有褶皱的原则上也给予更换
行李舱盖	1. 撞击位置损坏、撞穿或撞折特别是骨位折曲在1/4以上的行李舱盖，给予更换； 2. 中间凹陷的无论大小不能更换
行李舱盖撑杆	撑杆有弯曲现象、撑杆芯有划花痕，撑杆球头脱落的给予更换
行李舱地板	缺损或撞穿直径超过20cm以上的给予更换
ABS执行器	线束插头、插座损坏，电路板部位受明显撞击，泵体有明显撞击造成的损坏，基本予以更换
安全气囊电脑	气囊爆出，气囊游丝、电脑、气囊、感应器（奥迪A6/A4、广本系列无感应器）予以更换
轮辋（包括铝合金）	变形、缺损基本予以更换

续上表

零件名称	标准
发动机舱盖、行李舱的锁扣	变形的基本予以更换
门锁	明显变形、破裂的基本予以更换
门把手	有明显摩擦痕迹、断裂(含塑料、电镀面)基本予以更换
防撞胶条	有变形、明显摩擦痕迹、断裂(含塑料、电镀面)基本予以更换
玻璃压条	有变形、明显摩擦痕迹、断裂(含塑料、电镀面)基本予以更换
天线	天线杆有变形、断裂基本予以更换
倒车雷达感应器	有损坏的基本予以更换

注:水浸车造成的零配件损失另行确定更换标准。

2 钣金件的修换

1)原则

(1)损坏以弯曲变形(弹性变形)为主就进行修复。

(2)损坏以折曲变形(塑性变形)为主就进行更换。

2)弯曲变形(弹性变形)

(1)弯曲变形的特点。

①损伤部位与非损伤部位的过渡平滑、连续。

②通过拉拔矫正可使它恢复到事故前的形状,而不会留下永久性的变形。

(2)弯曲变形的修复方法。先对车身结构的整体变形和钣金件上间接损伤进行拉拔、矫正;然后对钣金件表面,特别是直接损伤的撞击点进行整平作业。即使撞击损伤不是很严重,车身没有整体变形,也要修理间接损伤,再修理直接损伤部位。如果间接损伤中有挤缩变形(隆起或卷曲变形),应先进行拉拔使之展开,然后在折曲部位进行整平作业,并使弹性变形得以恢复后,再对直接损伤的撞击点进行整平处理。图4-23为某轿车车身钢板的弯曲变形。

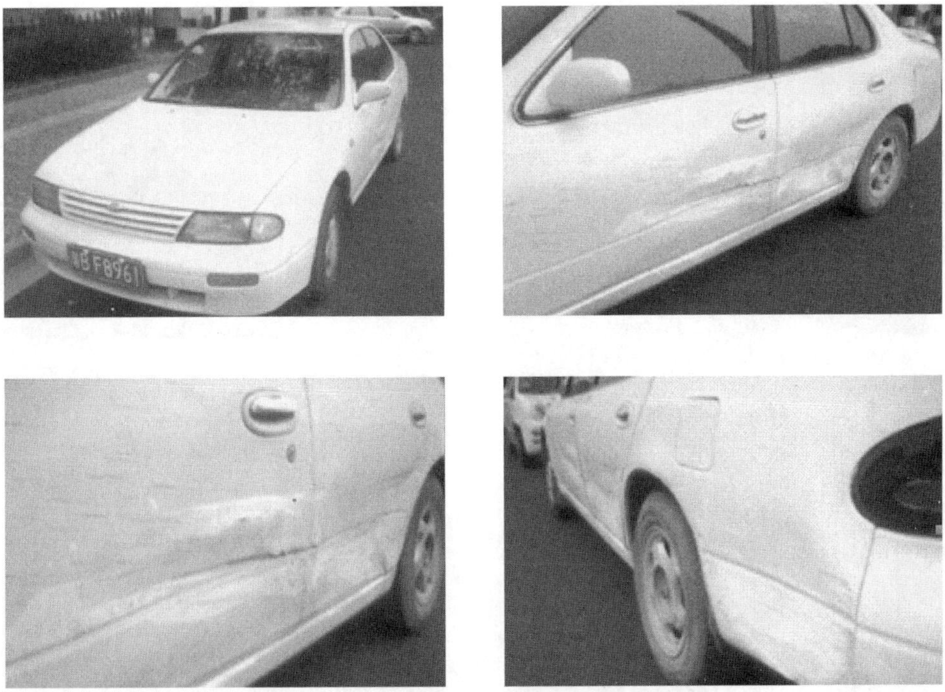

图 4-23　某轿车车身钢板的弯曲变形图

3）折曲变形（塑性变形）

（1）折曲变形的特点。

①折曲变形剧烈，曲率半径很小，通常在很短的长度上弯曲 90°以上。

②矫正后，零件上仍有明显的裂纹和开裂，或者出现永久变形带，不经高温加热处理不能恢复到事故前的形状。

（2）折曲变形的更换原则。

①如果损伤发生在平面内，则矫正工作比棱角处的严重起皱和折曲可能容易得多，几乎可以肯定，在轮廓分明的棱角处发生了折曲变形，则只能采取更换的方法，如车门玻璃框折曲（图 4-24）。

②如果损伤部位处于纵梁的端部附近，而且压偏区并未受到影响或变形的范围影响不大，通过拉拔即可矫正的（图 4-25），则必须修复；如果压偏区已出现折曲，并将碰撞力传递到后部，造成后部也变形（图 4-26），则必须予以更换。

③如果损伤位置在发动机或转向器安装位置附近，重复性载荷会造成疲劳破坏（重复振动力或应力会加重并产生二次变形），这些安装位置发生折曲变形后，则必须更换；如紧抱转向器的广州本田前桥发生折曲变形。

④由于严重冷作硬化而造成的严重折叠起皱变形，则必须更换，如图 4-27 所示。

图 4-24　车门玻璃框折曲变形图

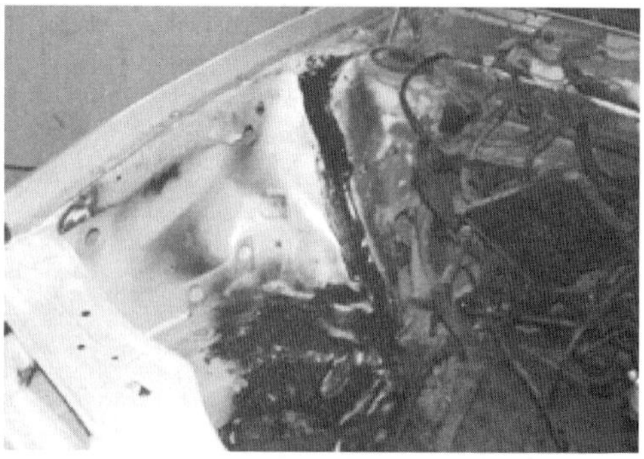

图 4-25　轿车纵梁附近的折曲变形 1

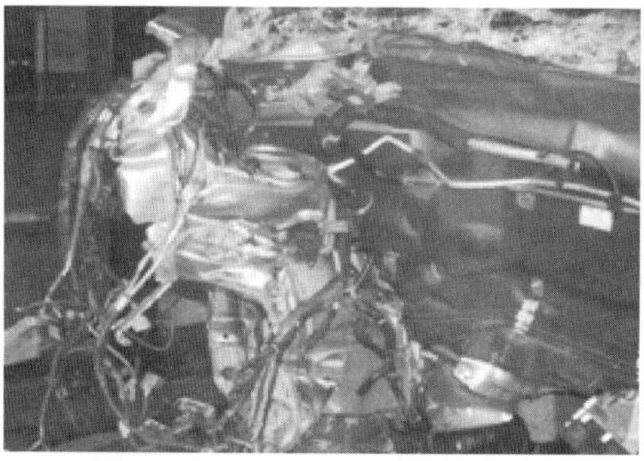

图 4-26　轿车纵梁附近的折曲变形 2

图 4-27　货车车门严重折叠起皱变形

⑤如果只有一个未曾完全修复的轻微折曲变形,其解决方法就不能与在大面积上有多个折曲变形方法相同,应采取挖补法修复。

⑥如果已经更换某个配件一部分,客户强烈要求再更换一些相邻部分的配件,在比较容易、费用也不大情况下,允许予以更换。

⑦在将变形周围部分均矫正到适当尺寸,剩下折曲变形部分确实无法矫正好,而且这部分形状复杂,无法采用挖补法修复的,则该部件应予以更换。

3 塑料件的修复

1)原则

热塑性塑料件损伤以修复为主,热固性塑料件损伤需更换。

2)热塑性塑料件特点

(1)反复加热而变软,其外观及化学成分并不发生变化,冷却后即变硬,可用塑料焊机焊接,太阳灯加热修复变形。

(2)在受到热、催化剂或紫外线的作用后会产生化学变化,其固化后的形状是永久性的,再加热和使用催化剂也不会使其变形,其无法焊接,但可用无气流焊机进行“黏结”。

3）车身塑料件鉴别方法

（1）查看 ISO 识别码。此码常在注塑时模压在塑料件上，通常需要拆下该零件，常标在注模号或零件码前面，缩写符号见表 4-4。

（2）查阅车身修理手册。常用汽车塑料的名称及应用见表 4-4。

常用汽车塑料的名称及应用　　表 4-4

符号	化学名称	应用举例	属性
AAS	丙烯腈-苯乙烯	—	热塑性
ABS	丙烯腈-丁二烯-苯乙烯共聚物	车身板、仪表板、护栅、车灯外罩	热塑性
ABS/MAT	玻璃纤维强化硬质丙烯腈-丁二烯-苯乙烯共聚物	车身板	热固性
ABS/PVC	丙烯腈-丁二烯-苯乙烯共聚物/聚氯乙烯	—	热塑性
EP	环氧树脂	玻璃钢车身板	热固性
EPDM	乙烯-丙烯二烯共聚物	保险杠冲击条、车身板	热固性
PA	聚酰胺	外部装饰板	热固性
PC	聚酰酸酯	护栅、仪表板、灯罩	热塑性
PPO	聚苯撑氧	镀铬塑料件、护栅、仪表前板、车灯外罩、装饰件	热固性
PE	聚乙烯	内翼子板、内衬板、阻流板	热塑性
PP	聚丙烯	内饰件、内衬板、内翼子板、散热器挡风帘、仪表板、保险杠、面罩	热塑性
PS	聚苯乙烯		热塑性
PUR	聚氨酯	保险杠面罩、前后车身板、填板	热固性
TPUP	热塑性聚氢酯	保险杠面罩、防石板、填板、软质仪表前板	热塑性
PVC	聚氯乙烯	内衬板、软质填板	热塑性

续上表

符号	化 学 名 称	应 用 举 例	属性
RIM	反应注模聚氨酯	保险杠面罩	热固性
RRIM	强化反应注模聚氨酯	外车身板	热固性
SAN	苯乙烯-苯烯睛	内衬板	热固性
TPR	热塑橡胶	帷幔板	热固性
UP	聚酯	玻璃钢车身板	热固性

4)常见塑料件的修换原则

(1)保险杠。规则撕裂总长度达30cm以上(图4-28),不规则撕裂总长度达20cm以上,部分缺失面积或刺穿面积达25cm²以上,可以考虑更换(图4-29)。

图4-28　保险杠被撕裂

图4-29　保险杠部分缺失

保险杠严重扭曲变形、变形面积超过50%,可以考虑更换;一半以上保险杠固定支架(插口)完全断裂,可以考虑更换,但只有少数支架完全断裂、其他支架部分断裂时,应进行修复。

(2)仪表板。中度扭曲变形、变形面积超过30%、较难恢复原貌可以考虑更换;规则破裂长度达10cm以上、不规则破裂长度达8cm以上可以考虑更换;部分缺失或刺穿面积15 cm²以上,或3处以上边缘、支架完全断裂可以考虑更换;仪表大板有特殊花纹、纹路,外观严重划伤、刮伤后经过表面处理不能大致恢复原貌的,应考虑更换。当副气囊弹开,副气囊盖板和仪表大板是属于整体式的,则仪表大板原则上可以更换,如图4-30~图4-32所示。

(3)灯具。灯具的支架、底座受损时应尽量修复,在下列情况下无法修复或经过修复后明显影响使用性能(不能紧固,无法调整到灯光标准等)时才能考虑更换。

图 4-30　仪表板扭曲变形

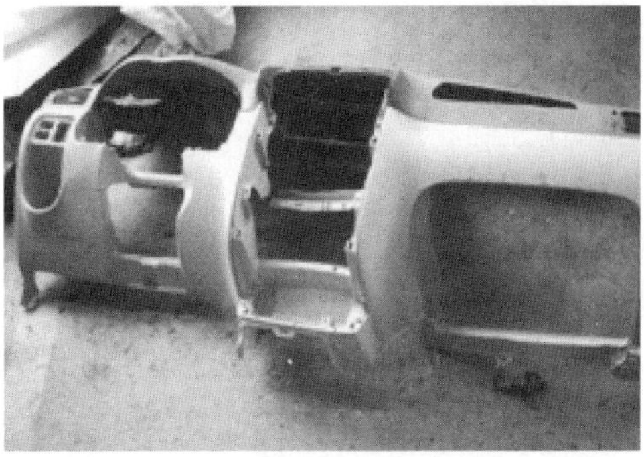

图 4-31　仪表板破裂

①两个支架的灯具其中一个完全断裂,或者两个支架均部分断裂、无法修复。

②三个支架的灯具其中两个完全断裂,或者一个支架完全断裂、另两个支架均部分断裂、无法修复(图 4-33)。4 个支架的灯具其中两个完全断裂、一个部分断裂,或者其中一个支架完全断裂、其余支架均部分断裂、无法修复。当其中的连接式整体支架完全断裂,或者整体支架断裂部分超过 50%。

图 4-32　副气囊弹开

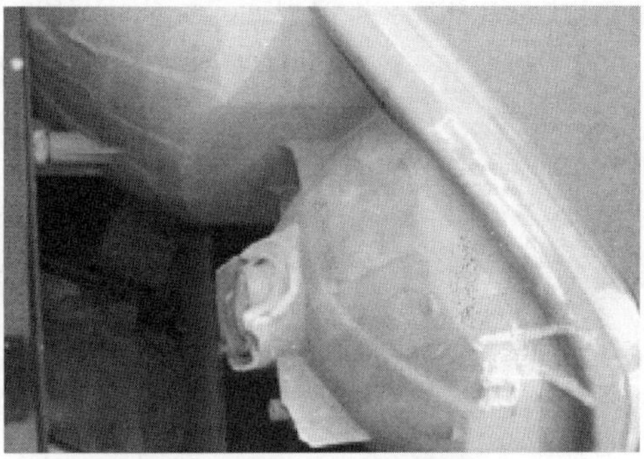

图 4-33　灯具支架断裂

③支架亦有断裂情况时,可考虑更换(图 4-34)。

4 机械配件的修换

1)原则

超过配合尺寸,通过加工也无法得到装配技术要求,或变形通过矫正无法保证使用性能和安全技术要求,或断裂无法焊接或焊接后无法保证使用性能和安全技术要求,原则上必须更换。

图 4-34　灯具整体支架断裂

2)事故造成发动机损伤

(1)事故碰撞造成发动机缸体、缸盖的外部损伤。发动机缸体、缸盖常用的材料为铸铁或铸铝,这些材料许多机械专业加工厂均可焊接,定损时主要查看其损伤部位;固定安装位,或只是表面裂纹,或裂纹只延伸至发动机冷却水道边等,通过焊接工艺可以恢复正常使用;发动机冷却水道与油道间损伤,或发动机冷却水道或油道与缸筒(气门座)间损伤,或外部裂纹延伸至缸筒(气门座)等处,通常应更换缸体或缸盖。

(2)事故发生引起发动机“飞车”造成拉缸、烧瓦等发动机内部损伤。

①烧瓦。曲轴可以通过修理尺寸法按级磨曲轴、并给予更换加大尺寸轴瓦修理法即可。

②拉缸。若活塞未损伤可通过镶缸套或换缸套和活塞环修理法即可;若活塞也拉伤,则通过修理尺寸法加大缸径、活塞,更换活塞及活塞环修理法即可。

注意:这种现象一般只有发生在柴油车因事故翻车机油倒灌燃烧室才会形成,汽油车是绝对不会发生的,在定损中一定要予以区分。这部分损伤一定要有现场测量并能清晰反映损伤尺寸的照片。

3)事故造成独立悬架损伤

现今轿车的前后悬架基本都是麦弗逊式或其变形款,主要结构即是由螺旋弹簧加上减振器组成,可避免螺旋弹簧受力时向前、后、左、右偏移的现象,限制弹簧只能作上下方向的振动,并可用减振器的行程长短及张力来设定悬架的软硬及性能。由于这种结构相互间连接基本为活动缓冲式连接,对碰撞力传导有明显阻止作用,所以,在定损核价时要认真检查。

(1)注意仔细研究碰撞着力点位置、碰撞力传递方向、明显被碰撞损坏有哪些件。

(2)仔细研究悬架各连接点松动量,检查连接点磨损情况,判断松动是自然磨损引起还是碰撞引起,从而推断碰撞力传导距离。

(3)注意连接点有无变形夹紧,有变形夹紧则碰撞力有可能通过该连接点传导引起相连件损坏,应重点检查。

(4)可以肯定非碰撞力传导件,也绝非事故损坏件。

(5)减振器检查方法。检查减振器有无漏油,区分事故造成漏油还是机件磨损渗油(通过查看油痕迹即可区分),事故造成漏油,则应更换;拆下减振器,检查有无变形、弯曲,有则予以更换;用手握住减振器两端,将其拉伸和压缩,若拉伸或压缩时用力都均匀,表明减振器完好;若拉伸或压缩时用力都极小,表明减振器功能减退,与事故损坏无关;其他情况为事故造成损失。

5 电子元件损伤的修换原则

(1)车辆上除安全气袋电子元件、控制单元外,其他电子元件、控制单元事故受损均必须有明显被撞击痕迹和因撞击造成变形、损伤、烧蚀(注意区分事故与非事故引起的烧蚀),才必须更换。

(2)电阻的改变会影响性能、安全的线束,如发动机控制系统线束、自动变速器控制系统线束、ABS 线束、数据总线等:5 条以上线路断裂,或者插头损坏既不能牢固可靠地安装、也无单个插头供更换时,可考虑更换线束。不涉及电脑数据传输、电阻的改变对性能影响不大的线束,如灯光线束、后部线束、电动窗线束、仪表线束、空调(手动)线束等:以修复为主,除非两个及以上插头完全碎裂无单个插头供更换时,可考虑更换线束。所有伤、断线路均采取对接锡焊法修复。

(3)事故中造成安全气袋爆炸时,应认真检查有无外装碰撞传感器,如果有,安全气袋系统控制电脑一般通过解码可重复使用 3 ~4 次;如果无,则一定要更换内置碰撞传感器控制电脑。

(4)座椅安全带关系驾驶人和乘客的生命安全,是车辆使用过程中经常损坏件,只有气爆式安全带发生碰撞并造成安全气袋爆炸时才有可能是保险责任损坏。

(5)更换电控系统控制电脑(必须为原厂件)不需解码仪检测解码工时费,只有单换感应器(传感器)才需解码仪检测解码工时费。

6 易耗材料的修换原则

(1)无内胎轮胎穿漏、鼓包(应注意区分是否本次事故造成)、边缘撕裂的予以更换,但胎面的擦伤和轻微损伤不需更换。

(2)钢圈(包括铝合金钢圈)变形、失衡、缺损(超过 1cm)的,予以更换;外观凹陷等其他损伤应尽量修复(对于表面经过特殊材料处理的钢圈,由于修复后喷漆不能达到原先的效果,可灵活处理)。

(3)汽车上的各种橡胶皮带均与行车的安全性密切相关。正时皮带、转向助力泵皮带、冷却风扇皮带、制动软管和散热器软管等均以橡胶制成,但橡胶会随着使用时间的延长而逐步老化。当皮带龟裂甚至断开时,会导致配件受损或转向沉重等问题。定损中要重点检查是维护不善龟裂、磨损等损坏引起事故,还是事故直接造成损坏。

(4)汽车中的制动摩擦片、制动蹄摩擦片、离合器片、轮胎等零件由于工作中的不断磨损，本身有一定的使用寿命。事故中造成损坏，核价时应折旧。

(5)脂类（如机油）和工作液类（如制动液、蓄电池液、冷却液等）具有润滑、冷却、防锈等作用，与发动机、变速器、离合器、制动装置、蓄电池的正常运作息息相关。这些油液在使用过程中会渐少和劣化，从而降低汽车配件的性能并可导致发动机和其他装置产生烧蚀、不良运作等故障。定损中要严格区分是事故造成损耗还是原车自然损少。

(6)使用超过设计寿命极限的配件不仅会引发故障，也有可能导致交通事故。因此定损过程中要重点检查，要剔除。

(四)定损核价的修复费用

目前，我国汽车维修行业价格一般由各省交通运输和物价局根据当地市场和物价指数联合制定的，即《机动车辆维修行业工时定额和收费标准》，以此作为机动车辆维修行业的定价依据。而对于需要更换的零配件价格，既要符合市场情况，又要能让修理厂保质保量地完成维修任务，所以，零配件的报价应做到"有价有市"。本书的定损核价修复费用均是以上海地区为例。

1 事故车辆修复费用组成

事故车辆的修复费用主要由三部分组成：维修工时费、需更换的配件费（包含管理费）和残值。

1)维修工时费

(1)事故相关部件拆装工时费。

(2)事故部分钣金修复工时费（包辅助材料费）。

(3)事故部分配件修复工时费（含外加工费项目）。

(4)事故相关的机修工时费。

(5)事故相关的电工工时费。

(6)事故部分喷漆费（包含原材料费用）。

2)需更换的配件费

(1)配件市场上主要的三种价格形式如下：

①由汽车生产厂家对其特约售后服务站规定的配件销售价格——厂家指导价；

②当地大型配件交易市场上销售的原装零配件价格——市场零售价；

③符合国家级汽车厂家质量标准，合法生产及销售的装车件、配套件（OEM）价格——生产厂价格。

保险公司确定事故车辆修复中需更换的配件价格,一般采用在市场零售价的基础上再加一定的管理费为原则。

(2)配件管理费。配件管理费是指保险公司针对保险车辆发生保险责任事故时,保险人对维修企业因为限需更换的配件在采购过程中发生的采购、装卸、运输、保管、损耗等费用以及维修企业应得的利润和出具发票应交的税金而给出的综合性补偿费用。

3)残值

保险人对因事故遭受损失后残余部分或维修后更换下来的损坏件,按照维修行业惯例和维修市场行情估算出这部分价值,该"价值"称为残值,原则上划归保险人所有。

(1)扣残原则:残值必须从维修总费用中扣除。

(2)扣残的标准。残值的数额可依照更换件的剩余价值(废品回收或可继续使用)来折算,一般标准如下:

①车价在30万元以上(含30万元)的,按更换配件材料费的2%~3%计算;

②车价在30万元以下的,按更换配件材料费的3%~5%计算;

③单件价格超过200元以上的高价电子元器件,一旦确定更换,因其残值很低,但道德风险较大,必须回收残件。

2 维修工时费的计算

维修工时费的计算方法为:

$$工时费 = 工时定额 \times 工时单价 + 外加工费$$

1)工时定额

工时定额是指实际维修作业项目核定的结算工时费。工时定额的确定原则为:

(1)大项目确定维修工时费时,应注意各种项目的兼容性,而不是简单的累加工时;

(2)所有维修工时费均包含辅助材料费(消耗材料费、钣金焊接材料费)和管理费(利润、税金);

(3)喷漆工时费应包含喷漆需要的原子灰、漆料、油料、辅助剂料等材料费,工时定额以实色油漆材料为基准工时费,原车辆使用为珍珠油漆,工时费可适当上浮;

(4)局部砂板喷漆范围以最小范围喷漆为原则(即一概不为最近的接缝、明显棱边为断缝收边)。

2)工时单价

工时单价指维修事故车辆单位工作时间的维修成本费用、税金和利润之和，也即单位小时的收费标准。

工时单价确定原则为：

(1)工时单价以二类地区价格为基础，在二类地区营业的一类维修企业最高限价为80元/小时，二类维修企业最高限价为60元/小时，三类维修企业最高限价为40元/小时；

(2)工时单价随地区等级变化而变化，一般相邻等级地区的工时单价可以浮动10%左右。

3)外加工费

外加工费是指事故车辆维修过程中，本厂以外协作方式由专业加工企业进行加工、维修而发生的费用。外加工费确定原则为：

(1)索赔时可直接提供外加工费发票，本厂不得再加收管理费；

(2)凡是已含在维修工时定额范围内的外加工费，不得另行列项，重复收费。

3 上海地区工时费的定损参考标准

1)钣金工时定损

(1)钣金工时定损原则。

①一般车型：按损坏程度及损坏面积，并结合修复部位的难易程度来核定修理工费。

②特殊车型：价值较高的车型或老旧车型，当外观件、车身骨架及大梁等变形严重时，可以与客户和修理厂协商，修理工时费可按该配件价格的20%～50%核定。

(2)钣金工时定损参考标准。

钣金工时定损参考标准见表4-5。

上海地区钣金工时定损标准(单位：元)　　表4-5

名　　称	损 失 程 度	工时费范围
前后保险杠	轻度	50～80
	中度	80～150
	严重	150～250

续上表

名　　称	损失程度	工时费范围
前后保险杠内杠	轻度	30～60
	中度	60～150
前翼子板	轻度	60～100
	中度	100～150
	严重	150～200
前纵梁	轻度	200～500
后翼子板	轻度	80～120
	中度	120～180
	严重	180～300
车门	轻度	80～120
	中度	120～180
	严重	180～300
裙边	轻度	50～100
	中度	100～150
	严重	150～200
前后围	轻度	50～100
	中度	100～150
	严重	150～250
元宝梁	轻度	200～300
车顶	轻度	100～150
	中度	150～250
	严重	250～350
发动机舱盖	轻度	150～200
	中度	200～300
	严重	300～400

续上表

名　　称	损 失 程 度	工时费范围
行李舱盖	轻度	150 ~ 200
	中度	200 ~ 300
	严重	300 ~ 400
车架校正	轻度	500 ~ 1000
	中度	1000 ~ 2000
	严重	2000 ~ 3500
大梁校正	轻度	500 ~ 1200
	中度	1200 ~ 2000
	严重	2000 ~ 3000

注:本标准适用于车价在10万~40万元的事故车修理。车价在40万元以上的修理工时费可在10%~30%内上浮;10万元以下车型修理工时费可在20%内下浮。

2)油漆工时定损

(1)漆工类工时费定损原则。

①油漆工时费是指油漆材料费、油漆辅料费及油漆人工费之总和。

②塑料件、亚光饰件、变色漆在工费核定时可按10%~40%比例上浮。

③大型客车按单位面积核定工费。

④轿车及小型客车按幅(每车13幅)核定工时费。

⑤两幅喷漆的,按总费用的95%计算,三幅喷漆按90%,四幅喷漆按85%,五幅喷漆按80%,六幅喷漆按75%,七幅及以上按70%计算;单独反光镜喷漆给予工时费50~150元,涉及其他部位喷漆的,不单独给予工时费。

⑥旅行车及商务车侧围可按轿车2.5倍车门计算,车顶按轿车2倍车顶计算。

⑦国产中低档载货车喷漆标准250元/平方米,国产高档载货车及进口载货车喷漆标准400元/平方米。

⑧大/中型客车喷漆标准同载货车,但对于车身表面有花纹或特殊图样的另行协商定价。

(2)油漆工时定损参考标准。

油漆工时定损参考标准见表4-6。

上海地区油漆工时定损标准(金属漆)(单位:元)　　表4-6

项　目	喷漆(含工料)	
	半喷	全喷
前保险杠	280	460
前围板	—	180
发动机舱盖	—	550
前翼子板	—	380
前门	280	500
后门	280	500
车顶	—	600
后翼子板	240	500
后围板	150	250
行李舱盖	280	500
后保险杠	280	460
中柱	—	130
前/后柱	—	130
边梁	—	130
纵梁	—	130
全车喷漆	3600	

注:本标准适用于车价在10万元左右的事故车辆,车价在7万元以下下浮10%~30%,车价在10~20万元上浮10%~30%,车价在20~50万元上浮30%~50%,车价在50~80万元上浮50%~80%,车价在80万元以上的上浮80%~150%,如奔驰、宝马、沃尔沃、凯迪拉克、罗孚、雷克萨斯、保时捷、奥迪A8等。

3)拆装类工时费定损

(1)拆装类工时费定损原则。

①一般原则:按照拆装的难易程度及工艺的复杂程度核定工时费。

②单独拆装单个零件按单件计算人工。

③拆装某一零件必须先拆掉其他零件,则需要考虑辅助拆装的工费。

④拆装机械零件和电器零件,需要适当考虑拆装后的调试或测试费用。

⑤拆装覆盖件及装饰件,一般不考虑其他工时费。

⑥检修线路或电器元件另外计算拆装费。

⑦吊装发动机的,吊装费400~600元,但每次事故修复中只允许使用一次。

(2)拆装类工时费定损参考标准。

拆装类工时定损参考标准见表4-7、表4-8。

上海地区客车拆装工时定损标准(单位:元) 表4-7

<table>
<tr><th colspan="2" rowspan="2">项　目</th><th colspan="3">档　次</th></tr>
<tr><th>15万元以下</th><th>15万~40万元</th><th>40万元以上</th></tr>
<tr><td colspan="2">拆装前、后保险杠</td><td>50</td><td rowspan="12">上浮10%~30%</td><td rowspan="12">上浮30%~50%</td></tr>
<tr><td colspan="2">拆装前翼子板</td><td>50</td></tr>
<tr><td colspan="2">拆装前盖</td><td>80</td></tr>
<tr><td rowspan="2">拆装车门</td><td>换总成</td><td>80</td></tr>
<tr><td>含附件拆装</td><td>120</td></tr>
<tr><td colspan="2">拆装后翼子板</td><td>220</td></tr>
<tr><td colspan="2">拆装行李舱盖</td><td>50</td></tr>
<tr><td colspan="2">更换行李舱后围板</td><td>150</td></tr>
<tr><td rowspan="2">更换车顶</td><td>小型客车</td><td>200</td></tr>
<tr><td>中型客车、越野车</td><td>300</td></tr>
<tr><td colspan="2">更换前纵梁</td><td>200/条</td></tr>
<tr><td rowspan="2">拆装龙门架</td><td>螺栓连接</td><td>30</td><td rowspan="2"></td><td rowspan="2"></td></tr>
<tr><td>纤维</td><td>100</td></tr>
</table>

续上表

项　　目		档　　次		
		15 万元以下	15 万 ~40 万元	40 万元以上
拆装龙门架	焊接	120		
座椅拆装（电动）	前座	50/张	80/张	
	后座	75	120	
全车机械座椅拆装		100		
全车内饰拆装		≤400	≤600	

上海地区货车拆装工时定损标准（单位:元）　　表 4-8

项　　目	吨　　位				
	1t 以下	1 ~3.5t	3.5 ~8t	8 ~15t	15t 以上
吊装发动机及变速器	300	400	500	600	800
拆装前、后桥	200	250	350	400	450
更换前轴（工字梁）	300	350	450	500	550
更换后桥壳	300	350	450	550	600
货厢拆装或更换	250	400	600	1200	1800
驾驶室拆装或更换	400	500	600	700	800
全车电气含线束拆装	650	850	1100	1250	1500
更换车架（含所有工种拆装工时）	1800	2400	2800	3200	3600

4）电工工时定损标准

电工工时定损参考标准见表 4-9。

上海地区电工工时费定损标准(单位:元)　　表4-9

项　目		档　次		
		15万元以下(基础值)	15万~40万元	40万元以上
检修冷气加制冷剂	普通	200		
	环保	250		
电脑解码		500		1000
仪表台拆装		≤250	300~400	450~550
检修安全气囊SRS(含写码)		500~1000		
检修ABS		300		500

注:1. 车辆档次分类:本车按保额计算,第三者按车价计算。

2. 双空调的中型客车可增加50元制冷剂费用。

3. 当事故涉及ABS,变速器电脑、发动机电脑、气囊电脑、音响受损时方可给电脑解码费;电脑解码费与单项解码费不可同时使用。

5)机修工时定损标准

机修工时定损参考标准见表4-10~表4-12。

上海地区机修工时费定损标准(单位:元)　　表4-10

项　目		档　次			
		15万元以下	15万~40万元	40万~70万元	70万元以上
发动机(换中缸)	4缸	500	700	800	—
	6缸	—	1000	1500	2500
	8缸	—	—	2500	3000
	12缸	—	—	—	4500
座椅拆装(电动)	前座	50/张		80/张	
	后座	75		120	

续上表

项　　目	档　　次			
	15 万元以下	15 万～40 万元	40 万～70 万元	70 万元以上
全车机械座椅拆装	100			
	200～600		400～800	

注:1. 发动机换中缸时,涉及换气门的加 200 元工时费。

2. 非电喷发动机的工时费在表中的基础上下调 20%。

上海地区手动变速器(换中段壳体)**工时费定损标准**(单位:元)

表 4-11

项　　目	档　　次		
	15 万元以下	15 万～40 万元	40 万元以上
手动变速器解体换件	250～350	350～450	450～550

上海地区自动变速器(换中段壳体)**工时费定损标准**(单位:元)

表 4-12

项　　目	档　　次		
	15 万元以下	15 万～40 万元	40 万元以上
电控机械式自动变速器	500		—
电控液力自动变速器	1000	1500	2000
手自一体自动变速器	2000		3000
无级自动变速器	3000		4500

注:自动变速器的解体工序包括:解体、清洗、检测、解码。

4 物损的定损

保险事故导致的财产损失,除了车辆本身的损失外,还可能造成第三者的财产损失。第三者财产损失主要包括:第三者车辆所载货物、道路、道路安全设施、房屋建筑、电力和水利设施、道路旁的树木花卉、道路旁的农田庄稼等。可见,第三者的财产涉及范围较大。所以,对第三者财产的定损要比车辆定损难得多。

1)物损确定原则

(1)定损金额不能超过实际价值,因此,要考虑适当的折旧(能明确就明确)。

(2)物损的定损要有具体的品种、数量、规格、型号、价格依据。

(3)简单财产损失应会同被保险人一起根据财产价值和损失程度确定损失金额,必要时请生产厂家进行鉴定。

(4)对受损财产技术性强、定损较高的、难度大的物品,如较难掌握赔偿标准可聘请技术监督部门或专业维修部门鉴定,严禁盲目定价。

2)物损的分类

车险事故物损的分类

(1)货物损失。

(2)园林绿化损失,如树木、苗圃等。

(3)市政道路设施损失,如电线杆、防护栏、隔离桩、话牌、消防栓等。

(4)桥隧的损失。

(5)电力、通信设施损失,如电缆、光缆、闭路电视线路、变压器等。

(6)交通工具的损失:摩托车、助力车、自行车等。

(7)随身物品的损失:如手表、手机、衣物、眼镜等。

(8)房屋及其他设备损失。

3)物损的定损方法

(1)货物损失。

①现场确定货物的名称、品种、规格、数量,并根据货物的损失程度如外包装破坏、轻度损失、中度损失、严重损失几类进行分类列清单登记,双方当事人在清单上签字确认。价格,厂方有供货发票的以供货发票价格为参考。

②不同程度的损失的赔付标准。

a. 外包装破坏:只赔付外包装的损失,再加上适当的整理费用;

b. 轻度损失:按货物价值的5% ~20%掌握;

c. 中度损失:按按货物价值的50%上下浮动15%掌握;

d. 严重损失:按货物价值的70%上下浮动10%掌握;

e. 全损:根据物品的属性适当扣残值(5% ~20%)。

③按货物的厂方(供货方)的出厂价计算货物的损失金额(要注意调查真实的出厂价格,厂方有供货发票的以供货发票价格为准)。

④双方在确定损失的项目、数量、金额后要签订货物损失确认书，双方当事人签字。

⑤难以确认损失的可以聘请公估或有关技术部门进行鉴定，但定损人员应参与鉴定过程，要及时保持沟通和联系，适时提出处理主张和意见。

⑥本车物损要注意对超载、超高、超宽和货物总价值情况的调查确认。调查时一是要对驾驶人做好笔录；二是要查验运单；三是要对超高、超宽现场测量记录。

(2)绿化树木、苗圃的定损。

①现场确定损失的树木的品种、数量、树径及苗圃的面积。

②按上海物损赔偿标准中对应的品种、规格确认对应的损失金额，全损按赔偿标准赔付，部分损失按补偿标准赔付，补偿标准按赔偿标准的80%执行。

③对轻度损失的可协商赔付，但要求路政部门提供赔偿正式收据。

(3)市政设施、桥隧的定损。

①现场确认或根据现场照片确认损失的物损名称、数量、程度。

②按上海市物损赔偿标准确定损失金额。一般路政部门都是全损按赔偿标准赔付，部分损失按补偿标准赔付。对轻度损失设施的要按比例赔偿或扣残值(残值可以按5%～20%掌握)。

(4)摩托车、助动车、自行车的定损。

①1000元以下交警快处的按交警快处金额定损赔付。

②非交警处理的，损失金额在1000元以下的尽可能一次性定损完成(注明赔付的依据)。

③损失超过500元的要列出详细的损失项目、金额清单、并要出具简单的定损单。

(5)衣物、手表、手机的定损。

①确认手表、手机、眼镜、衣物等的品牌名称，规格来确认其市场价格。

②根据其新旧程度，购买年限等来确定其折旧比例，电子产品的年折旧率为20%，完全按规定的折旧率执行是有困难的，可根据具体情况适度浮动。

③根据物损的损坏程度确定赔偿比例，轻度损坏一般可以给予10%～20%的价格补偿即可，但在实际处理过程中，责任人往往全额赔偿对方损失，这里就有惩罚性的因素，定损时予以适当的剔除并向客户做好解释。

(6)通信设施的定损。

①通信设施的损失往往都与超高超宽等有关，定损时要注意现场取证。

②光缆断裂的赔偿长度一般为100m。

③光纤的接续费一般为每芯 100 元以内。

④注意光缆、电线的材质、规格。价格可上网查询。

4)物损定损的工作步骤

确定受损项目(材质、规格、型号)→ 确定受损程度 → 确定受损数量 → 市场询价(包括材料询价和维修费用询价)→ 编制物损清单或工程预算 → 会同被保险人与受损方协商确定损失金额 → 双方确认后签字。

【案例 4-2】

2012 年 4 月 9 日 12 时许,李某驾驶奔驰 ML350 越野车行驶至新疆乌鲁木齐市天山区迎宾大道时,因制动不及时与前方丰田商务车追尾,事故造成两车受损,经当地交警认定,奔驰越野车承担事故全部责任,事故信息见图 4-35、图 4-36 所示。该案经现场查勘事故无异议。

车辆信息	保险期限(强)	2011-09-14 起 2012-09-13 止		保险期限(商)	2011-0[illegible]-14 起 2012-09-13 止	
	即时生效(强)	否		即时生效时间(强)		
	厂牌车型	奔驰 ML350WDCBB86E越野车	车牌号码	苏CV[illegible]3	发动机号	272[illegible]30685[illegible]
	新车购置价	848000.0	使用性质	非营业	VIN/车架号	WD[illegible]B86E77A3[illegible]
	绝对免赔额		已使用年限	2年≤车龄<6年	车辆初登日期	2007-11-01
	核定载客/载重	5/ 0.0	车辆种类	6座以下	承保机构	江苏[illegible]
报案信息	出险时间	2012-04-09 13:00:25.0		出险地点	新疆维吾尔自治区乌鲁木齐市天山区迎宾大道	
	报案时间	2012-04-09 13:07:25.0	报案人	任[illegible]	联系电话	013[illegible]20506
	出险原因	碰撞(多车相撞)	驾驶员姓名	李[illegible]	碰撞部位	
约定驾驶人员	主驾驶员姓名	无	驾驶证号码	无	初次领证日期	无
	从驾驶员姓名	无	驾驶证号码	无	初次领证日期	无

投保险种

保单号	承保险别	保险金额/责任限额	保费	免赔率	绝对免赔额
1[illegible]3033020110[illegible]	机动车强制三者险	122000.0	760.0		0.0
1[illegible]30340201100[illegible]	第三者责任险 [002]	200000.0	1370.0	不计免赔率	0.0
1[illegible]0340201[illegible]0	(司机)车上人员责任险 [002]	10000.0	46.0	不计免赔率	0.0
1[illegible]034020110[illegible]80	(乘客)车上人员责任险 [002]	40000.0	120.0	不计免赔率	0.0
1[illegible]0340201100[illegible]	车辆损失险 [002]	848000.0	13820.0	不计免赔率	0.0
1[illegible]303402011[illegible]30	全车盗抢险 [001]	613952.0	2699.0		0.0
1[illegible]0340201100[illegible]	玻璃单独破碎险	0.0	2629.0		0.0

事故经过:

追尾丰田(苏C6[illegible]),标的车头受损,三者车尾受损,无人伤,车在现场。

图 4-35 事故出险记录

定损过程:

该事故为异地出险,由于事故并未影响车辆的正常行驶,事发后车主回到徐州定损。经查勘奔驰车损失有:左前照灯、前保险杠、左前照灯喷水嘴盖、前照灯喷水嘴及左翼子板、发动机舱盖油漆伤,如图 4-37 ~ 图 4-42 所示。其中左前照灯、左前照灯喷水嘴盖、前照灯喷水嘴均达到了更换的程度,损失无争议;但保险杠损失仅仅一小部分，按常理达不到更换的程度，由于保险人及维修站坚持要求更换，最终保险公司同意更换，但对保险杠做了破坏处理。

图 4-36　事故现场照片

图 4-37　奔驰车前部损失照片

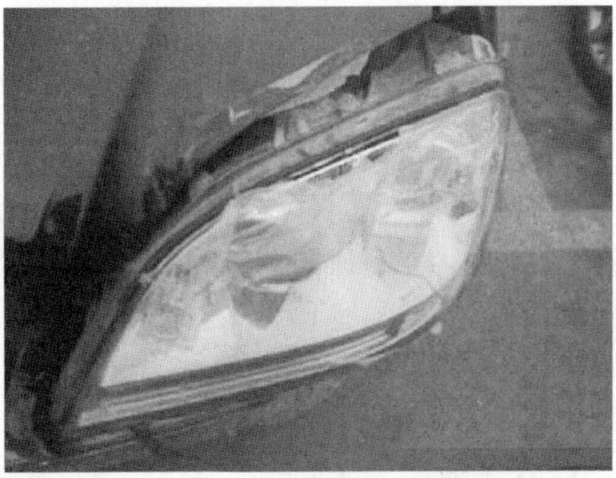

图 4-38　左前照灯损失照片

图 4-39　左前照灯喷水嘴损坏，喷水嘴盖丢失

图 4-40　前保险杠轻微损坏

制作定损单：

经协商，最终确定更换左前照灯、前保险杠、左前照灯喷水嘴盖、前照灯喷水

嘴，且残值均回收处理；左翼子板，发动机舱盖喷漆处理，最终确定总损失为37492元，具体定损项目见图4-43。

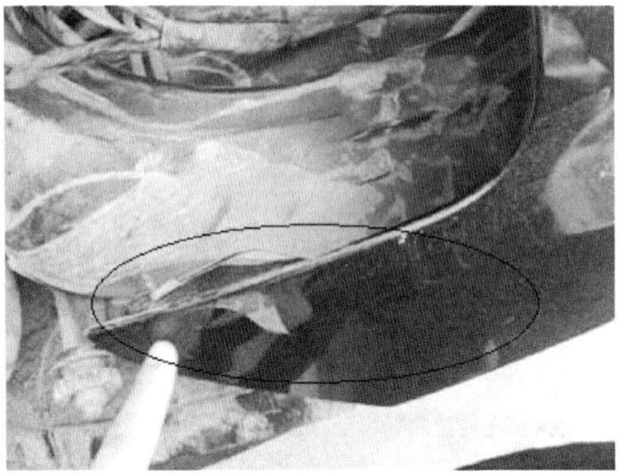

图4-41　前翼子板损坏

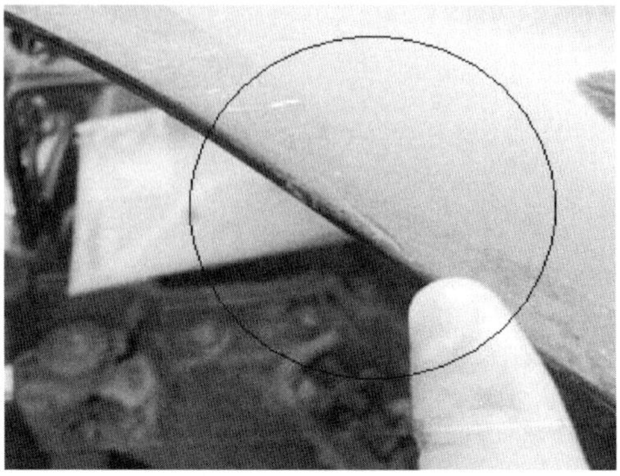

图4-42　机盖受损

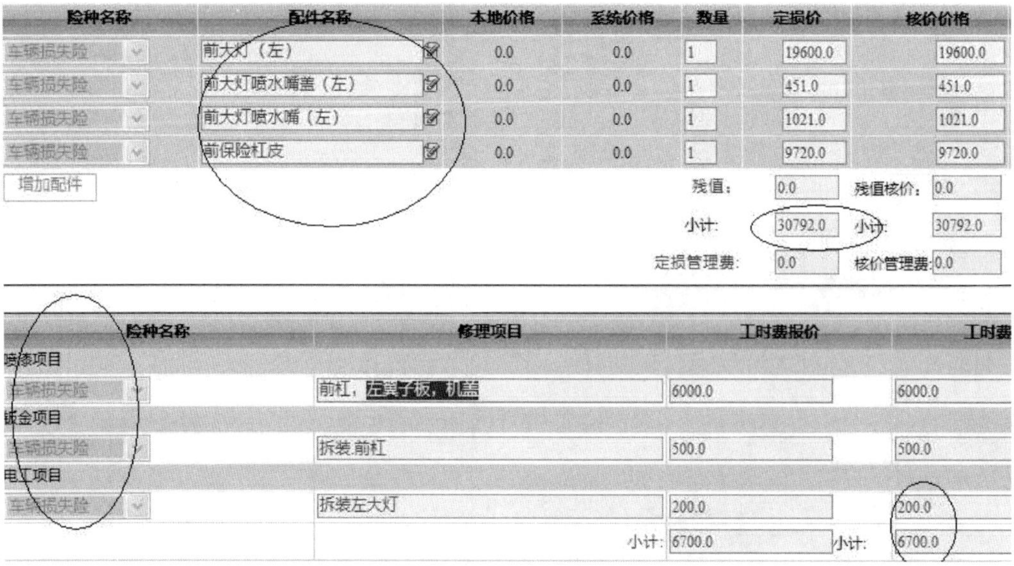

险种名称	配件名称	本地价格	系统价格	数量	定损价	核价价格
车辆损失险	前大灯（左）	0.0	0.0	1	19600.0	19600.0
车辆损失险	前大灯喷水嘴盖（左）	0.0	0.0	1	451.0	451.0
车辆损失险	前大灯喷水嘴（左）	0.0	0.0	1	1021.0	1021.0
车辆损失险	前保险杠皮	0.0	0.0	1	9720.0	9720.0

增加配件

残值：0.0　残值核价：0.0

小计：30792.0　小计：30792.0

定损管理费：0.0　核价管理费：0.0

险种名称	修理项目	工时费报价	工时费
喷漆项目			
车辆损失险	前杠，左翼子板，机盖	6000.0	6000.0
钣金项目			
车辆损失险	拆装.前杠	500.0	500.0
电工项目			
车辆损失险	拆装左大灯	200.0	200.0
	小计：	6700.0	小计：6700.0

图4-43　最终损失清单

单元小结

(1)汽车理赔的八字方针为：主动、迅速、准确和合理。它是保险理赔工作优质服务的最基本要求。

(2)机动车辆理赔工作一般都要经过受理报案、调度、查勘定损、核损、缮制、核赔、赔付结案存档这几个步骤。其中，查勘定损属于外勤岗的工作。

(3)事故现场按事故状态可分为原始现场、变动现场、恢复现场三种。其中，变动现场又可分为正常变动现场、伪造现场和逃逸现场三种。

(4)现场查勘的目的包括:定性、定责和定损三个。

(5)现场查勘的流程包括查勘准备、赶赴现场、与客户接洽、拍摄现场照片、核对标的车辆情况、查勘现场、现场定损、缮制查勘报告、索赔告知、告别客户离开现场和上传材料。

(6)定损方式分为现场定损、集中定损、上门定损和远程定损四种。车辆定损的基本流程包括:核对车辆相关信息、拍摄损失照片、确定修理方案、出具定损单和上传定损资料。事故车辆定损时应坚持“以修为主、能修不换”的总原则。

思考与练习

(一)填空题

1. 在保险理赔中,保险人应坚持________、________、________和________八字方针。

2. 保险理赔的流程为报案、调度、________、________、缮制、核赔、赔款结案。

3. 目前查勘事故车辆一般采用________人查勘原则。查勘员在接受查勘调度后,第一项要做的工作是________。

4. 反映车牌号码、出险车整体面貌及碰撞位置的照片属于________照片,而反映碰撞位置,损失部位整体情况的照片属于________照片。

5. 车辆照片一般从________的角度对事故车辆进行拍摄。如果将尺子或其他参照物放在被损物体旁边进行拍摄的方法称________照相法。

6. 现场按事故状态可分为________现场、________现场和________现场三种。

7. 车辆定损方式分为________定损、________定损、________定损和________定损四种。

(二)判断题

1. 定损人员在初步核定维修方案后修理厂即可修车。　(　　)

2. 由于目前汽车修理厂对车辆进行维修时主要以换件为主,所以,在核损时对零部件的修复与更换应坚持“以换为主、能换不修”的总核损原则。　(　　)

3. 在定损时,事故汽车的前、后保险杠只要发生杠体穿孔现象时就应予以更换。　(　　)

4. 在定损时,事故汽车的前、后保险杠只要发生凹陷裂开现象时就应予以

更换。 (　　)

5. 在定损时,事故汽车的前风窗玻璃饰条不管是胶条还是金属饰条,一般只要发生开裂或缺损的都给予更换。 (　　)

6. 在定损时,事故汽车的前、后翼子板如果发生侧面凹陷较大现象时就应予以更换。 (　　)

7. 前翼子板损伤程度达到必须将其从车上拆下来才能修复,并且前翼子板的材料价格低廉、供应流畅,材料价格基本达到或接近整形修复的工时费,制订维修方案时可以考虑更换。 (　　)

8. 承载式车身在发生碰撞时,主要由车身来吸收碰撞能量。 (　　)

(三)简答题

1. 现场查勘的目的有哪三个?

2. 试用框图画出现场查勘的基本流程。

3. 试用框图画出车辆定损的基本流程。

参考文献

[1] 杨磊. 汽车保险与理赔操作指南[M]. 北京:法律出版社,2007.
[2] 杨立新. 道路交通事故索赔全程操作(修订版)[M]. 北京:法律出版社,2018.
[3] 刘铁鹏. 法律帮助一点通—汽车购买与使用[M]. 北京:中国检察出版社,2005.
[4] 张晓明,欧阳鲁生. 机动车辆保险定损员培训教程[M]. 北京:首都经济贸易大学出版社,2012.
[5] 李景芝,赵长利. 汽车保险与理赔[M]. 3 版. 北京:国防工业出版社,2015.
[6] 杨文明. 保险公估实务[M]. 北京:中国金融出版社,2004.